U0537667

King:

to Shape Our

真正的比爾·蓋茲

《紐約時報》財經編輯、
前《華爾街日報》資深編輯、記者
安努普麗塔·達斯——著
Anupreeta Das

蔣雪芬——譯

天才少年、創辦微軟、傲慢獨裁、
疫苗沙皇、慈善「事業」
和全美最大農地主……學不會原始碼，
蓋茲哪些見解是我們能學會的？

獻給我的父母

目錄

比爾．蓋茲大事記 7
各界讚譽 13
推薦序 消除光環，探究比爾．蓋茲不同的面向／抹布 Moboo 15
前言 除了使用原始碼，他如何形塑我們的世界？ 17
第一章 富豪慈善家背後的盤算 27
當遺產稅較高，人們在生前的慈善捐款就越多，也會留下更多慈善遺產，作為節稅手段。
第二章 書呆子的傳奇與勝利 59
不夠社會化的書呆子總是成為笑柄，現在他們可以管理並建立企業帝國，成為當代的維京人。
第三章 仁慈從不是微軟文化的一部分 101
在微軟絕對有一種文化，就是你要成為這裡最聰明的人。

第四章　個人形象的轉折：投入慈善事業　139
今天，世人對蓋茲的印象已經煥然一新，壟斷者的稜角因為慈善家的光環而柔和。

第五章　當巴菲特遇上比爾．蓋茲　175
這兩位億萬富翁因為暢快的對話，以及對橋牌、商業與慈善事業的共同熱愛，而建立了深厚的友誼。

第六章　比爾隊與梅琳達隊的較量　213
我一直努力找尋自己的聲音，因為我總是在比爾身旁發言……使我的聲音很難被聽見。

第七章　就算做慈善，也要精算每一塊錢　249
蓋茲稱他的方式為「催化式慈善」，簡單來說，就是尋找他的資金最有可能加速改變的事業，無論是資助創新的科技，或是撥款給非營利組織。

第八章　全美擁有最多私人農地的人　293
將農地視為一種有價值但有限的資源，為投資者提供了一種避險股市波動和通貨膨脹的方式。

第九章　疫苗陰謀論　321
如果我要聽某人談論新冠肺炎，應該會選擇醫生或流行病學家，為什麼是微軟的人在發聲？

第十章　白手起家的神話　353
老比爾．蓋茲經常質疑，如果蓋茲出生時未享有他擁有的特權，是否還能達到這種程度的成功和財富？

結語　迫不及待的樂觀主義者　389

致　謝　397

作者後記　399

比爾・蓋茲大事記

年分	事件
一九五五年十月二十八日	比爾・蓋茲（Bill Gates）出生於華盛頓州西雅圖。
一九六四年八月十五日	梅琳達・法蘭奇（Melinda French，蓋茲的前妻）出生。
一九七三年	進入哈佛大學就讀。
一九七五年	與保羅・艾倫（Paul Allen）共同創辦微軟（Microsoft）。
一九七七年	因超速駕駛被罰款。
一九七九年	微軟總部從阿布奎基（Albuquerque）搬到西雅圖。
一九八六年	微軟上市。
一九八七年	成為美國最年輕的億萬富翁；梅琳達進入微軟。

（續下頁）

一九八九年	推出 Windows 3.0，與硬體巨擘 IBM 結怨。
一九九〇年	微軟成為第一家營業額超過十億美元的軟體公司；擔任 Icos 董事；開始蓋「世外桃源二·〇」。
一九九一年	在家庭聚會上認識華倫·巴菲特（Warren Buffett）並成為好友。
一九九二年	獲頒國家科技勳章（National Medal of Technology）。
一九九三年	與梅琳達訂婚，前往非洲進行狩獵旅行，是基金會成立的起源；公開反對限制州政府支出的提案。
一九九四年一月一日	與梅琳達結婚。
一九九四年四月	發布「網際網路的策略和技術目標」備忘錄。
一九九四年七月	微軟與聯邦交易委員會（Federal Trade Commission，簡稱 FTC）簽署協議裁決，同意在作業系統軟體授權方面，限制特定的商業行為。
一九九四年十一月	蓋茲買下《萊斯特手稿》（*Codex Leicester*）。
一九九五年	成為全美首富；出版著作《擁抱未來》（*The Road Ahead*）；蓋茲夫婦捐出一千萬美元給華盛頓大學。
一九九五年八月二十四日	微軟發表 Windows 95。

比爾・蓋茲大事記

一九九六年	大女兒珍妮佛・凱瑟琳・蓋茲（Jennifer Katharine Gates）出生。
一九九八年	美國政府對微軟提出反壟斷訴訟。
一九九八年二月五日	在布魯塞爾被人砸派。
一九九八年五月	蓋茲夫婦出席聖地牙哥大學畢業典禮。
一九九九年	長子羅里・約翰・蓋茲（Rory John Gates）出生。
二〇〇〇年	宣布卸任微軟執行長，擔任董事長，並成立比爾與梅琳達・蓋茲基金會（Bill and Melinda Gates Foundation）；基金會與世界衛生組織（World Health Organization，簡稱WHO）、聯合國兒童基金會（The United Nations Children's Fund，簡稱UNICEF）和世界銀行（World Bank）成立了全球疫苗免疫聯盟（Global Alliance for Vaccines and Immunisation，簡稱GAVI）。
二〇〇一年	獲頒卡內基慈善獎章。
二〇〇二年	微軟與司法部（Department of Justice）達成和解。小女兒菲比・艾黛兒・蓋茲（Phoebe Adele Gates）出生。
二〇〇三年	蓋茲基金會在印度設立辦事處。

（續下頁）

二〇〇四年	基金會捐贈兩千萬美元，在卡內基美隆大學（Carnegie Mellon University）成立蓋茲中心（Gates Center）；退出 Icos 董事會，加入波克夏·海瑟威（Berkshire Hathaway）的董事會。
二〇〇五年三月	與前紐約市長魯迪·朱利安尼（Rudy Giuliani）和史蒂芬·史匹柏（Steven Allan Spielberg）同時獲得白金漢宮頒發的榮譽爵士勳章。
二〇〇五年五月	參加 U2 樂團的演唱會。
二〇〇五年底	蓋茲、梅琳達和搖滾巨星波諾（Bono）被《時代》（*Time*）雜誌封為年度風雲人物。
二〇〇六年六月二十六日	巴菲特宣布將大部分財富轉移給蓋茲基金會。
二〇〇六年	宣布打算卸下微軟董事長的職務，轉而全職投入慈善事業；基金會推出「非洲綠色革命聯盟」計畫。
二〇〇八年二月二十一日	在卡內基美隆大學發表演說。
二〇〇八年九月	成為首位在世界經濟論壇（World Economic Forum）演講的非政府領袖。
二〇〇九年	在 TED 會議帶一罐蚊子上臺演講。
二〇一〇年	與巴菲特發起「捐贈誓言」計畫（The Giving Pledge）；成立部落格 GatesNotes；與俄羅斯橋牌選手米拉·安東諾瓦（Mila Antonova）發生婚外情；蓋茲基金會發起了「十年疫苗」計畫。

比爾·蓋茲大事記

二〇一四年	卸下微軟董事長一職。
二〇一四年五月	在波克夏股東年會進行「丟報紙比賽」。
二〇一五年	梅琳達創辦樞紐創投（Pivotal Ventures）。
二〇一八年	在北京「新世代廁所博覽會」帶一罐密封糞便上臺演講。
二〇二〇年	父親老威廉·亨利·蓋茲（William. H. Gates）逝世。
二〇二一年	與梅琳達離婚；基金會與印度比哈爾邦（Bihar）首席部長尼蒂什·庫瑪爾（Nitish Kumar）簽署協議，推動遠距醫療健康計畫。
二〇二二年	基金會宣布成立新的董事會；大女兒珍妮佛結婚；樞紐創投、歐巴馬基金會（Obama Foundation）和克隆尼正義基金會（Clooney Foundation for Justice）宣布合作，共同推動女性賦權。
二〇二三年	第一個孫子出生。
二〇二四年初	微軟與蘋果公司（Apple Inc.）共同角逐全球最有價值公司的頭銜。

各界讚譽

以生動、深刻的報導，探討商業及科技領域最具影響力的人物之一，並且正視一個迫切的問題：像比爾．蓋茲這樣的帝國建造者，是否對於塑造我們所生活的世界，產生了過大的影響力。

——席拉．寇哈特卡（Sheelah Kolhatkar）

《紐約客》雜誌（*The New Yorker*）特約撰稿人，《黑色優勢》（*Black Edge*）作者

內容引人入勝，雄心勃勃，透過一位商業大亨複雜而迷人的故事，呈現出巨額財富如何塑造並扭曲了我們對民主機制、稅制以及公共衛生基礎建設的期望，同時產生危險。本書也探討了我們如何成為富豪們的同謀卻不自知，致使富豪們運用財富和權勢，把貪婪變成慷慨，把不道德變為英雄主義。

——傑西．艾辛格（Jesse Eisinger）

普立茲獎（Pulitzer Prize）獲獎作品《膽小鬼俱樂部》（*Chickenshit Club*，暫譯）作者

作者透過精彩的故事和對細節的執著追求，深入探討比爾・蓋茲的矛盾之處：一位擁有超凡智慧和巨額財富的男人，既提升了社會的發展，也複雜了社會的結構。這是一本引人入勝的著作，描述了全球最有影響力的人物之一。

——羅伯・萊許（Rob Reich），《正義的捐贈》（*Just Giving*，暫譯）作者

以緊湊而優雅的散文述說了比爾・蓋茲精彩的人生故事，並且藉此提問及解答當今重要的議題：關於最富有的美國人，在日益分化的社會中所扮演的角色。這是此時此刻我們最需要的一本書。

——威廉・科恩（William D. Cohan），《強權的隕落》（*Power Failure*，暫譯）作者

這是一本精彩的著作，深入探討當代最令人感興趣的人物之一，然而這本書的內容遠不止於比爾・蓋茲的故事，它還提出一些非常重要的問題：圍繞著億萬富翁的神話；我們對男性科技怪才的崇拜，如何掩蓋了有關他們行為的更大問題；以及超級富豪慈善行為的好與壞。

——貝瑟尼・麥克林（Bethany McLean），《紐約時報》（*The New York Times*）暢銷書《房間裡最精明的人：安隆風暴》（*The Smartest Guys in the Room*，暫譯）共同作者

推薦序
消除光環，探究比爾・蓋茲不同的面向

科技工作講主持人／抹布 Moboo

比爾・蓋茲是我們這個世代科技界的傳奇人物。他創辦了微軟公司，累積了難以想像的財富，一九九五年登上世界首富，並在接下來的二十年中，一直保持在前幾名的位置。

當年他出版的《擁抱未來》一書，分享了他對未來的想像。對當時還是小學生的我來說，比爾・蓋茲是我第一個認識的科技界名人，也讓我對科技業充滿了憧憬。我相信世界上有許多小朋友未來想加入科技業，都是受到比爾・蓋茲的影響。

三十年後，當年他書中關於社群網絡、人工智慧助理、網路快速發展和遠端工作的預言一一實現，證明了他的遠見足以引領人類發展。

再次聽到他的消息，已經是我到卡內基美隆大學留學的時候了。那時他到學校演講，並捐贈蓋茲中心給這所全美資訊工程排名第一的學校，作為資訊工程系的系館。

這棟大樓造型新穎奇特，極具前衛設計感，即使不是資工系的學生，我也很喜歡在裡面上課。

那時的比爾・蓋茲已經準備卸下微軟的職務，全心全意投入公益事業，從科技巨人搖身一變，成為世界上最知名的慈善家。二〇一四年，比爾・蓋茲正式卸下微軟所有職務。十年過去，他持有的微軟股票與巴菲特公司波克夏的股份，仍舊讓他盤踞世界富豪榜前列。比爾・蓋茲將大部分財產捐給他和前妻梅琳達成立的基金會，每年預算超過一個國家的國內生產毛額（Gross Domestic Product，簡稱 G D P），用以投資科學技術、改善人類衛生。由於他巨大的影響力，加上網飛（Netflix）節目展示他的團隊，如何利用科技改善偏鄉生活，他在卸任微軟職務後，社會聲量不減反增。二〇一九年，比爾・蓋茲婚外情曝光，他和妻子的矛盾終於爆發，兩人迅速走向離婚，震驚全球。大家這才意識到，原來幽默風趣、人生傳奇的微軟創辦人，也有不那麼光彩的一面。

《真正的比爾・蓋茲》講述這位傳奇富豪精彩的一生：在微軟時期如何與各大科技公司競爭對抗、受到媒體吹捧、推動能源投資、富可敵國的基金會如何運作、龐大的財產如何管理、私底下愛開快車，以及與妻子梅琳達為何走向離婚……真實且人性的一面。

過往我們看科技界的名人，或許都會有夢幻的光環，讓所見充滿柔焦，覺得他們的成功，一定是具有特別的人格特質，或是他們做對了什麼。而藉由記者安努普麗塔・達斯（Anupreeta Das）抽絲剝繭，或許更能看見當年的真實情況，也能讓我們探究比爾・蓋茲不同的面向，更能客觀的看待這位傳奇人物。

前言 除了使用原始碼，他如何形塑我們的世界？

比爾．蓋茲有一張照片——在網路上很容易搜尋到，就像廣告招牌一樣醒目——這位微軟共同創辦人兼億萬富翁慈善家站在鏡頭前，勉強擠出一絲微笑。（編按：可掃描第三九九頁的 QR Code 瀏覽。）

照片裡還有其他四位男性，拍攝於二〇一〇年代早期。蓋茲是右邊第二位，穿著藍色襯衫，套上一件他常穿的毛衣。他的左手邊站著一位理著寸頭的男士，右手邊也就是照片中間的男子，頭髮蓬亂、黑白交錯，雙臂交叉，穿著藍色牛仔褲和半截拉鏈式毛衣，左臂袖子印有美國國旗，腳上穿著天鵝絨樂福鞋。[1]（編按：全書標記[]，為參考文獻的對照記號。）這名男子就是傑佛瑞．艾普斯坦（Jeffery Epstein），一個被定罪的性犯罪者、社會寄生蟲、偽君子，為世人所唾棄，他於二〇一九年八月在曼哈頓監獄的牢房中自殺身亡。直到二〇一九年七月，美國聯邦當局指控他性交易年僅十四歲的女孩，那些駭人聽聞的勾當才公諸於世，而他的人脈網遍及多位全球知名的男性，令人震驚。

在艾普斯坦的闇黑宇宙裡，從學者、藝人、銀行家到億萬富翁，眾星雲集，其中以比爾・蓋茲最引人注目，也最令人費解。他的名字和臉孔在全球具有高辨識度，是一位有遠見的科技巨擘，推動了電腦革命，也是一位開創性的慈善家，對於拯救生命有崇高理想。為什麼這麼一位資本主義神人，竟與一個魔鬼般的卑劣傢伙為伍？

比爾・蓋茲和艾普斯坦的關係，難以簡單界定，也沒有任何標籤可以掩蓋他的汙點。這些汙點開始模糊這位科技界億萬富翁清新又天真的慈善家形象。

二〇一九年這張照片曝光，媒體報導兩人曾多次見面，但會面內容大多不詳，不久後傳出消息，蓋茲在與妻子梅琳達・蓋茲二十七年的婚姻期間有婚外情。

兩年後，在新冠疫情（COVID-19）肆虐期間，梅琳達和蓋茲離婚了。彷彿為了象徵性的與背叛她的男人劃清界線，卻又因為共同慈善事業而綁在一起，她在名字和夫姓中間，加上了婚前的姓氏，改名為梅琳達・法蘭奇・蓋茲（Melinda French Gates）。

他們的婚姻生活並不總是和諧，多年來，與這對前夫婦共事的人都對蓋茲的拈花惹草議論紛紛。就算梅琳達警告過他，但他的不忠以及與艾普斯坦的關係還是被公開了，最終導致夫妻決裂。

曾經是正直的典範，現在卻墮入恥辱的泥淖，**蓋茲的公眾形象破裂，迫使我們重新審視所認識的蓋茲，或者說我們自以為認識的蓋茲**；一個如此傑出、富有、慷慨的人，幾十年來不管到哪，他都像國王一樣受到讚揚和禮遇。然而，這個裂痕同時也成為入口，讓我們更廣泛討論大眾對於億萬富翁緊咬不放的迷戀，以及這種文化和社會依賴，對社會所造成的影響。

很少有億萬富翁像比爾．蓋茲那樣，長期以各種身分出現在公眾的視線下。他是億萬富翁的早期樣板，從一九八〇年代開始就吸引了全球目光——一個「天才少年」從大學輟學，僅憑一個想法就創辦了科技公司，發展成改變世界的企業，過程中他變得非常富有。比爾．蓋茲的個性孤僻、不擅長社交，偶爾的傲慢讓書呆子的形象鮮活了起來，大眾對他的男子氣概有了想像空間，在這個形象下，頭腦比肌肉更重要。

他和高中好友保羅．艾倫在一九七五年合創了微軟公司，短短二十年後，這家軟體公司遠遠超越對手，比爾．蓋茲也成為美國企業界的領導人物。他成為世界首富，也是正值顛峰的商業大亨。但是他在商業界不停獨霸、甚至不惜踐踏初生網路產業的行為，使他在很多人眼中成為壟斷者。

一九九八年美國政府對微軟提出反托拉斯（反壟斷）訴訟，欣喜若狂的媒體稱他為二十世紀的強盜大亨，猶如美國鍍金年代（Gilded Age）的壟斷者約翰．戴維森．洛克斐勒（John D. Rockefeller）。天才少年變成了企業惡棍。

二〇〇〇年，比爾．蓋茲開始逐步退出科技事業，在大眾注目之下，他一層層褪去壟斷者的外衣，搖身一變成為全球的慈善家。基於他對資本主義深信不疑，而這些規則曾經對他非常有利，因此他的慈善事業也遵循市場原則。

由於政府往往因為組織鬆散、漠不關心或腐敗，導致全球衛生「商品」的龐大需求尚未得到滿足；私人企業則由於缺乏利潤，而沒有動機滿足這些需求。因此，蓋茲的慈善資金可以用來支持他所謂的「不斷創新」，以解決頑固的公共衛生問題。[2]他策略的成功，可以透過他拯救的生命、作物產量的提高略知一二。

接下來的二十年裡，蓋茲指揮了一場規模龐大、雄心壯志的全球慈善交響樂，其規模和企圖心十足，震撼了多邊組織[1]，讓學者和社運人士都驚嘆不已，也讓他在大眾心目中轉型，成為孜孜不倦的窮人救星。他的慈善事業主要是透過比爾與梅琳達・蓋茲基金會[2]運作，基金會成立於二〇〇〇年，初始資金是兩百二十億美元[3]的微軟股票捐贈。

基金會成立的六年前，蓋茲和梅琳達在新年當天結婚，兩人在微軟相識，梅琳達小蓋茲八歲。這位有著紅褐色頭髮的工程師來自達拉斯（Dalas），曾經是女子天主教學校的畢業生代表。相對於蓋茲的易怒和急躁，梅琳達的性情溫和、舉止克制。一九九六年她生下第一個孩子珍妮佛・凱瑟琳・蓋茲後離開微軟，接下來羅里・約翰・蓋茲和菲比・艾黛兒・蓋茲相繼出生。她專心養育三個孩子，在基金會成立的頭幾年，偶爾會現身；但最終她在基金會留下深刻的足跡，幫助推動基金會，並成為家庭計畫（Family Planning）和性別平等工作的代言人。

二〇〇六年，億萬富豪投資家巴菲特宣布，將他數十億美元財富的一大部分轉移給蓋茲基金會。巴菲特是波克夏公司的執行長，他在一九九一年認識了蓋茲，兩人成為要好的朋友。**巴菲特比蓋茲年長二十五歲**，他向蓋茲介紹安德魯・卡內基（Andrew Carnegie）的慈善理念，卡內基是十九世紀的鋼鐵巨頭，也是那個時代的另一位強盜大亨。

蓋茲和巴菲特所合作的慈善事業，其中最顯著的成果是「捐贈誓言」計畫，這是他們倆在二〇一〇年所發起，一項非同尋常且備受矚目的活動，為的是讓其他億萬富豪考慮慈善捐贈。宣誓的億萬富翁們承諾在有生之年或是身後，至少要將財富的一半捐獻給慈善事業。由於這個計畫在二〇〇八年金融危機後發起，不禁讓人聯想到其崇高的道德理念——美國最有錢的人希望能回饋社會。但這也是一項不具約束力的宣誓，實際上難以強制實施或追蹤，到頭來也許只不過是展示億萬富翁的慷慨意願而已。

今天，蓋茲基金會在全球已經有足夠影響力，特別是在低收入國家，甚至可以透過補助撥款而策動議題。蓋茲基金會捐給國際組織的錢，和某些單一國家所捐的一樣多。

一路走來，蓋茲成為所謂的思想領袖，受到世界領袖們的追捧和媒體的喝采。**他幾乎完全不涉足政治**，但熱衷於這個角色，談論的話題包括疾病、公共衛生、疫苗、衛生設施、農業、氣候變遷，當然還有科技。長期以來蓋茲善用媒體推廣他的事業和慈善工作。他有

1 由多個國家共同參與的組織。

2 此基金會已於二〇二五年一月改名為蓋茲基金會（Gates Foundation）。

3 約新臺幣六千八百六十八億四千萬元，此處美元兌新臺幣之匯率，以臺灣銀行二〇〇〇年一月公告均價三十一．二二元為準。

一大群幕僚不斷努力美化和修飾他的形象，就像是用砂紙打磨粗糙的邊框一樣。**這位億萬富豪獲獎無數，卻與最重要的諾貝爾和平獎（Nobels fredspris）無緣**。為了提高他的獲獎機率，當世界關注蓋茲基金會參與的公共衛生里程碑時，他的部分幕僚便策略性的發起宣傳活動。

在此同時，也有許多批評直指基金會過度張揚，它的活動被形容為反民主、新殖民主義、技術官僚、頂層思維，不過靠著蓋茲的名人權勢，以及基金會每年大約五十億美元[4]的捐款，它的影響力依然未受侷限。

儘管蓋茲的財富調度成為鎂光燈的焦點，但資金來源始終未公開。蓋茲的淨資產估計超過一千兩百億美元，但大部分已不再是微軟的股票，他的財富寶庫包括股票、債券、旅館、農地、房地產、甚至還有保齡球館，由一家名為瀑布資產管理（Cascade Asset Management）的投資公司負責管理。

他與梅琳達離婚，猶如一枚手榴彈擲向素來平靜的慈善世界。他們倆曾經是生活和慈善事業上的夥伴，他們的婚姻和基金會的創立故事息息相關，對基金會的運作至關重要。沒有他們的批准，幾乎無事可成。數百個仰賴蓋茲基金會資助的非營利組織，以及基金會員工們，都為自己的未來擔憂，直到兩人達成了一項奇特的權力分配協議，明確表示會一如既往的繼續掌舵[5]。

梅琳達此後努力建立一個獨立的慈善家身分，專注於婦女權益。她個人和職業生涯的故事，包括嫁給一個風流、絕頂聰明而專橫的男人所經歷的痛苦，以及她為獲得平等地位而奮鬥的過程，都影響了近年來大眾對蓋茲的印象。

》》

如同鐵鏽腐蝕鐵器一樣，蓋茲個人行為的新聞也侵蝕了他的形象。當社群媒體將不實和扭曲的真相導向主流，他甚至成為疫苗和權貴意圖的陰謀論對象。這位天才少年曾經變成無情的壟斷者，又轉變為仁慈的慈善家，如今再度變形。而這次，蓋茲的形象變得更加陰暗、汙濁，具有爭議，他意外化身為其中一個擾亂社會的最大爭論——億萬富翁在這日益不平等世界中的影響力。

因此，蓋茲形象的演變，不僅僅是一個人的故事，或是一個資本主義與慈善事業的傳說，而是美國社會以及我們所處的特殊文化及道德生態系的故事。講述一個我們如何接受媒體和流行文化塑造的形象，從書呆子到自戀狂，將漫畫形象變得真實的故事。這描述了我們對億萬富翁的崇拜，在他們的輝煌成功中，我們看到許多美國人的希望，以及我們珍

4 約新臺幣一千六百四十四億元，全書美元兌新臺幣之匯率，皆以臺灣銀行二〇二五年一月公告均價三十二．八八元為準。

5 梅琳達已於二〇二四年五月辭去基金會職務。

視理念之闡揚：堅韌、開疆拓土、尋求財富、自力更生的個人；從拾荒者變成一邦之主；在一片平坦肥沃的土地上，播下夢想的種子，越是努力耕耘，你的技能和運氣越好，地位越高、收穫越大。

蓋茲的故事也是一個關於科技億萬富翁迅速崛起，並主宰我們生活的故事；一個億萬富翁的資金增強了美國長久以來的慷慨傳統的故事；一個關於億萬富翁如何積極不斷的操縱金錢和權力的故事，他們或隱匿在暗處，或耀眼的站在舞臺上，從而在教育、環境等集體產業，以及商業、政治、政策和慈善領域中實現想要的結果。

無論我們是否知道，**財閥就是我們的影子統治者**——他們是受財富庇護的私營者——**而我們則在無意中成為維繫這個體系的同謀**。

名列《富比士》（*Forbes*）美國富豪榜的前四百人，總資產估計超過四兆美元，大約占美國人財富總額的三％，比財富倒數五〇％的美國人總資產多出一兆美元。[3]在前十大美國億萬富豪中，有七位的財富估計超過一千億美元（作為參考，標準普爾五百指數〔S&P 500〕中約有四十五家上市公司的市值達一千億美元或以上）。如果一個普通美國家庭將年收入六萬八千美元全部存起來，需要超過一萬四千年才能累積到僅僅十億美元的財富。

在新冠疫情期間，隨著股市上漲，億萬富翁的集體淨資產增加了四〇％，而數百萬小企業和民眾生計被摧毀，還有些企業靠政府的援助才得以倖存。

一個億萬富翁可能代表著資本主義的希望，但與日俱增的人數和財富也代表了資本主義的殘酷。即使是承諾捐出更多財富的億萬富翁，他們也發現，要從財富的階梯往下走，就像在上行的電扶梯中逆勢前進。

當被問及為什麼成功，許多億萬富翁會從美國夢的角度說起，以一個精心設計、有情感共鳴的故事為賣點，描述他們邁向顛峰的艱辛之路，但略而不提那些更混亂、複雜、集體、羞恥，也更真實的細節。

除了他們的天賦和決心之外，這幾百位億萬富翁也受益於享有的各種優勢，包括他們的種族、階級和性別；給了他們優勢的教育和人脈；來自學校教師或教授的及時洞見；在舒適的工作環境中孕育出的計畫；促成某個想法發展的政府研究；稅收減免、補貼和其他有利於他們行業的政策；以及透過削減勞工的薪酬和福利，公司得以持續擴大的利潤空間。

我們可以選擇挑戰這些說法，但我們的社會並沒有這樣做。而是任憑億萬富翁自己解釋幾乎無法解釋的現象，接受每一美元都是他們應得、極大的財富是上天註定、無法與命運抗爭，諸如此類。

這種停滯引發了幾個問題。為什麼我們經常把財富和高尚及美德劃上等號，並且不去質疑億萬富翁的意圖？為什麼我們如此容易被權貴的表面形象所左右，認為他們高人一等，然後才對他們的墮落大感震驚？我們是否太過安於想像的牢籠，僅僅滿足於作個窺視者和夢想家，不願找到通往現實的路？是否億萬富翁隨興的慈善事業，有時候還是以個人利益為出發點，就能合理化近數十年來驚人的財富累積？不斷擴大的不平等，是美國向來推崇的個人主義下的自然結果，還是資本主義功能失調的象徵？億萬富翁的財富與他們所創造的社會價值，彼此的共價關係何時會瓦解？某些財富是「道德上值得的」嗎？[4] 如果億萬富翁對社會應該有所回饋，那誰有權決定那是什麼？

蓋茲是一道完美的稜鏡，透過他將棘手的道德問題折射出無數主題——億萬富翁、財富和不平等；科技和流行文化；媒體和形象；慈善事業、權勢和影響力。

他在為所欲為的英雄、傲慢的惡棍以及介於兩者之間的任何樣貌之間轉換，是個變幻多端的人物。如評論家所說，他就像電影《變色龍》（*Zelig*）的主角澤利，利用自己的金錢和名聲偽裝出不同的身分。由於他在公眾舞臺上的獨特轉折，映照出更廣泛的社會焦點，蓋茲讓我們得以踏上旅程，進入集體自我（Collective Self），探尋我們所存在的這個如繭一般的社會。這個繭迷惑、制約了我們，以至於我們無法意識到所處的文化、社會和經濟信仰，是如何促成並維繫著一個不平衡的社會。

從另一個角度看，借用法國後現代主義哲學家李歐塔（Jean-François Lyotard）的術語，關於蓋茲的傲慢、態度和行為的小敘事，匯集成了社會的「大敘事[6]」（grand narrative）。在追溯他形象演變的軌跡時，我們或許能從投射中找到自己是誰，以及為什麼會成為現在的樣子。

6 在批判理論，特別是在後現代主義中，是指一種宏大的、總體性的敘述，用來解釋歷史、人類社會或世界運作的方式。

第一章

富豪慈善家背後的盤算

當遺產稅較高，人們在生前的慈善捐款就越多，也會留下更多慈善遺產，作為節稅手段。

杜西米・格舒吉（Dushimi Gashugi）有點像特技演員，過去幾年來，每年七月他都會擠進他那輛二〇一二年款的豐田（Toyota）Camry，從居住的洛杉磯東部開車八百英里[1]以上，前往愛達荷州（Idaho）的度假小鎮太陽谷（Sun Valley）。他在那裡閒晃著，希望吸引一、兩位億萬富翁的注意，因為他們會搭著私人飛機從世界各地趕來，參加被稱為「億萬富翁夏令營」的年度聚會。

二〇一七年，格舒吉舉著巨大的標語牌站在路邊，上面寫著：「彭博先生[2]和蓋茲先生：加州創業家尋求建議。喝杯咖啡吧！」標語的下方留有電話號碼。他在住家附近的商店印製好這個標語牌，為了把牌子塞進車子，還放平車子後座。

五年後的二〇二二年，他花了一千五百美元向 WonderWorks 租了一件太空裝，這家公司位於加州，為電影公司和主題公園製造太空梭和相關裝備的複製品。格舒吉當時是一名房地產經紀人，他再次站在路邊，舉著另一個巨型標語牌，把自己六尺四吋[3]的身形塞進三十磅[4]的太空裝裡。這一次他想引起亞馬遜公司（Amazon.com, Inc.）創辦人傑夫・貝佐斯（Jeff Bezos）的注意，貝佐斯正透過他成立的航太公司「藍色起源」（Blue Origin）將太空旅行商業化。二〇一九年貝佐斯公開展示了藍色起源公司建造中的四足登月器。據他所言，在二〇二四年就可以把貨物和人類送上月球[5]。這次格舒吉在標語牌上寫的是：「傑夫・貝佐斯，尋求月球殖民地房產，會說克林貢語（Klingon）[6]。共進晚餐吧！」

太陽谷海拔近六千英尺[7]，位於 Bald Mountain 的山腳下，夏天山坡上野花盛開，冬天滑雪者絡繹不絕。過去四十年左右，這裡一直是媒體、娛樂和科技界億萬富豪及名人彙集地，最引人注目的聚會地點之一。美國最富有、最有權勢的高階主管齊聚一堂，在揮舞高爾夫球桿或散步之際，密謀著收購或是交流世界局勢。

會議在太陽谷度假村（Sun Valley Lodge）舉辦，這裡有奧地利滑雪度假村的風格，建於一九三六年，最初是為名人和富裕家庭所打造的度假勝地。這場由紐約投資銀行艾倫公司（Allen & Co.）主辦的會議，長期以來一直吸引著媒體的興趣。

儘管賓客名單保密到家，但當商界大亨漫步在度假村周圍的步道，或是搭著高爾夫球車四處遊覽時，就能一窺與會者的真容。他們的穿著很休閒，氣氛也很輕鬆。記者和攝影師雖未受邀，但如果與來賓保持一定的距離，便可獲得在場的許可。不過許多與會者都很隨和，樂意與人接觸，因此他們經常擺出方便拍照的姿勢，或停下來回答問題。

蓋茲和巴菲特是常客，其他還有媒體大亨智遊網（Ecpedia.com）董事長巴里・迪勒

1 約一千兩百八十七・五公里。
2 譯註：麥克・彭博（MIchael Bloomberg）媒體大亨、前紐約市長。
3 譯註：大約一百九十四公分。
4 約十三・六公斤。
5 二〇二四年五月十九日，藍色起源成功將六名乘客送上太空並返回，但並未登陸月球。
6 譯註：源自《星際爭霸戰》（Star Trek）劇集，虛構的外星種族。
7 約一千八百二十八公尺。

（Barry Diller）、新聞媒體大亨魯柏・梅鐸（Rupert Murdoch）和彭博，以及全球科技公司的頂尖主管，像是Meta公司（前身為Facebook）的馬克・祖克柏（Mark Zuckerberg）、字母控股（Alphabet）公司[8]的桑德爾・皮采（Sundar Pichai），以及特斯拉（Tesla）、太空探索技術公司（Space Exploration Technologies Corp.，簡稱SpaceX）和推特（Twitter，現名為X）的老闆伊隆・馬斯克（Elon Musk）。

億萬富翁創業成功的祕訣

格舒吉在二〇一〇年第一次聽說太陽谷會議，當時他剛從芝加哥大學（University of Chicago）經濟系畢業不久。這位盧安達裔移民之子出生於波士頓，但在密西根的貝林泉（Berrien Springs）長大，這個小鎮大約一千八百人，拳王阿里（Muhammad Ali）曾經在這裡置產。

貝林泉坐落於大草原上，其自然公園吸引了許多當地遊客。這個只有兩座紅綠燈的小鎮，可能只是通往其他地方的中途休息站。格舒吉的父親於一九六五年來到美國，當時擔任紐約世界博覽會（New York World's Fair）[9]瓦圖西（Watusi）[10]舞者，他不會說英文，只帶了一份高中成績單，希望在美國謀求生計。最終他進入波士頓大學（Boston University）

博士班就讀，並在安得烈大學（Andrews University）這所基督復臨安息日會（Seventh-day Adventist）[11]創辦的機構謀得教職，舉家搬到貝林泉。他一直在這所學校擔任會計與金融學教授，直到退休。格舒吉的母親在傳教士的資助下來美國念護理，並在退伍軍人醫院（VA hospital）找到專科護理師的工作。除了大學這個多元化的環境外，貝林泉的居民多數是白人；二〇二〇年這個小鎮有一半以上的人口投票給唐納·川普（Donald Trump）[12]。

格舒吉和他妹妹在一個簡樸而舒適的家庭長大，他形容是「基督徒氛圍」。大學畢業後，傳統的發展途徑像是攻讀ＭＢＡ（Master of Business Administration，企業管理碩士），或在金融業及學術界工作，對格舒吉而言很無趣。他心有不甘，一直渴望創業。成功的故事令他著迷，他想知道成功人士和有權勢的人是如何做生意的，可以從他們身上學到什麼。

格舒吉說話滔滔不絕，他從一個觀點跳到另一個觀點，一個想法跳到另一個想法，猶

---

8 位於美國加州的控股公司，由谷歌公司（Google LLC）組織分割而來，並繼承了谷歌公司的上市公司地位以及股票代號。

9 一九六四年及一九六五年在紐約舉辦的世界博覽會，是一個具國際規模的集會。參展者向世界各國展示當代的文化、科技和產業上正面影響各種生活範疇的成果。

10 盧安達的傳統舞蹈。

11 簡稱安息日會，是基督教新教的教派之一。

12 曾任第四十五位美國總統，現為第四十七位美國總統。從政前為企業家、媒體名人。

如在虛擬的白板飛奔，拿著麥克筆，拚命的塗寫著。他的句子中不斷提到貝佐斯和馬斯克。二〇二二年秋天的一個下午，他坐在曼哈頓中城的一間咖啡廳，穿著亮紅色的 polo 衫和藍色牛仔褲，他堅稱自己有個計畫，但羞於透露。他在桌上放著一本《跑出全世界的人》（*Shoe Dog*），這本書是 Nike（耐吉）球鞋創辦人、億萬富翁菲爾·奈特（Phil Knight）的回憶錄。

在芝加哥，格舒吉當過著名經濟學教授蓋瑞·貝克（Gary Becker）的助教，貝克以人類日常行為的經濟學這個開創性的研究，於一九九二年獲得諾貝爾經濟學獎。貝克教授於二〇一四年逝世，格舒吉回憶，他曾經把冒險能力比作生育能力：它會隨著年齡增長而減少，教授說，當年紀越長，承擔風險變得越困難，因為生活會變得更加複雜，比方說有了貸款、孩子等。

格舒吉將這個教訓謹記在心。如果他想成為一名創業家，就必須馬上開始抓住機會，他需要向最優秀的人取經，直接與具有影響力的人接觸，學習成功法則，學習他們走向顛峰的經驗，以及自己如何才能站上同樣有權力、財富和影響力的地位。「如果你不和這些人在一起，就無法成為他們那樣，」格舒吉堅信：「如果你和窮人廝混，就無法成為億萬富翁。」

二十四歲那年，他給自己十年的時間追求夢想，但從哪裡開始呢？巴菲特看來是個不錯的選擇。這位億萬富翁投資家在一九六五年收購了波克夏·海瑟威這家小型紡織製造商，藉此建立了龐大的企業集團，商品從保險到冰淇淋應有盡有。他對建立企業應該有所了解。

在二〇一〇年七月的第一個星期，格舒吉買了單程票飛往巴菲特的家鄉奧馬哈（Omaha），想要與億萬富翁見面，並說服他給他一個實習機會。但他很快就得知巴菲特不在鎮上，他在谷歌（Google）搜尋到，這位投資家正在太陽谷參加一個會議。

格舒吉得知太陽谷會議是億萬富翁的聚會場合後，便開始研究這個活動。當他了解更多，並驚訝於各個新聞網站上名人與會的照片時，他有了一個瘋狂的想法：何不在會議期間去太陽谷？這將是最有效率的方法，可以盡可能的見到最多億萬富翁，向他們請教成功之道，並應用在自己的人生中。「我沒有錢走遍各地，那什麼是最有系統的找人方式？」

格舒吉打賭這些人會停下來和他說話，因為他們知道任何未受邀的人都是竭盡所能來到太陽谷。離度假村最近的機場在黑利市（Hailey），大約要半小時的車程。「到這時，你必須讚賞自己的膽識，」格舒吉對自己說：「你是個黑人小孩，闖入愛達荷州的會議[13]。」

二〇一四年當他第一次到太陽谷，驚訝的張大了嘴。他說：「那是一種靈魂出竅的體驗，你能想像到的人物都在那。」此後他去太陽谷至少五次。一開始，他的熱情驅使他不加思索的追逐出席者，常常纏著他們問問題。

二〇一六年以後，情況有了改變，在舉辦會議的七月週末，兩名黑人男子菲蘭多．卡斯提（Philando Castile）和阿爾頓．史特林（Alton Sterling），分別在明尼蘇達州的聖保羅

13愛達荷州為美國白人人口最多的地區之一，這類地區被認為對於有色人種較不友善。

市（St. Paul）和路易斯安那州的巴頓魯治市（Baton Rouge）遭到警察槍擊身亡。在對種族及刑事司法的抗議活動中，一名狙擊手在達拉斯市中心射殺了五名白人警員。當格舒吉穿著色彩繽紛的達西基襯衫（dashikis）[14]出現在太陽谷度假村，保全人員高度警戒，命令他不得擅入。他後來懷疑，保全人員是否因為他的種族才特別擔心。「這嚇壞我了。」

隔年，他有了盤算，他製作了一份清單，並在度假村周圍的戰略地點駐紮——位置遠到保全人員不會趕他走，但又能讓與會者看見。他讀了夠多億萬富翁的傳記和公司報告，如此一來他可以提出特定的問題，接近某個人。

»

多年來，他接近過數十位億萬富翁和主管，提出同樣的問題：「讓你成功的習慣是什麼？」他接觸過的人在與他交談時，多數都很友善而且謙遜。「如果我不知道他們是億萬富翁……這很矛盾，你越富有、地位越高，反而越是和善。」

字母控股公司的桑德爾・皮采是一個「非常好的人」，比爾・蓋茲「不怎麼好」，因為他沒有停下來聽格舒吉的請求。格舒吉與3G資本（3G Capital）公司的共同創辦人豪爾赫・保羅・雷曼（Jorge Paulo Lemann）這位億萬富翁自拍過，3G資本是一家私募控股公司，擁有品牌食品巨頭卡夫亨氏（The Kraft Heinz Company）的部分股權。

二〇一七年，就在他舉牌要求彭博打電話給他之後，某天醒來時他聽到這位前紐約市長親自在語音信箱的留言。一名與會者拍下格舒吉標語的照片傳給彭博，標語上潦草的寫著他的電話號碼。「我想打個電話給你，」彭博告訴格舒吉：「我可以幫什麼忙？」格舒吉興奮的緊張又顫抖，他回撥後脫口而出：「你的故事是什麼？」當兩個人開始對話，格舒吉覺得這位透過把金融資訊賣給華爾街的企業，而致富的億萬富翁，似乎真的有興趣聽他講述自己的背景，並給出他的建議。

彭博提出三個創業成功的祕訣：學習如何建立團隊、如何籌募資金，以及如何成為領導者。後來，他從其他停下腳步與他交談的億萬富翁那裡，聽到相同版本的建議。格舒吉把太陽谷之行稱為他的持續進修。

在《愛達荷山脈快訊》（*Idaho Mountain Express*）報導了他的特殊舉動後，他成為當地小有名氣的人[1]，還曾經出現在全國廣播公司商業頻道（Consumer News and Business Channel，簡稱ＣＮＢＣ）的新聞中。從那時，他意識到可以透過自我行銷創造追隨者：特殊舉動可以為他帶來知名度，他希望藉此進一步建立自己的事業，不論是什麼事業。截至二〇二四年，格舒吉尚未打算放棄每年前往太陽谷的行程，也沒有打算放棄在大庭廣眾之下以獨特的行為來吸引注意力（他曾經穿著另一套租來的太空裝，衝進《今日秀》〔*The*

14 譯註：設計源自非洲的寬鬆套頭式襯衫。
15 一檔美國的晨間新聞和脫口秀節目。

Today Show〕[15] 節目的現場畫面，推銷自己是馬斯克火星殖民計畫的第一位房地產經紀人）。

在二〇二三年之前，他專注於獲得名人或億萬富翁的加持，甚至不惜成為一個討厭鬼。「關注帶來金錢，」他說。格舒吉偶爾會好奇自己是否會成為「黑人版洛克斐勒」。一般認為運動和娛樂工作是非洲裔的強項，但在商業領域並不多。「沒有人能對我說，我當不成億萬富翁，或是辦不到什麼。」

資本主義的搖滾巨星

我們身邊總有富人，而我們著迷於他們如何致富的故事。就像格舒吉一樣，我們想知道他們的成功之道，以及如何仿效他們。在這個資本主義的社會，人們相信物質上的成功是個人優點和無限機會的必然結果，而那些登上經濟階梯頂端的人，似乎掌握了所有的祕密。我們傾向將富人視為理想，認為他們英勇、有美德、正直又聰明。「金錢使富人高尚，讓窮人敗壞」，作家兼編輯劉易斯・拉帕姆（Lewis Lapham）曾經這樣觀察。他出生於富裕家庭，將富有的概念斥為「胡說八道」。[2]

因此，難怪許多書本、文章和部落格都宣稱，要將富人的人生經驗和故事提煉為精闢、馬上上手的原則。大學的商業和創業課程——標榜它們代表財富、通往財富——承諾會為學生提供成功的工具，藉此吸引學生。致富的欲望，每年吸引許多眼睛發亮、雄心勃勃的年輕人進入華爾街和矽谷；促使一名教師砸下畢生積蓄，投入加密貨幣市場；讓一個移民丟下家人，前來美國尋找機會。然而，假設財富一直存在（無論是透過土地、財產或貨幣的累積，或只是與他人的貧窮化有關），「億萬富翁」一詞則是後來才形成的。

韋氏字典（Merriam-Webster）追溯這個字起源於一八四四年的美式英語，而在二十世紀初，變得更為常用——這是鍍金年代財富激增的直接影響，因為「百萬富翁」一詞已經不足以形容他們的富有程度。洛克斐勒一般被認為是美國第一位億萬富翁，他的石油帝國在一九一八年累積了十二億美元的巨額財富——約合現在的兩百一十億美元。

億萬富翁一詞在一九八〇年代開始流行，當今的財富創造週期正開始，加上科技創新、財務工程[16]和政府的支持政策罕見的結合在一起，因而有所助長。[3] 從這個意義上說，「億萬富翁」一詞的流行本身，已經成為近幾十年來貧富差距日益擴大現象的代名詞。隨著億萬富翁變得越來越多、越來越顯眼、影響力也越來越大，他們已經成為人們迷戀和驚嘆的對象。我們共同對億萬富豪產生文化上的窺探癖好，好奇成為億萬富翁會是什麼樣子？住在有一大群傭人服侍的豪宅裡；慵懶的躺在行駛於公海的超級遊艇上；隨興的買下一整間公司或一座島嶼；擁有比某些國家國內生產毛額還要高的淨資產。

16 基於財金的背景知識，結合統計數學、計量分析，及資訊科技來建立金融市場模型，以解決複雜的財務金融問題。

億萬富豪被視為資本主義的搖滾巨星，也是最知名的名人，關於他們的新聞不只是圍繞著龐大到深不可測的財富，還包括他們的個人生活、身體的變化、愛情和風流韻事、買下哪些運動隊伍及拍賣會藝術品，以及他們做的投資、政治獻金和慈善事業，甚至包括他們有幾個孩子。他們既是美國思想家拉爾夫．沃爾多．愛默生（Ralph Waldo Emerson）筆下的獨特人物，也是英國詩人喬治．戈登．拜倫（George Gordon Byron）詩中的浪漫英雄。在一個崇尚財富的國家，億萬富翁受到推崇也就不足為奇了。如果歷史上包括啟蒙運動之前的英國君主，是透過君權神授，藉此延續掌權，那麼我們則是心甘情願的將近乎神聖的地位賦予億萬富翁。

一八九二年，律師沃德．麥卡利斯特（Ward McAllister）在《紐約時報》公布了一份紐約市最有影響力的四百人名單[4]。他有時會擔任阿斯特夫人（Caroline Schermerhorn Astor）的社交總監，阿斯特夫人是鍍金年代紐約社會上的女王。這份名單就是《富比士》雜誌總編邁爾康．富比士（Malcolm Forbes）的靈感來源，一九八一年他要求記者們找出美國最富有的四百個人。富比士從父親手上繼承了這家小型出版社，並意圖將其轉型為全球品牌的出版社，成為財富、資本主義和創業家精神的同義詞。

一九八二年，雜誌首次刊出富比士四百大富豪名單，從此開啟了一年一度的傳統。那一年，富比士的美國富豪榜上有十三位億萬富翁，十五年後已經激增到一百七十位，並且至少都有四億七千五百萬美元的資產。到了二〇二一年，榜上四百大富豪全都是億萬富翁，而排名最後的十二名億萬富翁名次並列，每一位都有二十九億美元的淨資產。

每一年，四百大富豪榜外的億萬富翁名單越來越長，從一九八七年開始，富比士每年也公布全球億萬富翁名單；據二〇二三年統計，全世界有超過兩千六百個人的財富至少達到十億美元。[5]

財富的增加，全面催生了美國專門追蹤財富的小型行業，除了富比士之外，Wealth-X和彭博新聞社（Bloomberg News，簡稱彭博社）等公司也透過其億萬富豪指數（Billionaires Index），即時計算、量化、排名和追蹤億萬富豪的財富變化、財富來源、是否「白手起家」，以及捐款的慷慨程度。這些名單雖然不完全精確，但方向正確。

財富管理顧問訂閱這些名單，以便瞄準客群。記者、學者和政策制定者經常引用這些名單，尤其是富比士榜單。在谷歌上搜尋「如何成為億萬富翁」，會出現無窮無盡的搜尋結果，但並非每一則結果都是戲謔。《Investopedia》是一個專門提供金融資訊和建議的網站，它列出了成為億萬富翁的行為準則。《亞馬遜》網站所賣的書籍，提供賺取數十億財富的策略，基本上是為了迎合時代而呈現的升級版快速致富清單，還有大量關於億萬富翁的暢銷書，從歌功頌德的傳記到批判的人物描述，應有盡有。

即使是虛構的億萬富翁，從布魯斯・韋恩（Bruce Wayne）又名蝙蝠俠（Batman）（富比士估計他的財富約為七十億美元，但有些影迷根據DC漫畫公司〔DC Comics, Inc.〕的故事情節，指出他的財富高達一千億美元），到《格雷的五十道陰影》（*Fifty Shades of*

Grey）男主角克里斯欽·格雷（Christian Grey）（估計淨資產有二十二億美元），也都成為崇拜對象——一個英勇又有美德，另一個則是有特殊性癖好但體貼。自二〇一一年出版以來，《格雷的五十道陰影》已售出數千萬冊，讓作者詹姆絲（E. L. James）成為百萬富翁；故事是關於一位年輕的哈佛中輟生格雷成為億萬富翁，他與文學系女大生之間的情慾愛情故事。

事實證明，涉及億萬富翁的浪漫小說也有一席之地。記者莉迪亞·基斯林（Lydia Kiesling）在《紐約時報雜誌》（*The New York Times Magazine*）[17]撰文指出，在亞馬遜網路書店搜尋「億萬富翁的羅曼史」，會出現超過五萬筆資料。基斯林寫道，似乎「只有浪漫小說類型的書，才有『億萬富翁』這個明確的主題，它已經發展成獨特的次分類。」[6]基斯林的評論是該雜誌在二〇二二年四月出版的金錢專刊的一部分，作家們在這一期探討了我們迷戀億萬富翁的正面、負面和醜陋面。

還有一些真的億萬富翁自己寫的書，他們在書中分享了走向成功的點滴心得。從橋水基金（Bridgewater Associates）創辦人瑞·達利歐（Ray Dalio）到影視名人歐普拉·溫芙蕾（Oprah Winfrey），數十位超級富豪以及少數女富豪都寫了回憶錄，詳述他們的人生故事。這類書深受讀者歡迎：達利歐的著作《原則》（*Principles*）自二〇一七年出版以來，全球銷量已超過兩百萬本。連鎖零售企業沃爾瑪（Walmart）創辦人山姆·沃爾頓（Sam Walton）的回憶錄《富甲天下》（*Made in America*），詳細記錄了他從經營一間小雜貨店到沃爾瑪零售帝國的商業歷程，這本書在一九九二年首次出版後的三十年間一直是全球暢銷書。雖然這些書的寫作品質參差不齊，許多還是代筆作家寫的，但他們的主題相同，不斷傳達一個訊息：財富是他們所熱愛工作的副產品，之所以能獲得巨額財富，是因為他們努力工作並為社會創造價值。

»

RealClear Opinion Research 公司於二〇二二年六月對美國選民進行的一項調查中，當被問及他們對億萬富翁的反應時，六三%的人表示他們崇拜億萬富翁，或想成為億萬富翁。另有二八%的人表示，他們不認為任何人應該累積這麼多的財富，或是他們其實非常討厭億萬富翁。[7]

當談論到他們的故事，億萬富翁往往會強調他們的成功是美國夢的實證。二〇二〇年七月，眾議院的司法小組傳喚亞馬遜、蘋果公司、字母控股和 Meta 公司的執行長，要求他們回答，是什麼樣的企業策略讓他們稱霸。就在幾年前，這些公司才因為創新而受到稱頌。

17 是《紐約時報》的一份週日副刊，刊登非新聞性的內容。

但是隨著報導指出他們壓倒性優勢的地位，以及涉嫌反競爭行為[18]、可能濫用並疏於客戶資料的監管，氣氛變得凝重。

來自兩黨的國會議員對這些高階主管進行超過五個小時的質詢。除了貝佐斯，祖克柏、皮采和蘋果公司的提姆·庫克（Tim Cook）也都出席了，但因為疫情的關係，他們都是透過視訊會議作證，每一位主管都表現得很謙卑。貝佐斯在開場白中描述了他的人生故事，講述成長過程的艱辛環境，以及父母灌輸給他和兄弟姊妹的觀念——只要努力與下定決心，一切皆有可能。他的爺爺教會他：假如遇到挫折，就不斷嘗試，直到找出方法改善。貝佐斯說，一九九〇年代中期，當他離開華爾街安逸的工作，在車庫創立亞馬遜時，這些早期的創業冒險教訓都派上用場。[8]他也詳盡的說明亞馬遜在經濟上的貢獻，徹底革新線上零售業，幫助小企業利用亞馬遜的技術而成功，以及他們為了服務小眾和弱勢族群所創造的計畫。

他以愛國語氣作結語，塑造出美國是一個可以白手起家的國家，一個歡迎冒險和創業家精神的國家，像他的繼父這樣從古巴的斐代爾·卡斯楚（Fidel Castro）獨裁政權逃亡出來的移民，可以在美國安家立命。「亞馬遜誕生在美國，並非巧合，」貝佐斯告訴國會議員：「比起地球上任何其他地方，新公司在美國更能起步、成長和茁壯……我們有穩定的法治、世界上最好的教育體系、民主自由，以及深深扎根的冒險文化，這都培育了企業家和新創企業。」

祖克柏在聽證會上也以類似的敘述為自己說明，強調 Meta 這家臉書（Facebook）母公司在美國獨特的發展軌跡。「臉書現在是一家成功的公司，但我們是用美國的方式走到這一步：我們從無到有，提供人們覺得有價值的更好產品。」[9]

貝佐斯和祖克柏將他們的個人故事編入公司的故事裡，不過就是與之前許多同行的作為一樣：他們在推銷美國夢。

「美國夢」是美國的基礎，美國夢大致被定義為，在一個自由、機會無限和自由企業制度（free enterprise system）[19]的土地上，個人的長處、勤奮的工作和一點點的運氣是打開財富的鑰匙。你的夢想可能是一輛汽車和一棟郊區住宅，也可能是一座宮殿和一架私人飛機，而它就是一個向上流動的願景，一個更好的、能讓子孫過得更輕鬆、更充實的願景。在以個人為中心的社會中，美國夢常常被視為令人嚮往但完全靠自己創造、可實現的理想。

這個夢想是美國人擁抱歷史以及講述故事的核心。它也是美國對世界推銷的理念，吸引著來自世界各地的移民。這個想法不斷在流行文化中被推銷，並被用來捍衛自由市場，美國才得以成為世界上最富裕的國家。

---

19 為防止或減少市場競爭而做出的商業、政治或宗教行為。也稱作反托拉斯。

19 一種經濟制度，私有企業為獲取利潤相互自由競爭，政府職能僅限於保護公眾利益，和維持經濟正常運行。

巴菲特和蓋茲在二〇一〇年發起「捐贈誓言」，鼓勵其他億萬富豪承諾在有生之年或死後捐出至少一半的財富。在簽署誓言時，這個國家最富有的許多男士和女士，引述了他們的成功故事，稱之為美國夢的實現。許多人描述了卑微的起點和童話般的結局。在演講和回憶錄中，他們談到兼差工作以支付大學學費；談到在移民家庭長大，父母費盡千辛萬苦送孩子上學；也談到經歷了失敗和堅持。這是一種賦權的訊息，意圖告訴聽眾和讀者，一個人有能力改變自己的處境，達到自己想要的結局。

鑑於美國的建國基礎，想當然爾，美國人的成功故事都是靠自己的打拚。然而，直到《獨立宣言》（*Declaration of Independence*）發表大約一世紀之後，「白手起家」才成為美國夢的顯著成分。文學家馬克．吐溫（Mark Twain）創造了鍍金年代這個名詞，形容一八七〇年代開始的大約三十年間，美國創造了巨額的財富，金玉其外，敗絮其中。

卡內基從蘇格蘭來到美國時是個窮小子。他上夜校學習，從一家小工廠的工人，成為鋼鐵帝國的建立者。商業大亨康內留斯．范德比爾特（Cornelius Vanderbilt）來自紐約史坦頓島（Staten Island）一個普通家庭之子，他從帆船渡船工人起家，運用企業家技能建立了輪船事業，然後轉而經營鐵路，建立了龐大的公司。洛克斐勒建立了一家石油壟斷企業，後來被聯邦政府瓦解。美國鐵路開發商傑伊．古爾德（Jay Gould）也是出身貧寒，曾與范德比爾特爭奪鐵路經營權。約翰．皮爾龐特．摩根（John Pierpont Morgan）是金融家，他為前述許多人提供資金。

他們的財富象徵了一個充滿機會的世界，在這裡出類拔萃的是白手起家的人，而不是富二代或貴族。這些新致富者也許沒有傳統財富階級的社會地位，但他們有企圖心和金錢，可以進入上流社會——這就是HBO深受好評的《鍍金年代》（*The Gilded Age*）影集的核心張力。

儘管有時候他們會不擇手段，打壓競爭對手、收買願意合作的政客、瓦解工會組織，但這些「強盜大亨」——這個名詞首次出現在一八七〇年《大西洋》雜誌（*The Atlantic*）——的大為成功，更強調了個人主義和努力工作的美國價值觀，也強化了新世界的期望和機會。

白手起家的成功故事很引人入勝，而當主角戰勝逆境倖存，並藉著些許運氣和勇氣闖出一片天時，故事更有感染力。在霍瑞修·愛爾傑（Horatio Alger）筆下，這類故事情節變得流行，他從一名牧師成為多產的青少年小說作家，將個人作為小說男女主角掌握命運的核心，在貧富懸殊的時代，他的小說提供了救贖和希望。根據某一項估計，在一八九七年全美最富裕的四千個家庭，約占人口百分之一，他們擁有的財富相當於剩下的一千一百六十萬家庭的財富總和。[10]

在強盜大亨引起我們心神動盪的兩個世紀之後，也許沒有其他團體比這一群科技億萬富翁更能左右我們的想像力。人們經常把財富合理化為價值創造：億萬富翁理應獲得財富，因為他們為更多人創造了有價值的事物，而其財富與所創造的價值成正比。由於科技創新和發明促成許多重大的文化轉變，並改變了我們的日常生活，因此我們認為，創辦科技公司的人比其他領域，例如金融界的億萬富翁，更應該得到財富。

假如要對科技富豪的巨額財富做出評價，一般認為這些財富相較他們所創造的社會、經濟和科學進步，根本不算什麼。並且認為，科技領域創造的財富並非零和賽局[20]，而是提升了社會上每一位成員。

全世界最慷慨的富豪

如果說獲取金錢是美國人的一種執迷，那麼捐錢也是：**美國人捐款的金額比任何其他國家都多**。他們捐贈給宗教組織、醫院、學校、藝術與文化單位、爭取動物權益的非營利組織，還有捍衛墮胎權的策動者等。

有些人捐款是因為家庭價值觀或宗教信念，有些人則是為了表達感謝，或是出於公民的責任感。對於是非對錯根深柢固的信念，促使人們捐錢給他們所關心的事業。那些無法捐出金錢的，就奉獻出他們的時間。

印第安納大學（Indiana University）的禮來家族慈善學院（Lilly Family School of Philanthropy）每年發行《美國捐獻》（*Giving USA*）報告，根據他們所做的研究，儘管數字年年不同，但個人慈善捐款的集體總和，比基金會、企業和遺產捐贈的金額還要多。**物價升高、股市下跌，以及萎靡的經濟會使捐款減少，而全球動盪、政治衝突和天然災害則會刺激捐款。**二〇一二年颶風珊迪淹沒了曼哈頓下城時，善款大量湧入各個非營利組織；二〇二〇年新冠疫情肆虐時，再度出現大量捐款。二〇二二年，當最高法院推翻憲法賦予的墮胎權時，墮胎診所也收到大量的捐款。二〇一六年當川普選上總統，致力於性平和阻止性虐待的非營利組織，獲得的捐款也大幅增加。

吉妮・因凡提・薩格爾（Jeannie Infante Sager）是印第安納大學女性慈善研究中心（Women's Philanthropy Institute）的負責人，她說這類「憤怒捐款」（rage giving）主要來自女性的小額捐款。在新冠疫情最盛的時期，當股市飆升，而醫療照護系統不堪負荷時，慈善捐贈創下新紀錄。二〇二二年疫情減緩，而通貨膨脹成為更大的擔憂，樂捐的民眾就減少了──雖然以總金額來看，三千一百九十億美元的捐款總額依然高於二〇一九年的捐款總額。[11]

「慈善」這個字的英文「philanthropy」源自希臘文，簡單翻譯就是「對人類的愛」。我們今天對它的理解是，將私人資源用在公益事業。無論理由是什麼，自願捐獻給任何你想捐獻的事業，這份自由可以被視為一種純粹、不受脅迫的個人自由表達，甚至是一種民

---

20 表示所有賽局方的利益之和為零，即一方有所得，他方必有所失。

主的實踐。

在西雅圖大學（Seattle University）教導非營利組織領導學的伊莉莎白・戴爾（Elizabeth Dale）教授表示，慈善事業的傳統已經融入美國個人主義的神話之中。戴爾說，古往今來，慈善事業一直是「美國傳統的一部分，希望與政府脫鉤——人們可以自行決定如何運用自己的資源。」

慈善事業，或至少某種型式的慈善事業，在美國公共生活已經有悠久的傳統。阿曼達・莫尼茲（Amanda Moniz）是史密森尼美國國家歷史博物館（Smithsonian's National Museum of American History）的歷史學家兼慈善策展人，她將美國自願捐獻的歷史分為五個不同的階段，大致與美國的發展史相符。

最早是從十六、十七世紀的傳教士組織開始，以及用稅收資助當地的濟貧機制。[12]她在〈美國的捐贈：慈善史〉（*Giving in America: A History of Philanthropy*）一文指出，在美國革命之後，這個新創國家的居民對慈善捐贈採取了更廣泛的取向，不再限於宗教、種族及其他團體，而是向任何有需要的人都提供援助。在十九世紀，美國人以民族主義的熱情擁抱慈善事業，成立了美國聖經公會（American Bible Society），以及其他致力於社會改革的組織。

正是這種熱情吸引了法國歷史學家亞歷西斯・德・托克維爾（Alexis de Tocqueville）的注意，當時他正在美國進行為期九個月的旅行。托克維爾根據觀察，在《論美國的民主》

（*Democracy in America*）一書寫道，十九世紀的美國人不但組成政治協會，「還組成上千個其他類型的組織，宗教的、道德的、嚴肅的、無意義的、普遍的或限定的、巨大的或微小的。美國人組織協會來舉辦娛樂活動、成立神學院、興建旅館、蓋教堂、散布書冊，或派遣傳教士到南半球傳教；他們以這種方式創辦醫院、監獄和學校。」[13]到了十九世紀末期，鍍金年代的工業家們腰包裡裝滿了新財富，推出了更雄心壯志的慈善事業，資助美國的文化和教育機構。

隨著美國在全球的影響力與日俱增，國際慈善捐贈也增加了。「第一次世界大戰標記了美國首次大規模的進行國外人道援助。」莫尼茲在〈美國的捐贈〉一文寫道。她說，在過去的五十多年，隨著慈善事業成為一項龐大的專業企業，人們選擇的慈善事業也轉變為個人考量，而不再是國家或全體考量。

喬爾・弗雷斯曼（Joel L. Fleishman）是杜克大學（Duke University）的法律及公共政策教授，同時是策略慈善與公民社會中心的負責人，大約四十年前開始賺錢以來，他就拿出一部分薪水做慈善。一開始，因為教職薪水微薄，弗雷斯曼教授只撥出薪水的一〇％，而隨著時間推移，已經增加到三〇％。

「因為我老早就克服了不樂意的想法，這使捐款變得容易，不去想應該把錢花在自己身上，或是捐出去。」費雷斯曼教授說，慈善是他生命中重要的一部分，部分原因是他的宗教信仰。他捐款給各種慈善事業——終止兒童飢餓、援助貧困的國家、也捐錢給服務黑人社區的組織。此外，弗雷斯曼還成立了一個基金會來紀念他的父母。但他承認，捐獻是需要刻意養成的習慣，就像晚起的人要適應早上五點起床，或是肉食愛好者改吃素一樣。

弗雷斯曼認為，美國的非營利部門之所以非常活躍，是因為只要符合法令規定，個人和團體就可以自由捐獻給任何對象。在法國、德國或日本，個人捐款給國家認為屬於其職權範圍的機構，例如教育，需要政府核准，而美國則不同，慈善事業是一項自由活動。「**非營利機構的最大優勢就是個人可以成立基金會，將錢捐給任何他們覺得好的想法。**」弗雷斯曼常常這麼告訴他的學生。

≫

有時候，個人的捐款動機是由「群眾慈善」活動喚醒；比如二十世紀早期的例子——一九三八年的「一角錢遊行」（March of Dimes），這個活動募集到數百萬名美國人的捐款，資助對小兒麻痺的研究。藉由廣播電臺廣告、好萊塢的名人、以及成立這個組織的富蘭克林·德拉諾·羅斯福總統（Franklin D. Roosevelt），把消息散播出去。甚至自由女神雕像的基座，也是群眾募資而來的[14]，當基座的建造基金耗盡了，《紐約世界報》（*The New York World*）的發行人約瑟夫·普立茲（Joseph Pulitzer）在他的報紙上刊登了廣告，六個月之內就募到超過十萬美元的捐款，使基座得以完工，大部分捐款都是一美元或更少。

過去將美國人集結在一起，形成團體、創辦或資助機構的相同動力，現在一樣出現在線上群眾募資活動。以二〇一四年的冰桶挑戰為例，最初是希望藉此提高大眾認識肌萎縮性脊髓側索硬化症（Amyotrophic Lateral Sclerosis，簡稱ＡＬＳ），ＡＬＳ在美國俗稱路．蓋里格氏病（Lou Gehrig's disease）[21]，後來演變成一種社群媒體上的噱頭和病毒式行銷活動，成功的向數百萬人募集到小額捐款。

這些人拍攝把一桶冰水倒在自己頭上的影片，然後發布到社群媒體上，指名另一個人也跟著挑戰，或是向ＡＬＳ協會捐贈一百美元（或兩者皆做）。名人和大慈善家也加入了這項挑戰，活動最終為協會募集到一億一千五百萬美元，遠超過前幾年的募款總金額，使協會能夠將更多資金投入ＡＬＳ研究上。另一個線上慈善運動「慈善星期二」（Giving Tuesday）也開始於二〇一二年，鼓勵人們每年找一天捐款，傳統上是選擇感恩節後的星期二。現在，GivingTuesday稱自己為「全球慷慨運動」。

群眾募資平臺的迭代中，GoFundMe為其中最引人注目的一個。這個募資平臺於二〇一〇年推出，創辦人們希望透過將「同情心轉化為行動」來「顛覆捐贈」。它的主張是人們可以為任何打動他們的事業募款——從醫療急診、創意想法，到非營利組織。GoFundMe

21 路．蓋里格是美國職棒大聯盟（Major League Baseball，簡稱ＭＬＢ）史上最偉大的一壘手，他在一九三九年時，因患此病而退休，後來人們就用他的名字稱呼此病。臺灣稱為漸凍人。

將科技與許多美國人根深柢固的助人欲望結合在一起，讓人們在無法親自參與的情況下，也可以支付金錢捐款。該公司宣稱，自創立以來，個人和非營利組織已透過他們的平臺募得超過三百億美元。也有人批評這個平臺，認為它造成募款不均，擁有好的人脈和行銷技術的人，甚至那些收入較高的社群，反而比需要的人募到更多捐款。

個人的慈善行為也會透過企業來進行，企業藉由競賽來鼓勵員工慷慨解囊。在微軟，公司甚至將其競爭文化應用在捐款活動上，各團體彼此較量，看誰募集到更多的善款。主管會提供獎品，例如與老闆共進晚餐，以激勵員工多捐獻。曾經有一位經理不得不剃光頭髮，因為他說過，如果他的團隊募得一定的款項，他就會剃光頭。

巴菲特曾經為慈善活動捐出他的帽子作為獎品，他在二〇二一年寫道：「那些為了直接幫助他人，而付出愛心和時間的人……無論他們是指導年輕人、幫助老年人，或是為了改善社區而付出寶貴的時間，都沒有獲得肯定。沒有建築物以他們命名，但他們默默的讓這些機構——學校、醫院、教堂、圖書館等——能夠運作順利，好讓那些生活困頓的人受惠。」[15]他在二〇一〇年「捐贈誓言」的信中，也有類似的觀點：

「首先，我立誓：在我有生之年或去世後，九九%以上的財富都將用於慈善事業。以金錢來衡量，這項承諾的金額相當龐大。然而，從比較的觀點來看，許多人每天為他人付出的比我更多。幾百萬人定期捐款給教會、學校和其他組織，而捨棄原本可以造福自己家庭的資金。這些人投進奉獻盤或捐給聯合勸募（United Way）的錢，意味著他們放棄看電影、外出聚餐或其他個人享受。相比之下，我和家人並沒有因為履行這九九%的承諾，而捨棄任何我們需要或想要的東西。」[16]

小額捐款大多反映了個人純粹的慷慨之心，億萬富翁階級的慈善行為也被視為純正的慷慨解囊，就不足為奇了，只不過他們是**超級捐款**。根據《美國捐獻》的年度報告，在二○二二年，**美國有將近五千億美元的慈善捐款，其中來自個人的巨額捐款占了五%，單是六位個人或夫妻的「巨額捐款」總額就達到一百四十億美元。**[17]另一項研究發現，超過一百萬美元的捐款，占了捐款總筆數的一%，但以金額來計算，則占四○%。截至二○二一年底，美國排名前二十五位億萬富翁，在有生之年已經捐出一千六百九十億美元。[18]

數以百計的文化中心、醫院、博物館、圖書館、大學系所、非營利組織、媒體機構等各種單位，都曾經受惠於億萬富翁的捐款，而這類慷慨之舉常常會透過新聞報導、文章和重新命名的學系或機構作為紀錄。

私募基金億萬富翁蘇世民（Stephen A. Schwarzman）在捐出一億美元給紐約公共圖書館（New York Public Library）後，堅持要把名字刻在圖書館幾棟代表性的建築物上，不只一位評論家對他的恣意妄為感到惱火，稱他「粗魯」[19]。他的同行，另一位私募基金億萬富

---

22 英格蘭國王約翰（King John）最初於一二一五年六月十五日，在溫莎附近的蘭尼米德訂立之拉丁文政治性授權文件。此處的副本時間更晚，係一二九七年英王愛德華三世修訂版，至今只有四份手抄本存世。

翁大衛·魯賓斯坦（David Rubenstein）在拍賣會上買下《大憲章》（*Magna Carta*）[22]的副本，關於這個決定，他在二〇一〇年寫道：買下這份副本是為了把這份文件留在美國人手中。[20]

魯賓斯坦可以選擇匿名做這件事，「但是我決定，希望大眾當時就知道，我打算把這份文件長期借給美國國家檔案館（National Archives），作為給這個國家的一份禮物，也作為我對這個國家的微薄償債，因為我有幸成為美國人。」

質疑億萬富翁的慈善行為是否高尚，尤其它對社會和文化領域的影響很深遠時，就好比懷疑一名軍人上戰場拯救國家的意圖一樣。然而，捐出數十億美元的原因更為複雜，從道德到權宜考量，不一而足。[21]

》》

對於最富裕階層人士來說，慈善捐贈往往經過複雜的計算決定，除了慷慨之外，還涉及死亡、稅收、市場、利己主義和名聲。數十年來，關於死亡稅（又稱為遺產稅或繼承稅）、所得稅，慈善捐款的稅收減免等政策變化，往往控制了慈善事業的資金流。

當遺產稅較高，人們在生前的慈善捐款就越多，也會留下更多慈善遺產，作為節稅手段。當所得稅率增加時，類似的拉距也發生在慈善家和政府之間。股市的表現也會影響有多少錢被指定作為捐贈。

有錢人通常會設置基金會來存放他們的慈善資金，並管理這些基金，或者把錢投入像是富達投資（Fidelity）等資金管理公司監督的捐贈者建議基金（Donor-Advised Funds，簡稱DAF）。捐贈者不能收回分配給慈善機構的資金，但這筆捐款可以從應稅總所得中扣除——這是一種刺激捐獻的獎勵措施。

立法者擔心有錢人為了節稅，而將大筆資金轉入他們的私人基金會，卻不必追究任何責任，因此通過了《一九六九年稅制改革法案》（*Tax Reform Act of 1969*），要求基金會每年至少捐出資產的五%，以維持其免稅條件。

財富的增加使得私人基金會的數量暴增，其持有的投資資產也激增。二〇二〇年為有數據可查的最近一年[23]，美國有超過十萬個私人基金會，所持有的資產超過一兆美元，比三十年前增加了五倍有餘。[22]除了二〇〇〇年發生網路泡沫、二〇〇八年金融危機之後的經濟衰退期間有所下滑之外，資產總額一直在穩步增長。

FoundationMark數據機構創辦人約翰．塞茨（John Seitz）根據公開數據所進行的計算，在二〇一〇年至二〇二〇年間，資產至少達十億美元的基金會數量多了一倍，從六十五個增加到一百三十六個。同一時期，資產在一億美元到十億美元之間的基金會也增加了一倍。

捐贈者建議基金從一九三〇年代就存在，隨著財富增加也變得大為普及。與基金會一

23 此為作者書寫當下的資料。

樣，富有的個人可以預先捐款而取得稅務優惠，但與基金會不同的是，DAF沒有年度撥款要求，也沒有規定要限期把錢轉入非營利單位。近年來，這類的基金變得非常流行。

全國慈善信託（National Philanthropic Trust）是為基金會、捐贈者和其他機構提供諮詢服務的單位，根據它的資料，截至二〇二一年，約有兩千三百四十億美元存放在捐贈者建議基金裡[23]，這個金額比這些基金在二〇一七年擁有的一千一百二十億美元資產（包括捐贈者貢獻和市場收益）多了一倍以上。而同一期間，基金的數量也從四十七萬一千個增加到一百三十萬個，讓人懷疑政府所宣揚的慈善事業的崇高意圖是否被濫用。[24]

從捐贈者建議基金捐出的，往往低於人們捐贈進來的金額，**代表稅務考量的動機很可能大於慈善**。在二〇二〇年，超過三百五十億美元從DAF流向慈善，創下紀錄，因為疫情期間驅使人們把基金投入慈善活動。然而，那一年流入DAF的資金約為五百億美元，遠遠超過流出的金額。[25]根據全國慈善信託的資料，在二〇二一年，標普五百指數創下歷史新高，流入DAF的資金翻倍到七百二十億美元，捐贈也跟著增加，但相較之下幅度要小得多。

撇開稅務優惠不談，許多億萬富豪也會透過捐獻來管理和提高聲望。即使明知會在國內造成鴉片成癮危機，薩克勒（Sackler）家族依然透過其公司普渡製藥（Purdue Pharma）銷售奧施康定（Oxycontin）[24]，賺取數十億美元，大規模的慈善舉動至少有一部分是作為他們的保護盾。[26]

多年來，薩克勒的名字出現在博物館的展廳和藝術機構，他們捐贈大學講座、支持醫學研究等，家族成員也經常談論家族的慈善傳統。（二〇二一年，大眾對普渡製藥在鴉片危機中扮演的角色越來越憤怒，大都會藝術博物館〔Metropolitan Museum of Art〕把薩克勒的名字從部分展廳中除去。）[27]

許多億萬富豪也因為財富的邊際效用遞減而捐錢。媒體經常將大額捐款放在自私與慷慨的框架中；一名億萬富翁原本可購買遊艇與豪宅，卻選擇了捐款，會被視為走上一條道德正確的道路。

但是，**慷慨也可能是被迫的選擇**。當對房屋、豪華汽車、客製的私人飛機、遊艇、昂貴藝術品、球隊和島嶼的欲望獲得滿足，並且為後代做足準備之後，某種程度上，財富不停的累積不再帶來新的快樂。相反的，將金錢回饋社會，並選擇如何回饋，會產生更大的快樂。

巨額捐款人增加，以及富裕階層的慈善捐款整體增加，可能對美國的捐贈文化造成潛在的負面效應。首先，它扭曲了非營利組織的資金來源，假如美國一般民眾捐給某個非營利組織的錢變少了，比方說為婦女提供墮胎照護的基金會，會使這個組織更加依賴於少數富豪的捐款。如果這些巨額捐款流向其他地方，非營利組織會突然資金短缺。慈善領域向

24 譯註：一種鴉片止痛藥。

大額捐款者傾斜，也意味著某些已經資金充裕的領域獲得了更多資金，例如頂尖的大學和醫院。

美國人對於小額捐款者和巨額捐贈者的態度一直很複雜；二〇二三年由禮來家族慈善學院發表了一份研究結果，標題為「美國人對慈善事業和非營利組織的看法」，受訪者「較為偏好」由廣泛的小額捐款者組成基礎，而非由較狹窄的巨額捐款者組成基礎。與此同時，他們卻也同意巨額捐款的影響力較大，應該成為捐贈結構的一部分。[28]

慈善專家開始關注另一個趨勢，這趨勢被億萬富翁大手筆捐款的光芒所掩蓋：近數十年來，越來越少的美國人和家庭捐出金錢。**儘管捐贈總金額不斷增加，但小額捐款占捐款總金額的比例卻在下降。**[29]「過去二十年來，美國人捐款給慈善組織的比例一直在下降，」二〇二三年這份報告的作者表示：「這是慈善圈的主要關切點，也經常引起媒體的注意。然而，只有三分之一的美國人意識到慈善事業未來的這項關鍵挑戰。」

第二章

書呆子的傳奇與勝利

不夠社會化的書呆子總是成為笑柄，現在他們可以管理並建立企業帝國，成為當代的維京人。

凌晨時分，兩個年輕人正在寫程式，在房間藍色的燈光下，臉色顯得蒼白。他們已經幾個小時不眠不休，其中一位——他沙棕色的頭髮亂糟糟的，碩大的眼鏡上沾有油漬——直接將唐牌（Tang）橘子粉從罐子裡倒在手掌上舔著吃，糖分進入他的血液，讓他可以繼續工作。工作期限迫在眉睫，一刻也不能耽誤。稍早前，他已經告訴一家公司，他有他們所需要的軟體。現實情況雖然有點差距，但這個雙人組最終還是辦到了。他們一九七五年寫的第一段程式，孕育出微軟公司。[1]

我們喜歡聽微軟創辦人比爾·蓋茲和保羅·艾倫這類科技奇才崛起的故事：睡眠不足的年輕人（幾乎都是男性）在宿舍和租來的車庫裡，用一點咖啡因、藥物、糖分，還有堅定不移想改變世界的決心，創辦出夢想中的公司，而且在過程中他們變得超級富有，這類傳奇故事滿足了美國人創新和個人成功的敘事。

最近數十年來，隨著矽谷等地的成功創業者創造出許多獨角獸[1]和十角獸（decacorn）[2]，使「書呆子創辦人」登上傳奇的地位。書呆子通常留著蓬亂的頭髮、不擅社交，而且聰明絕頂，成為令人驚奇、揶揄和羨慕的對象，甚至值得仿效。他們帶動了流行文化和學術研究。書呆子們的腦袋和他們獲得的成果，已成為美國資本主義的最大資產，為社會創造了巨大的價值，並鞏固了美國在科技上的領先地位。

「孤獨的書呆子意外成為億萬富翁，這個敘事已經成為偉大的美國成功故事的代表。」歷史學家奈森·恩門格（Nathan Ensmenger）在他二〇一五年的論文《鬍子、涼鞋與其他粗獷個人主義的象徵》（*Beards, Sandals, and Other Signs of Rugged Individualism*）寫道。這篇論文探討了一九六〇和一九七〇年代的電腦專家，圍繞著寫程式而建立起來的男性身分。恩門格寫道：「書呆子因此成為美國流行文化劇目裡的固定角色，其特徵（白人、男性、中產階級、對自己的身體感到不自在，在女性面前顯得笨拙）已經被定型。」[2]

或許沒有人比戴著油膩眼鏡的比爾・蓋茲，更能代表早期結合了科技、流行文化和資本主義的書呆子了。在所有早期的科技菁英當中，這位微軟共同創辦人擁有扎實的程式設計資歷，以及對科技的深刻了解。不過可以說他最大的勝利在於商業遠見。蓋茲看見了軟體市場的商機，基於這項商業遠見，他創辦了全世界最大的公司之一。**微軟公司在一九八六年上市，一年後，蓋茲成為美國最年輕的億萬富翁，也是第一位藉由科技致富的億萬富翁。那年他三十一歲。**

他也是一位很難相處的年輕人，個性可能跋扈，無法容忍別人。他經常瘋狂咀嚼眼鏡的鏡腳，以致塑膠的末端都磨損了。他在椅子上來回搖晃的節奏，就是對話題投入程度的氣壓計。他陣發性的強烈情緒和熱情令人驚嚇，但身體動作卻被動退縮。

軟體是他的主要語言，在一篇接一篇的新聞報導和一本接一本的書中，作者們都特意

1 譯註：市值十億美元以上的新創公司。
2 譯註：市值一百億美元以上的新創公司。

提到他的外表和行為，同時緊接著提到微軟的最新軟體。甚至偶爾落在肩上的頭皮屑，也成為科技記者私下討論的話題。蓋茲還會表現出某些特殊的習慣動作，他站著時懶洋洋的，坐著時無精打采，激動時經常胡亂大打手勢，而在聆聽時則把手收在腋下。有時候，當他強調某個觀點時，雙臂會伸展得像空中飛翔的鷹翅一樣寬。他的腳會隨著演講的節奏而打拍子，常在句子裡使用像是「很棒」（neat）和「酷」（cool）這些字。

蓋茲曾經形容自己搖擺不停的身體動作是大腦的「節拍器」。[3] 社交禮儀和閒話家常有助於順暢的開啟對話，但他無法領會。**雖然身邊的人都說他有另類魅力，不過機敏對答並不是他的強項。**

在世界經濟論壇[3]的雞尾酒會或是會議後的晚宴上，看他在這些場合與賓客的互動，可能會覺得非常痛苦。作家肯·奧萊塔（Ken Auletta）在《世界大戰三·〇版》（*World War 3.0*，暫譯）詳盡描寫一九九〇年代末期，微軟與政府在壟斷行為上的爭鬥，他記憶猶新說道，**和蓋茲對話是「沒有前戲的商業性愛」**。[4]

一九八〇年代，微軟開始走向主導地位，蓋茲也越來越顯眼，他為書呆子賦予了神祕感及聲望，讓書呆子的性格類型和流行形象變為合理。蓋茲並不是那個年代唯一具有相同生理特徵和雄心壯志的科技天才，但他在書呆子萬神殿當中，占有獨特的頂尖地位，正因為他的書呆子氣息和商業直覺如此平衡，似乎使其成為微軟成功的核心公式。

他的個人形象如此重要，就好像微軟一樣，重要而不可或缺。這位科技界的書呆子兼商人，是資本主義的寵兒，不僅投資家想以他為藍圖，發掘下一位不修邊幅的年輕億萬富翁，他也成為無數流行文化的寫照。

羅伯特・穆格里亞（Robert Muglia）是長期擔任技術工作的主管，他在一九八八年加入微軟，並在微軟工作了二十三年，他說蓋茲為我們認為的書呆子行為設定了基調，從眼鏡到傲慢，「他是個完美的形象。」穆格里亞也是一位億萬富翁，他在西雅圖的長期職涯，以及後來在矽谷的瞻博網路公司（Juniper Networks）和雪花數據雲公司（Snowflake Computing）擔任執行長期間，觀察到所謂的書呆子指的不僅是其外表，也包括他們不可預測的行為。

「你會聽到他們說出意想不到的話。這並不是罕見的特質，因為他們總是在隨機思考，」穆格里亞說：「他們都在這個光譜上，」他補充說明，並稱他們為「獨特的個體」，具有特定的特質，包括喜愛冒險，「這會使他們在許多方面遇到麻煩，也有來自聰明的才華和自信。他們會一往無前，那是某種別人沒有的勇氣。」

蓋茲在一九七三年進入哈佛大學時，由於晶片技術的進步，第一臺廉價的桌上型電腦開始上市，但是它們需要軟體才能運作。就像微軟傳奇所流傳的一樣，保羅・艾倫碰巧讀到《大眾電子學》雜誌（*Popular Electronics*），得知微電腦製造商MITS（Micro

3 譯註：全球政商界領袖每年冬天齊聚瑞士達沃斯（Davos）出席年會。

Instrumentation and Telemetry Systems）正在尋找一種可以在他們硬體執行的程式語言。Altair 微電腦的機型高一英尺半[4]，寬度也差不多一樣。

艾倫興奮的將這個機會告訴蓋茲後，他們決定毛遂自薦——當時連一行程式都還沒寫出來。蓋茲在哈佛大學庫里爾宿舍（Currier House）打電話給MITS公司的愛德·羅伯茨（Ed Roberts），假裝自己是保羅·艾倫。他們決定由蓋茲來對話，而假如策略成功，較年長的艾倫則前往商談。

「我們就快完成BASIC（Beginner's All-purpose Symbolic Instruction Code，初學者通用符號指令代碼）程式，可以給 Altair 執行，我們希望展示給你看，」蓋茲向羅伯茨說。[5]艾倫後來在他的回憶錄重新敘述這一段：「我佩服比爾的勇氣，但又擔心他太過頭了，因為我們甚至還沒寫出第一行程式碼。」

但是MITS公司的主管們買單了，蓋茲和艾倫日以繼夜的編寫程式，迅速修改了現有的一套軟體程式，完成了所承諾的產品。一九七五年秋天「Micro-soft」誕生了（幾年後他們去掉了中間的連字號），一開始辦公室位於新墨西哥州的阿布奎基市，一九七九年搬到西雅圖地區。從一開始，他們的企業願景就是讓每個家庭都有一臺桌上型電腦，而所使用的軟體則需要付費。

軟體值得付費購買，這在現在看來理所當然。然而當時所有的興奮都圍繞著硬體的設計與開發，蓋茲和艾倫試圖建立的事業，則是繞著軟體這個能使電腦運作卻看不見的東西。

儘管IBM等電腦製造商對於作業系統的需求與日俱增，軟體在很大程度上仍是數學、工程系學生，以及業餘愛好者私下研究及免費分享的東西。許多電腦愛好者是在一九六〇年代的反文化運動（counterculture movement）[5]中長大，他們反對商業主義，這惹惱了年輕的蓋茲，他們的做法干擾了他的商業計畫。

蓋茲在一九七六年二月號的《電腦筆記》（*Computer Notes*）雜誌寫了一封公開信給電腦愛好者，對於他們社群中的軟體盜版猖獗，以及缺乏原則表示失望。

「大多數的電腦愛好者一定都知道，你們當中許多人在盜用你的軟體，」蓋茲在這封簡短但措辭得體的公開信寫道：「硬體必須付費，而軟體卻免費分享，有誰在乎寫軟體的人是否得到報酬？」

蓋茲以華麗的詞藻寫出基本信念，表示軟體是必須受到保護的智慧財產。[6] **他堅持軟體是專屬財，蓋茲剷除了反主流文化的價值觀**，並將他一開始就信奉的資本主義價值強加進來。不久，他的願景會因為運氣加持而增強。

---

4 約四十五公分。

5 反文化運動主要是因為一九五〇年發生的韓國內戰導致發展中西方國家，包括英國以及美國等世界強權，在國家盛行的人道主義思想引導下，人們逐漸透過小說、書本、文章等方式，反對這場戰爭的進行，並且透過人道主義的價值觀阻止這場戰爭。美國當時為南韓的援軍，導致反文化運動在當時的美國社會特別盛行。

當微軟以程式語言獲得一些成功之後，它和ＩＢＭ公司達成協議，要為這家硬體大廠在一九八一年上市的個人電腦建立一套作業系統。蓋茲之所以能被介紹給ＩＢＭ，是因為他的母親瑪麗．蓋茲（Mary Maxwell Gates）與ＩＢＭ當時的董事長約翰．歐帕爾（John Opel），同時都是非營利組織聯合勸募協會的委員會成員，她在偶然間提到兒子新創的公司，據說歐帕爾隨後向ＩＢＭ其他幾位主管提到微軟，最終他們決定邀請微軟為ＩＢＭ電腦打造一套軟體程式。[7]

微軟公司花了大約五萬美元，向西雅圖電腦產品公司（Seattle Computer Products）買下磁碟作業系統，然後把這套ＭＳ–ＤＯＳ系統授權給ＩＢＭ公司。微軟也得到ＩＢＭ的同意，允許它將ＭＳ–ＤＯＳ授權給其他硬體製造商，這為微軟鋪路，得以把軟體銷售給市場上幾乎每一家電腦製造商。

授權模式的確是蓋茲的創新；數十年來，它為微軟帶來數千億美元的收益。這相當於一個人正在談判開放式關係時，這個領域的潛在伴侶也正在蓬勃發展。微軟在簽署授權合約時，不僅已有數十家電腦製造商，而且晶片技術的進步已經降低個人電腦的平均成本，使一般家庭都買得起。而藍色巨人[6]ＩＢＭ的電腦在商業界和家庭，也開始成為電腦品牌的首選。這些事件加在一起，形成了微軟建立企業帝國的基礎。

在資本主義的頑強信念驅使之下，蓋茲設法以微軟的核心產品為中心建立業務，盡可能尋求競爭優勢，並且保護企業地盤不受到潛在的威脅。如果這意味著要對現有的程式或應用軟體進行調整，然後作為微軟旗艦產品 Windows 軟體的一部分銷售，那就得這麼做。與競爭對手的公開爭執、對於抄襲和剽竊的醜陋指控、微軟產品被標籤化為劣質品，以及看輕他的程式設計資格——即使這些事令蓋茲感到不快——但都只是做生意的成本罷了。

他的無情也延伸到個人關係；已於二〇一八年過世的保羅．艾倫在二〇一一年出版的回憶錄《我與微軟，以及我的夢想》（*Idea Man*）說，蓋茲曾經試圖減少他在微軟的股份，一九八三年甚至企圖以低價買斷共同創辦人的職銜。那一年，艾倫被診斷出罹患非何杰金氏淋巴瘤（Non-Hodgkin's Lymphoma，簡稱 NHL），開始減少工作量，蓋茲因此主張艾倫的股份應該減少。

在此同時，史蒂夫．賈伯斯（Steve Jobs）——他可能和蓋茲一樣陰晴不定、是個嚴厲的人，但卻沒有書呆子特質——正以嚴謹的設計大師形象建立起名聲，為個人電腦的未來樣貌帶來更迷人的願景。蘋果電腦是一款優雅、容易使用的機器，從設計細節到產品展現，賈伯斯全權掌控。

蓋茲和賈伯斯早期曾經在軟體上有合作，但也激烈競爭過，並彼此鄙視。賈伯斯設計

6 藍色巨人為 IBM 的暱稱，因其旗下電腦外殼常採用深藍色或藍色調的設計。

的產品創造了欲望，甲骨文公司（Oracle）共同創辦人賴瑞．艾利森（Larry Ellison）曾經稱蘋果是「電腦產業中唯一的生活品牌」；相較之下，微軟的軟體雖然單調，但卻占有主導地位。[8]

華特．艾薩克森（Walter Isaacson）在賈伯斯的傳記裡，將賈伯斯和蓋茲的年代，比喻為二十世紀物理學家阿爾伯特．愛因斯坦（Albert Einstein）和尼爾斯．波耳（Niels Bohr）的關係；或是美國早期治理者湯瑪斯．傑佛遜（Thomas Jefferson）和亞歷山大．漢彌爾頓（Alexander Hamilton）之間的關係。

這些時代都是「由同一軌道上兩顆超級巨星彼此的關係和競爭所形成，」艾薩克森寫道。「個人電腦時代的前三十年，也就是從一九七〇年代的後期開始，特定的聯星系統（binary star system）[7]是由兩位高能量的大學中輟生所組成，他們都出生於一九五五年。賈伯斯更直覺與浪漫，他強大的直覺讓他做到：使技術成為可用、使設計討人喜歡，使介面更為友善。」[9]

賈伯斯毫不避諱說出自己嫌惡微軟的劣質產品，認為這些產品缺乏優雅和品味。「比爾根本沒有想像力，也從來沒有發明過什麼，因此我認為他現在做慈善比做科技更自在，」他告訴艾薩克森：「**他不過是很無恥的訛詐了其他人的創意。**」

程式設計是男性專屬？

希臘女神阿芙蘿黛蒂（Aphrodite）是從海浪中浮現而出的，但科技書呆子並不是從電腦線路裡成形浮現，而是一種人造產物，是出於必要性、刻板印象和科技產業早期神話的需要，編造而來的科學怪人。書呆子的英文「nerd」這個字的詞源並不明確，有人指向一九五〇年代蘇斯博士（Dr. Seuss）[8]的詩作，也有人說是引申自「nut」這個字，意思是瘋狂的人。不過這個字詞本身直到電腦革命的早期階段才成為日常辭彙的一部分，當時「書呆子」代表一類古怪的男性，他們偏好寫程式和駭客行為，而不喜歡與人互動，他們往往持有反權威信念，這個信念盛行於一九六〇年代反主流文化運動。

電腦歷史學家恩門格對書呆子有深入研究。他為人親切、深思熟慮、外表有點孩子氣，恩門格對電腦在社會文化方面的影響產生興趣，在此之前他在普林斯頓大學（Princeton University）主修土木工程。

在印第安納大學擔任助教時，他的研究重點是男性文化在電腦產業裡的運作，以及早期的刻板印象是如何形成，他驚奇的發現，在一九五〇年代大型電腦為主流時，許多早期

7 譯註：由兩顆恆星受彼此引力影響而在軌道上互繞。
8 希奧多・蘇斯・蓋索（Theodor Seuss Geisel），以筆名蘇斯博士聞名。

的程式設計者是女性。然而現代電腦時代的基礎，則是架構在電腦愛好者組成的極端男性化環境，由永遠在青春期的「神童」所主導。

恩門格在他寫的《掌控世界的電腦男孩》（*The Computer Boys Take Over*）書中，描繪了這個相當隨意的演變軌跡。在一九六〇年代早期，一臺ＩＢＭ的桌上型電腦要價幾百萬美元，需要存放在大約一萬平方英尺有空調的空間，並且需要幾十位程式設計師輸入操作指令。[10]

恩門格強調當時對於誰可以成為程式設計師並沒有預設立場，甚至一開始對於程式設計該歸類為藝術還是科學，還有不同的看法。例如ＩＢＭ公司一九六九年一則招募廣告中，對於誰可以當程式設計師相當開放——音樂作曲家、幾何學愛好者、任何有條理而喜歡字謎遊戲、下棋或橋牌的人，或者起碼是個有「活潑想像力」的人。

但是隨著迷你電腦從科學和學術界進入更大眾的市場，其商業應用的潛力帶動了迷你製造潮。同時隨著電腦技術演進，電腦的體積也開始縮小，使之更為廣泛可用。對於電腦程式設計師的需求增加了，因此產生更系統化的招募方式。「很明顯，在《紐約時報》上刊登有趣的廣告，一次招募半打程式設計師，已經不是可以持續的策略。」恩門格寫道。[11]

由於急迫需求會寫程式的人，而產生了一系列特質——這些特質通常由能力傾向測驗、心理特質分析，以及一般來說「有嚴重缺陷的科學方法」來決定——這些特質形成了完美程式設計師的概念。

「產業界所使用的主要遴選機制，選擇了反社會、數學傾向的男性，因此這些特質的人在程式設計師人口的比例過高；接著反過來又強化了大眾的觀念，認為程式設計師『應該』是反社會、有數學傾向的人（因此是男性），以此無限循環。」用這種以需求驅動、沒有計畫、幾乎是任性妄為的方式尋找程式設計師，最後將會強化偏頗的書呆子定義。到處尋找孤僻的男性來填滿程式設計師的空缺，是傳播書呆子真理的方式之一。而另一方面，一些指標性的文獻也充實了書呆子的特質，並助長了最有利於他們發揮的環境。

一九七二年，作家斯圖爾特・布蘭德（Stewart Brand）為《滾石》（*Rolling Stone*）雜誌寫了一篇文章，標題是〈太空戰爭：電腦宅男的狂熱生活和象徵性死亡〉（*Spacewar: Fanatic Life and Symbolic Death Among the Computer Burns*）。[12]布蘭德就像人類學家一樣，讓自己融入早期的程式設計師的生活中，觀察他們的習慣和行為，並且採集當時大家所說的「駭客」文化。

布蘭德是一九六〇年代美國灣區反主流文化運動的宗師，他跟隨研究對象玩一款稱為太空戰爭的電腦遊戲，這款遊戲是在麻省理工學院（ＭＩＴ）創作出來的。在文章中，一位研究對象描述了標準的電腦宅男特質：「真正的駭客不愛群體，而是喜歡整晚熬夜的人，他和機器有著愛恨交織的關係……。他們是有才華、但對傳統目標不感興趣的孩子，電腦正是一個絕妙的地方，因為在這裡不需要有博士或其他資格，你仍然可以作一名工匠。只要你有本事，人們就願意付錢給你，而你會有許多時間胡鬧。」全錄研究中心（Xerox

Research Center）的受訪者艾倫・凱伊（Alan Kay）把「駭客」一詞稱為「嘲諷的詞……最後變成讚美。」

若非自稱書呆子，布蘭德訪談的人是誰？與布蘭德當時寫作那篇經典文章時相較，「駭客」一詞在今天有了非常不同的意涵；在當時它指的是一群年輕男性，他們相信電腦的非凡能力，並與反主流文化中拒絕集權的部分相結合——正是這群人惹惱了蓋茲，因為他們認為軟體應該免費，沒有所有權。

布蘭德在他鏗鏘有力、引人入勝的文章裡，更進一步描述駭客是「一種流動的新興菁英，有自己的設備、語言和個性，自成一套傳奇和幽默，」他寫道。「這些出眾的人駕著自己的飛行器，偵查著帶有奇特柔軟性的尖端科技；在這個非法的國度，規則並不是法令或慣例，而是任何可能性所帶來的更嚴峻要求。」

在布蘭德發表這篇文章的十年之間，隨著個人電腦革命的來臨，業餘玩家、電腦宅男和駭客的反商業思潮，都已經被資本主義的強硬野心所馴化。駭客從邊陲被拉向主流。而在同時，那些成功的必要條件——一個沒有傳統管理規範的獨立環境、有競爭性，以及以工作本身為報酬的想法——則被完整保留下來。

在一九八一年出版的小說《新機器之魂》（*The Soul of a New Machine*，暫譯），作者崔西・基德（Tracy Kidder）描述 Data General 和迪吉多（Digital Equipment Corporation）這兩家電腦硬體公司之間，為了建立新的個人電腦而發生的競爭。

基德因為此書獲得普立茲獎，他不僅帶讀者深入了解電腦本身，也讓我們置身許多年輕、睡眠不足、有時候是自學而成的年輕工程師當中，他們不眠不休的進行專案，只有從下巴的暗沉看出時間的流逝。我們受邀觀看這場競爭劇，而同樣的，我們也被那些後來稱為書呆子的人，所創造出來的新文化和神話所吸引。

書呆子一・〇和二・〇

一九八〇年代是華爾街的繁榮年代，敵意併購既新鮮又驚悚，而名人交易員擁有文化資本[9]。這個地方被過度的貪婪、過大的賭注以及金融醜聞所驅使，華爾街在《賊窩》（*Den of Thieves*，暫譯）、《掠食者的舞會》（*The Predator's Ball*，暫譯）以及《門口的野蠻人》（*Barbarians at the Gate*）這幾本書中流傳千古。艾文・博斯基（Ivan Boesky）和麥可・米爾肯（Michael Milken）[10]一度成為金融犯罪的同義詞。對雷諾—納貝斯克公司（RJR Nabisco）的收購，使私募股權業務成為一股野蠻而貪婪的新勢力，它可能造成經濟上的損傷，並非好事。

9 文憑或專業資格。
10 前者為美國股票交易員，後者為金融家，皆因商業罪被判刑。

文學和流行文化在那十年為華爾街的主旋律提供了和諧伴奏。在《名利之火》（*The Bonfire of the Vanities*，暫譯）這本描述種族、階級和政治的誇大小說中，作者湯姆．沃爾夫（Tom Wolfe）描寫紐約是個充滿野心、貪婪和自我的城市——是宇宙的主宰！把華爾街的形象塑造成一個聚集了不道德、自私和詭詐者的糞坑，這些人為了賺錢不擇手段的代表作，則莫過於一九八七年《華爾街》（*Wall Street*）這部電影，它使劇中人物戈登．蓋柯（Gordon Gekko）成為大眾想像中的固定形象——尤其是那句經典臺詞「貪婪是好事」（Greed is good）。由麥克．道格拉斯（Michael Douglas）主演的蓋柯，可能是在對資本主義的本質提出更為微妙的觀點，但是這句臺詞已成為對華爾街毫不留情的速寫。

於此同時，一群年輕的科技創業家迅速登高到權力和財富的階梯上。除了蓋茲和賈伯斯，還有麥克．戴爾（Michael Dell）這位大學中輟生，他在一九八四年創立了戴爾電腦公司（Dell Computer），重新思考製造電腦和銷售電腦的方式。艾利森是另一位中輟生，一九七七年與其他人共同創立了甲骨文公司，創造出商業上可行的資料庫軟體產品，幫助企業管理及儲存資料。一九八二年史考特．麥克里尼（Scott McNealy）與其他人共同創立了昇陽電腦（Sun Microsystems），透過網路軟體改變了電腦間的通訊方式。這家公司一直獨立運作到二〇一〇年被甲骨文併購為止。

微軟、甲骨文和昇陽都在一九八六年三月的同一週上市，但是「年度首次公開募股（Initial Public Offerings，簡稱ＩＰＯ）」的頭銜給了微軟，因為這家迅速發展的軟體公司太令人興奮。一九九〇年，微軟成為第一家營業額超過十億美元的軟體公司，**五年後的一九九五年，蓋茲成為全美首富，接下來的二十年內他幾乎都保有這個頭銜**。此時距離蓋茲共同創辦微軟已有二十年，而這家公司現在位居主導地位，看起來勢不可擋。昔日那些篳路藍縷的日子早已不在，蓋茲也一樣，已經失去某些書呆子創業家的光彩。

一九九〇年代中期，美國正與第二代書呆子、那些數位革命的驅動者熱戀中。社會學家湯瑪斯・史崔特（Thomas Streeter）認為，網際網路之所以能成為這份浪漫關係中的一員，部分原因是微軟的獨霸「代表微型電腦的車庫創業時代已經平淡的終結了」，激勵了許多技術導向的學生和年輕創業家，研究新科技的商業潛力。

「不僅是桌上型電腦在辦公室已經普遍化，而且製造微型電腦的公司形象，已不同於流行的資本主義神話裡，那些精力旺盛的車庫創業者，」史崔特寫道。「到了一九九〇年，一九八〇年代最不起眼的微型電腦公司——微軟，已經達到科技業者都渴望又討厭的狀態：實質壟斷。IBM公司灰色、傲慢以及可預測的壟斷被推翻了，取而代之的是另一個灰色、傲慢、可預測的壟斷。」[13]

於此同時，新一代的未來企業家或華爾街投資者也意識到，微軟深不可測的成功已經產生巨大財富。一個投資人若在一九八六年三月十三日買了一股微軟股票，十年之後的收益會超過八五〇〇%。換個方式說，假如你在微軟首次公開發行時，以一千美元買了每股二十一美元的微軟股票，今天你將坐擁三百萬美元的財富，足夠付清你的學生貸款、在曼哈頓買一間閣樓公寓（loft apartment）、或是在物價中等的城市過著舒適的退休生活。

新技術的發展、投資者的熱情和媒體的興奮，這些結合在一起——更不用說，還隱含著尋找下一個比爾・蓋茲的期望——為網路熱潮創造了完美的條件。數以百計的商學院和頂尖大學畢業生，原本可能選擇在華爾街工作，現在轉向矽谷。投資銀行家急於滿足新公司的財務需求，創業投資家的數量激增。

令人屏息的迅速交易意味著想法不成熟、無利可圖的企業，也突然獲得幾百萬美元的資金。一九九三年《連線》（*Wired*）雜誌創刊，致力於記述新興科技及其對文化和社會的影響，迅速成為媒體的試金石。根據一項統計，在一九九六這一年，每五天就有一家公司在矽谷上市，一夜之間就創造了百萬富翁。[14]

這股興奮熱潮最大的受惠者就是Mosaic，它是由伊利諾大學國家超級電腦應用中心（National Center for Supercomputing Applications at the University of Illinois）的兩名學生馬克・安德里森（Marc Andreessen）和埃里克・比納（Eric Bina）所開發的瀏覽器。

「早期用Mosaic上網就像是在戀情初始階段，或是革命運動的初期：是一種夢幻般的經驗，滑鼠游標指向、點擊、觀看影像慢慢出現，這催生了一種期待感、一種可能性。Mosaic並不是滿足欲望，而是挑起欲望。」史崔特寫道。吉姆・克拉克（Jim Clark）這位從教授改行的商人，曾以硬體公司視算科技（Silicon Graphics, Inc.）獲得成功，一九九四年四月他和安德里森一起創立了網景通訊公司（Netscape Communications），六個月後這兩個人推出了Navigator瀏覽器。

網景在一九九五年公開募股，成為當時的頭版新聞。《紐約時報》寫道：「一家成立僅十五個月卻尚無一分利潤的公司，昨天在華爾街歷史上有最驚人的首秀，投資者爭相將資金投入網路空間（cyberspace）[11]。」[15]它有一億美元的收入，但還沒有利得。[16]

安德里森身高六尺四吋[12]，不論是他高大的身形，或是被比喻為最新科技神童的頭腦，都相當引人注目，經常被拿來與蓋茲相比。他的個人特質成為網景公司的創業故事，就像蓋茲的怪癖動作曾經被拿來研究，並且與他的商業行為連結在一起。人們述說著安德里森赤腳、短褲出席會議，還在開會討論錯綜複雜的瀏覽器時，吃著汁料滿溢的潛艇堡。

羅珊・西諾（Rosanne Siino）是經驗豐富的科技行銷主管，也是網景公司早期管理團隊的成員之一，她看出這個年輕人本身故事的潛力——一個十九歲的創辦人，他「不懂如何穿乾淨的T袖，凌亂的吃著三明治」。與獨來獨往的蓋茲不同，西諾把安德里森塑造成新一代企業家的中堅分子，同時她將克拉克和安德里森之間父子般的互動關係，包裝成公司的創業神話。

西諾表示，**一旦創造出一種認知、一個品牌，或一個故事，真正的那個人是誰已不再**

11 指在電腦以及數位網路裡的虛擬實境。
12 約一百九十四公分。

重要。安德里森這個「普通傢伙」的生活細節被過濾後滲入媒體。他出現在一九九六年二月十九日《時代》雜誌的封面上，光著腳、穿著牛仔褲，坐在鍍金的寶座上。雜誌形容安德里森和一群其他的新興科技創辦人是「黃金怪才」。「他們是誰？怎麼生活？他們對美國的未來意味著什麼？」至少有一位雜誌作家表示，這群「後生」可能會推翻蓋茲的地位。[17]

安德里森現在是一位創業資本家，也是書呆子形象的熱血捍衛者，不論是在社群媒體X對一百二十萬的追隨者發布稱為「推特風暴」（tweetstorms）式的貼文，或是在訪談中，他都經常談到書呆子這個類型。在二〇二二年的一次採訪，他指出書呆子的持續力：一九九〇年代許多金融界的MBA投入科技產業，網路泡沫化後他們立刻抽身，然後意識到這個產業仍具潛力後再度回頭。「哈佛MBA離開了一段時間，至少等到發現新的山頭——智慧型手機、社群網路、Web 2.0、雲端運算，然後這群人又回來科技業，」他說。「這就是為什麼說書呆子有預知性，但MBA則不然。」[18] 二〇一四年，他在社群媒體X寫下：「矽谷是書呆子文化，而我們就是運動健將（bro）[13]的天敵。」

》》

網路泡沫在科技主導的長征中，只像一個小光點，因為由書呆子創辦者引領的下一代科技巨擘已經萌芽。一九九八年賴瑞·佩吉（Larry Page）和謝爾蓋·布林（Sergey Brin）

在一個地下室成立了谷歌公司。貝佐斯辭去了避險基金的工作，創立了亞馬遜；同一年度，彼得・提爾（Peter Thiel）和其他人共同推出了PayPal，讓人們可以輕鬆的在線上轉帳。

二〇〇四年祖克柏在他的大學宿舍創立了臉書。蘋果公司在二〇〇七年推出iPhone，同一年網飛推出串流服務，它的創辦人里德・海斯汀（Reed Hastings）及馬克・藍道夫（Marc Randolph）早在十年前就有領先的構想，用郵寄方式出租影音光碟。無線網路、全球衛星定位系統（Global Positioning System，簡稱GPS）和藍牙技術發展成為商業用途。

二〇〇八年的金融危機，再次突顯了華爾街的貪婪和魯莽，當全球經濟衰退，在一片愁雲慘霧之中，年輕的科技公司成為少數的亮光。此後，科技產業飛快成長，摧毀舊企業、創造新企業、擴展了可能性的極限、獲得數十億美元的利潤、使創辦人和投資者都富得流油，也鞏固了美國在全球科技業的領先地位。

今天，科技產業在標普五百股價指數裡超過四分之一，分析師甚至選出蘋果、字母控股、亞馬遜、Meta、微軟、輝達（Nvidia）和特斯拉為「美股七巨頭」（Magnificent Seven），這是參考一九六〇年代改編自黑澤明（Akira Kurosawa）日本電影《七武士》（*Seven Samurai*）的美國西部電影《豪勇七蛟龍》，在電影中，七名槍手組成團隊，保護

13 原文bro或jock在美國或加拿大是代指「對運動員的刻板印象，或對體育和體育文化感興趣，對智力追求或其他活動不太感興趣」的人。此處是指跟書呆子形成強烈對比的另一群人。

某個村莊抵抗土匪——因為他們具有優勢和力量。

根據美國官方數據，數位經濟（通常包括軟體、服務和運算）在二〇二二年的產值達兩兆六千億美元，占美國國內生產總毛額的比例，從本世紀初的二%上升到一〇%以上。這些年來，這個產業的成長步調比美國GDP成長速度更快。[19]

截至二〇二二年五月，電腦和資訊科技業的年薪中位數是十萬零五百三十二美元，是其他職業年薪中位數的兩倍以上。[20] **未來十年，電腦和資訊科技類工作可望成長一五%，遠超過其他工作的平均成長率。**雖然科技扼殺了部分工作，但也創造了新的工作，而這個領域的淨就業人數也成長了。

創投公司已經看到傳統資金管理者投入大量現金，希望從下個未來趨勢中分一杯羹。二〇一一年，隨著經濟衰退之後重新回穩，創投業者對大約八千家企業投資了兩千六百二十億美元。到了二〇二二年，他們投資於兩萬七千家公司的金額則增加為四倍。[21] 第一家市值十億美元的新公司被賜名為「獨角獸」，因為實在太稀有了。後來獨角獸變得司空見慣——到了二〇二三年底已經有超過七百家獨角獸——於是不得不發明「十角獸」這個名詞。

根據最新統計，**美國前四百大富豪中，有七十四位億萬富翁靠廣義的科技業發家致富**。富比士二〇二三年全球四百大富豪排行榜的前十名當中，有八位是科技界的億萬富翁，他們分別是馬斯克、貝佐斯、艾利森、佩吉、蓋茲、布林、祖克柏，和前微軟執行長史蒂夫·鮑爾默（Steve Ballmer）。

每一位估計都有超過一千億美元的身家。他們的淨資產合計大約為一兆兩千億美元，超過荷蘭二〇二一年的GDP。假如貝佐斯是一個國家，他那兩千零一十億美元的淨資產，將在全球各國GDP排行榜名列第五十四名，僅次於伊拉克，但在烏克蘭之前。

科技領域億萬富翁的離婚也會造就新的大富翁，包括與貝佐斯離婚的麥肯琪．史考特（MacKenzie Scott），以及與蓋茲離婚的梅琳達。科技界的富豪已經讓許多華爾街的大人物黯然失色，包括那些避險基金和私募股權公司的創辦人。同時，科技界億萬富翁累積財富的速度，遠比其他產業迅速得多。

科技產業在金融上的主導地位及高度重要性，賦予企業家和創新者幾乎不受限的力量，影響了社會、文化和大眾想像，更別提對我們日常生活的影響。這也對於誰最能引領我們的未來，造成了預設的偏見。

歷史上沒有任何時期像過去十五年一樣，科技變化的速度和廣度如此不受限，甚至如此奇幻。我們可以在網路上購買任何東西，並在幾分鐘內宅配到家，或是利用六吋[14]大小的掌上裝置，和世界上任何角落的朋友連線；我們可以在白色的搜尋列輸入問題，並瞬間產生結果——所以「谷歌」現在甚至成為一個動詞。運用人工智慧的聊天機器人可以和人類對話，或是在幾秒鐘之內摘要出幾十億頁的資料。我們的資料被虛擬儲存在雲端，讓我們

14 約十五公分。

可以隨時隨地存取電子郵件和照片。汽車現在可以在插座上充電，以前導航需要紙本地圖，現在則是智慧手機上的應用程式。科技已融入我們的生活，以至我們不再時時留意。小說家或許會想像未來，而技術人員則是實現未來。

被神格化的科技人

「在所有的神話當中，都有真實的成分，也有我沒有參與的誇大成分。」蓋茲在談到自己在一九九〇年代微軟的顛峰時期時，曾經對《花花公子》（*Playboy*）雜誌這麼說。[22]神話是由我們的信念和故事流傳而維持，它們延伸了現實，使費解的事能夠被解釋，不合理的事變得合理。另一方面，刻板印象則是由於我們的無知而持續下去。是因為我們懶得去聯想，與真相只有鬆散的關係。

在二十世紀和二十一世紀，也許沒有其他產業像科技產業一樣，同時存在社會文化的神話編造和刻板印象，這是炒作、歇斯底里和神化的結合。我們很難不去神化這些人，他們的創造以令人困惑的速度，改變我們的生活和思考方式，甚至好像可以預測未來。

根據歷史學家恩門格所言，自工業革命以來，從湯瑪斯·愛迪生（Thomas Alva Edison）到亨利·福特（Henry Ford）等科技發明家皆被視為特別傑出的人。他說，早期的愛迪生傳記是從形而上[15]的角度描述這位電燈泡發明家──有個人「為黑暗帶來了光明」。過去數十年，蓋茲在慈善事業上所做的，比起他擔任科技公司主管時期，也許更為人所知，但是對於建立科技偉人成長環境的堅實神話，這位微軟公司的共同創辦人是有所貢獻的。在這神話裡，創辦人都很年輕；他們通常都是大學中輟生。

由於許多成功的科技公司都是由二十多歲缺乏經驗的年輕小伙子所創立，年輕人被認為天生有直覺，能知道即將發生的事和即將到來的事。而他們的創業資金支持者（許多人也曾經是年輕的創辦人）的技巧，就是押寶在對的年輕人身上。

這種「你不懂」的態度，如同社會學家史崔特所描述，創造了一種環境，讓局外人和年長的企業家都不敢批評或質疑眼前的事物。「表達疑慮，比做錯更冒險，可能暴露出你是古板的活化石，不再是會員俱樂部的一員；你就是不懂。」[23]

真相可能更為微妙。在二〇一八年一項學術研究中，研究人員發現成功的科技創業者平均年齡是四十多歲。根據稅務申報、人口普查數據，及其他聯邦資料，這份研究成果有助於揭示某些形象（這裡指的是年輕白人男性）是如何攫取了大眾的想像，即使更深入的調查可能會有不同發現。[24]研究人員也發現，其中只有五分之一的億萬富翁是中輟生。

第二個神話──老掉牙到令人厭煩──車庫、學生宿舍、地下室，以及越來越多新創

---

15 指研究存在和事物本質的學問。

加速器像是 Y Combinator[16]，是改變世界的創新起點，主要因為某些全球最成功的企業，包括微軟、臉書、蘋果、谷歌和亞馬遜，都是從這些地方發家。惠普公司（Hewlett-Packard，簡稱ＨＰ）創業所在的車庫就是這樣一個地標，一九八九年被稱為矽谷的發源地，二〇〇七年則被列入《國家史蹟名錄》（*National Register of Historic Places*）。

這些地點是否因為免租金或位置便利而受到青睞，或者事實上有數百萬家科技新創公司設立在更為有利的地點，這些已經都不是重點。車庫、地下室和宿舍，作為某個人物難以想像的成功入口，也成為我們集體敘事的入口。科技公司創辦人從車庫到億萬富翁的故事，也恰與美國夢當中麻雀變鳳凰的故事情節相契合。

》》

另一個最經久不衰的神話，滿足了美國人白手起家的廣泛敘事，也就是科技公司的創辦人完全只憑自己的腦力和勞力，堅決的實現了創意。某種程度上這是事實，但是過去幾十年來，還有一些其他因素支持了科技的發展。

矽谷早期的成功主要是因為聯邦研發基金給予史丹佛大學育成科技的補助，包括來自美國國防部高等研究計畫署（Defense Advanced Research Project Agency，簡稱ＤＡＲＰＡ）的經費；網際網路就是在政府研究基金之下所建立起來的。全球衛星定位系統技術，是美國軍方於冷戰期間所開發，並於一九八〇年代擴大到商業用途（目前仍然是由政府把持並管理這項技術）。

長期以來，美國的低利率政策讓大型投資者（例如退休基金）能夠尋找更好的收益和投資回報——加上他們擔心錯過下一波大型科技熱潮——促使他們把資金投入風險較高的資產上，直到二〇二二年通貨膨脹加劇，才迫使美國聯邦準備系統（Federal Reserve System，簡稱聯準會）更改貨幣政策。這導致大量資金流入創投基金，讓這些基金能更長期支持虧損的新創公司，讓新公司的成功機會變得更大。更重要的是，二十年來，許多新創公司的成功都是將傳統事業轉換到行動平臺上，這也是因為電腦技術成本下降，才變得容易得多——現在這幾乎已經成為公式，而非創新手法。

第四個神話即新創公司的創辦人，是為了改變世界、重塑及重新構想我們的生活，造福全人類，而他們在很大程度上已經做到了。像孟加拉這樣貧窮的國家，人手一部行動電話，代表了市民能夠直接透過政府領到存款，不再依賴不完善的銀行系統。通訊技術透過 FaceTime 和 WhatsApp 等應用程式，讓我們在各大洲之間可以暢通無阻的視訊通話，在疫情期間也能線上進行足以影響世界的重要會議。雲端運算讓小型企業可以承租空間，毋須投資建立自己的資料中心。

16　一家以投資種子階段初創公司為業務的創投公司。

伊莉莎白．施皮爾斯（Elizabeth Spiers）是一位媒體創業家，也是輿論專欄作家，她曾經成立八卦部落格 Gawker，卻譴責這項神話，批評這些科技創辦人和創投家自稱要改變世界，是表裡不一。「他們是為了改變世界，不是為了賺錢。」施皮爾斯在一次視訊訪問中翻著白眼這麼說。

華爾街的投資客幾乎都不是聖人，但是正如施皮爾斯所指出的，至少「避險基金創辦人沒有做出『我們要來改變世界』這種論述。」施皮爾斯表示，然而這個由我們所放任的神話，讓科技界創辦人可以對一切創新邀功，而不受到負面影響。

因此我們忽略了許多當代科技大廠的壟斷行為，接受了大量有害的廢棄物，讓它們全面控制了我們的互動和資訊取得方式，直接造成了當今一些最糟的趨勢，這成為我們為了輕鬆、便利和連結所付出的代價。當錯誤資訊、不實資訊、社會兩極化和陰謀論威脅了民主的根基，我們日常生活和搜尋習慣中的個資和隱私，也就越來越貨幣化。

第五個神話是：創意和天賦的展現只能透過不循常規的行為、脫離繁瑣的工作，以及不受正式服裝的束縛來實現——而且不能受到政府的干預和規範。同時，創業家和創業資本家一方面想要藉創新之名保持獨立運作，另一方面又想要藉創新之名獲得保護。二〇二三年三月矽谷銀行（Silicon Valley Bank）倒閉時，由創投業者和幾家大型的投資者一起組成了代表團，他們一般希望政府置身事外，現在則向政府疾呼，請求協助拯救新創產業，因為他們說新興企業是所謂創新經濟的核心和靈魂。

關於新創公司創辦人如何誕生，以及行為表現應該如何的神話如此盛行，以致創造出一個刻意迎合提示和鑽漏洞的機會，而投資人的貪婪助長了這個結果，他們以所謂的模式比對（pattern matching）來取代盡職調查（due diligence）。血液檢驗的新創公司Theranos於二〇一八年倒閉，其創辦人伊麗莎白．霍姆斯（Elizabeth Holmes）就扭曲了自己，以符合這種刻板印象。

霍姆斯這位史丹佛大學中輟生，在二〇二二年底被判刑十一年，她以血液檢驗的新創公司向投資人行騙，許多評論家寫道，霍姆斯模仿賈伯斯經典的黑色高圓領毛衣裝扮，以及低沉的嗓音，以建立她的權威。當史丹佛大學教授錢寧．羅伯遜（Channing Robertson）遇見霍姆斯時，他發現「她有著賈伯斯和蓋茲的眼神。」[25]

加密貨幣交易所ＦＴＸ的創辦人山姆．班克曼弗里德（Sam Bankman-Fried）在難堪敗落之前，曾經是加密貨幣產業的書呆子、哲學家、天才、國王，當時他向投資人迅速籌募到二十億美元的資金，拓展了他的企業帝國；這家新創公司的市值在顛峰期高達三百二十億美元。

他的貨幣交易所令人屏息的崛起備受注目，而蓬亂的頭髮和工裝短褲的裝扮也非常令人驚訝；《紐約時報》因此稱他為「刻意不修邊幅的億萬富翁」。事實上，當班克曼弗里德的同事告訴他應該打理門面時，他拒絕了，並說這是他形象的一部分，對他有幫助，沒有壞處。[26]

流行文化塑造的刻板印象

一九八〇年代，運用電腦程式獲得商業利益這個概念被加強，個人電腦滲透到大眾的家庭和辦公室。一九八二年，《時代》雜誌將個人電腦刊登在「年度風雲人物」的封面上——稱之為「年度機器」。大學電腦相關科系開始爆滿；一九六五年，這個領域共頒發了六十四個學士學位，到了一九八五年，已經有將近四萬兩千個學位。[27] 雖然在同一時期，畢業於商業和工程領域的學生人數更多，但對於科技的熱情，部分則源於其新穎性，以及具有類似特質的年輕人在這個領域迅速成名致富的結果。

那個時候好萊塢開始對書呆子產生興趣。書呆子被描繪成不夠社會化的人，他們用自己的技術智勝運動健將和惡霸，在過程中贏得友誼和財富——當然，還贏得了女孩。那十年間出現了許多流行的青少年電影，包括《少女十五十六時》（*Sixteen Candles*）、《戰爭遊戲》（*War Games*）、《摩登褓姆》（*Weird Science*）、《霹靂校園》（*Revenge of the Nerds*），以及《濃情威尼斯》（*Can't Buy Me Love*，二〇〇三年翻拍為《愛情無價》〔*Love Don't Cost a Thing*〕），這些電影重複出現書呆子這類型的人物。

書呆子是一個複合角色，在流行文化中被誇大了，就像沉積岩累積層次一樣，吸收了許多特質。電影中的書呆子通常是一個異性戀的白人男性，舉止笨拙、知識十分豐富，他們習慣望著地板，不與人眼神接觸，肢體動作不自在、易怒而自負、愛好科幻小說、以玩電玩遊戲發洩情緒，並且難以要求他們學習傳統的行為和穿著模式。這個角色也沉迷女性，女性通常成為被著迷和渴望的對象。由於和女生約會是難以成功的目標，書呆子有時候會利用科技能力來窺視她們。（部分真實生活中的例子提供了素材。根據蓋茲本人所說，他十幾歲在西雅圖的私校湖濱中學就讀時，會利用他的電腦技能重新安排課表，確保他坐在女生人數最多的班上。祖克柏在共同創辦臉書之前——據說當時他被一個女生甩了，正在氣頭上——據《滾石》雜誌報導，他曾經在哈佛大學的校園建立了一個叫做 FaceMash 的網站，學生們可以在網站上評比女同學的外表）只有夠「酷」的女生，才能在書呆子把持的男性世界取得入場券。在熱門影集《怪奇物語》（*Stranger Things*）中，麥克絲（Max）這個女孩在電玩遊戲獲勝，才被這群中學宅男所接受。

另一個著力點是電玩遊戲，科技公司創辦人的傳記裡經常會提到電玩，好像那是某種成年禮。奇幻的角色扮演遊戲像是《符石之謎》（*RuneQuest*）以及《龍與地下城》（*Dungeons & Dragons*）、創意電玩遊戲像是《麥塊》（*Minecraft*）、多人遊戲則有《魔獸世界》（*World of Warcraft*），還有歷久不衰的科幻電影，例如《星際爭霸戰》，都是其中之一，這呼應了作家布蘭德所寫的，大學生和電腦玩家會花好幾個小時玩《太空戰爭》這款電腦遊戲。

舉個例子，佛瑞德．厄薩姆（Fred Ehrsam）是加密貨幣交易公司 Coinbase 的創辦人，根據《富比士》雜誌的報導，他在成長過程中花了幾千個小時玩《魔獸世界》，這就是他早期理解數位貨幣的方式。

在一九九六年，美國公共電視網（Public Broadcasting Service，簡稱ＰＢＳ）的紀錄片《電腦狂的勝利》（*Triumph of the Nerds*），一位名叫唐・謬斯（Doug Muise）的軟體程式設計師告訴主播：「吃東西、洗澡、交女朋友、有活躍的社交生活，都是附帶的，都會妨礙寫程式。寫程式是驅動我們生活的主要動力，因此任何會干擾寫程式的事物，都是浪費時間。」[28] 二〇一〇年的電影《社群網戰》（*The Social Network*）由傑西・艾森柏格（Jesse Eisenberg）飾演喝著紅牛能量飲（Red Bull）和服用聰明藥阿德拉（Adderall）的祖克柏，似乎也受到這股力量的驅使。

《宅男行不行》（*The Big Bang Theory*）是從二〇〇七年到二〇一九年在美國哥倫比亞廣播公司（ＣＢＳ）播出的影集，被認為是史上廣受歡迎的情境喜劇之一，主角謝爾頓（Sheldon）飾演典型的書呆子。他沒有社交技能或解讀能力，無法分辨或參與幽默，他的大腦一次可以在好幾個層面運作。他表現出缺乏某種同理心，沒有真誠的謙卑，也無法忍受愚昧。身為書呆子的始祖，比爾・蓋茲在影集的第十一季客串演出；當其中一名劇中人物在看到小時候的英雄現身後極為感動，蓋茲問他是否需要面紙。另一位角色則以越來越高亢的語調連連驚呼「天哪！」蓋茲在訪問談到這個影集時，他說：「這個影集很有趣，在劇中人們可以有一點書呆子氣、有一點聰明，所以我可以感同身受，當我有機會客串演出，我相當興奮。」

《矽谷群瞎傳》（*Silicon Valley*）是HBO在二〇一四到二〇一九年播出的科技諷刺劇，這部影集既嘲諷、也理想化了現代的書呆子文化。主角理察・亨德里克斯（Richard Hendricks）被刻畫成一個瘦弱、神經質、不善社交的創業家，緊張時容易嘔吐，他解釋了書呆子的歷史機遇：「幾千年來，像我們這樣的人總是成為笑柄，」他說：「但是生在這個時代，史無前例，我們可以管理並建立企業帝國。我們可以成為當代的維京人。」

在後來的影集中，理察訓斥一名尋求資金的帥氣創業家，他說科技是準備給像他們這樣的人。「你聽著，你這英俊的肌肉男阿多尼斯（Adonis）[17]，科技是為我這樣的人準備的，好嗎？怪胎、怪人、格格不入的人、怪咖、呆子、笨蛋。」蓋茲也在這部影集客串演出，他聊到這齣影集時說：「就我個人而言，我最認同理察這位魔笛手公司（Pied Piper）共同創辦人，他是厲害的程式設計師，但是必須學習某些困難的管理課題。」[29]（相較之下，賈伯斯則是如此神話，無法被簡化成刻板印象。）

情境喜劇裡的刻板印象也許只為博君一笑，但確實造成社會影響。根據喬汀・潔可（Jordynn Jack）的說法，書呆子往往被形容成「輕度自閉」，這個名詞被隨意拿來當作某種類型男性的簡稱，形容他們喜愛科技勝過社交，大腦偏向分析型和數學型思考。[30]

自閉症在一九八〇年代，和科技、科學和電腦領域的關係變得密切。潔可表示，在那

17 譯註：希臘神話中俊美的神。

十年間，最具相關性的就是蓋茲。媒體接受了這個名詞並且繼續發揮，引述統計數據指出**矽谷的自閉症比率最高**。二〇一一年當馬斯克客座主持《週六夜現場》（*Saturday Night Live*）時透露自己有亞斯伯格症狀（Asperger's syndrome），更加深化了故事情節。

潔可表示：「目前看來，極端男性腦（Extreme Male Brain theory）或是矽谷理論的說服力，不是基於實際的統計模式，而是這些理論如何符合我們對於性別、怪才和二十世紀後期職場這些概念。」這種對自閉症的性別觀點——對其表親亞斯伯格症也一樣——由大眾文化和科學研究支持，但潔可強調，上述觀點不利於大眾理解這個複雜的生理缺陷，也會發生在女性身上。

然而在一次訪談中，潔可另提出了反面的看法：流行文化對自閉症類群障礙（autism spectrum disorder）的討論，可以為這個人們不甚了解的疾患帶來關注和資源。

許多研究人員發現，刻板的書呆子形象，以及對他們在極端男性化環境中的刻畫，會阻礙青少女和婦女進入科學、科技、工程和數學（STEM）領域，華盛頓大學的心理學家莎普娜・謝麗安（Sapna Cheryan）及其同事發現，一個人越是感到自己與文化中電腦男孩的刻板印象不相符，越會使這些人退卻，尤其是女性。[31]

在一篇二〇一三年的論文裡，謝麗安研究文化刻板印象，對於吸引或排斥女性從事特定職業的影響，強調了相同的刻板印象：具有技術傾向、對於程式設計有強烈興趣，但對人則興趣不大；獨來獨往；專注在單一興趣；沒有社交技能；天才、聰明；媒體所描繪書呆子和電腦之間的關連；男性的興趣例如電玩遊戲。「綜合而言，美國社會出現的電腦科學家形象，是一位天才男性電腦駭客，他花大量的時間獨自用電腦，缺乏社交生活，喜好科幻小說。」謝麗安和共同作者寫道。[32]

矽谷，是一種心態，不是一個地方

每年七月，商業大亨從世界各地飛往太陽谷參加年度會議，記者和攝影師爭相推擠辨認出席者。由於媒體並未受邀，因此幾乎沒有機會報導活動，甚至連議程都不得窺見，而報導億萬富翁的穿著，則成了這些年來的傳統。領英（LinkedIn）的創辦人里德．霍夫曼（Reid Hoffman）穿著高領運動夾克；蘋果的執行長提姆．庫克穿著馬球衫；臉書執行長祖克伯穿著他招牌的灰色 T 袖；智遊網董事長迪勒則穿著 Dior 夏威夷衫；彭博穿的是檸檬黃的格子襯衫；臉書前營運長雪柔．桑德伯格（Sheryl Sandberg）穿的是 Allbirds 休閒品牌嗎？挪威裔美籍避險基金經理人安德里亞斯．哈爾沃森（Andreas Halvorsen）戴著藍色鏡片；時尚品牌愛麗斯和奧莉維亞（Alice & Olivia）的設計師史黛西．賓特（Stacey Bendet）穿著碎花洋裝。至於巴菲特則穿上萊姆綠的襯衫，上面有汽車保險公司蓋可（Geico）吉祥物壁虎的圖案。

因此，二〇一七年貝佐斯在太陽谷大幅改變造型而受到關注，也就不令人意外了。網路書店創辦人的娃娃臉、書呆形象消失了，取而代之的是一位體型健美的運動員，他戴著飛行員太陽眼鏡，穿著貼身的T袖展現出健壯的二頭肌，外搭一件無袖的羽絨背心，這個外型引起「壯漢貝佐斯」的網路迷因。

媒體流傳很快會消失，但是這個形象很有持續力，因為他從懦弱的書呆子變身為超級陽剛的「運動健將」，完美的掌握當代科技英雄的力量。其他人也擺脫了書呆子的形象，祖克柏開始學習柔術（jujitsu），並在二〇二三年春季贏得他的首場比賽。他和馬斯克也彼此叫陣要挑戰一場鐵籠格鬥（cage fight），這件事一開始是出現在推特上的一則笑話，但很快的演變成一場決鬥，揭示出這位運動健將剛從書呆子的殼裡走出來（這件事最終以兩人喊停收場）。

儘管亞馬遜和微軟的總部都在西雅圖地區，但矽谷是科技卓越論（tech exceptionalism）[18]的大本營。矽谷被視為全球創新和創業的中心，是個歡迎混亂和失敗，並且鼓勵瘋狂冒險的地方。人們懷著改變世界的理想，遷入矽谷取得資金，同時尋求人才並建立人脈。

矽谷依據一個看似簡單的原則運作：好點子會找到資金，而資金也會找到好點子。為了實現這種簡單的交換，人們認為這裡必須按照自己的規則運行，通常要超越傳統的界限，不受政府的干預。這樣看來，矽谷是一個自由主義者與外隔絕的烏托邦，融合了一九七〇年代從最初的書呆子和電腦宅男承襲的反文化價值，以及強硬而不受約束的資本主義。

「矽谷是一種心態，不是一個地方。」LinkedIn的霍夫曼曾經對《金融時報》（*Financial Times*）這麼說。[33]美國各地的中型城市接受了這個訊息；數十位市長正推動將廢置的市中心商業區，改造成光鮮亮麗的迷你矽谷，以低廉的租金爭取剛成立的新創公司，並以稅務優惠吸引科技巨頭。

矽谷之所以具有排他性，原因之一是它非常堅信「破壞」——認為成功來自於那些快速行動並能破壞的人，他們撼動商業模式，往往不顧後果。WeWork曾經被看好能夠顛覆不動產市場，但最終失敗。Chime是一家市值兩百五十億美元的「新型銀行」，他們提供像是「免手續費的透支替代方案」的優惠，顛覆傳統銀行業務。

網景前高階主管羅珊·西諾說：「他們有很棒的創意，但往往缺乏道德。」她目前為新創公司提供顧問服務，並在史丹佛大學教授組織動態學。她形容矽谷是一個不討論道德，也絲毫不顧及道德的地方。「那裡從來沒有足夠的安全保障，是一個不受規範、讓人們為所欲為的市場。」有些先見之明可能已經預見社群媒體的負面效應，而西諾也擔憂，不考慮可能造成的意想不到的後果，就會促創造人工智慧的相關產品，也會造成類似的影響。

「你可能以為有了創投業者，就好像房間裡有了某種成人監護，然而這不是對社會最

18 譯註：用來形容一種心態，認為科技產業在某種程度上與眾不同，可以免除其他企業需要面對的一般限制。

好的成人監護。他們一樣只關心錢，大部分創投業者不在意他們投資誰，只要能預期有一定的投資報酬就好。」西諾說。不過她也指出，這個世界的網路性質和社群媒體，讓科技創辦人的不當行為和厭女思維無所遁形。在早期，這些不良行為全都無法追蹤。

二〇二三年十一月，OpenAI 這家領導地位的人工智慧新創公司發生一場鬥爭，顯示了兩個原則之間存在根本的緊張關係：建立一個「改變世界」的科技時，應該謹慎並有安全機制，或者以不顧一切的企圖心快速商業化。

管理 OpenAI 的非營利組織董事成員解僱了公司的執行長山姆·阿特曼（Sam Altman），據報導是因為擔憂矽谷「快速行動、打破常規」的精神應用在 AI 領域，可能對人類社會有巨大的影響。但是阿特曼，就像蓋茲對於軟體一樣，發現了 AI 應用無窮盡的市場，他大力推動以迅速建立相關的事業。幾天之內，這些董事們被逐出董事會，而阿特曼重新回到公司，並更堅決運用人工智慧獲利。

矽谷之所以有排他性，第二個原因是它宣傳僅憑實力即可找到資金，暗中則運用人際網路的力量。就讀同一所學校、有相同的經驗，以及對世界的看法相似的人之間，通常會形成聯盟。

霍夫曼就是那些一再強調人脈力量的人之一，他將 PayPal 共同創辦人提爾介紹給祖克柏，當時臉書共同創辦人祖克柏正為他的社群媒體新創公司尋求資金。霍夫曼和提爾在史丹佛大學二年級時就認識，都是有名的「PayPal 黑手黨」[19]成員，馬斯克也是其中一員。提爾對臉書投資了五十萬美元，收益超過十億美元。

這一切的深層原因來自一種「男性」特質，雖然這是一個含糊的概念，但很有幫助，因為它捕捉到科技產業的結構和制度設定。男性特質和男子氣概不同，傳統上男子氣概是指某些身體和社會特質，例如力氣、活力、肌肉和自信，而男性特質則是喚起一種兄弟情誼、同袍戰友的氛圍，在這個氛圍下，汗水味和睪固酮作為燃料，推動著人們，透過程式設計、打嗝和放屁產生連結。做程式設計的人經常睡在桌子底下。

如果謝麗安所描寫的書呆子刻板印象已經使許多女性對科技職業卻步，那麼進入矽谷生態系統的女性企業家、創業投資家和技術員，則往往會發現自己身處於一個不友善的世界。這使得矽谷成為一個具有排他性的空間，阻撓了許多女性以及認為自己無法在這種男性環境中茁壯的男性。對於新移民來說，它也可能令人畏懼，許多人因為害怕被踢出去或無法融入而不敢堅持己見。

謝麗安開始對這個研究領域產生興趣，是在史丹佛大學唸研究所一年級時，當時她決定申請去科技公司實習。她記得走進一家新創企業的辦公室，經過會議室時注意到牆上貼著一張《星際爭霸戰》的海報，她說：「我記得當時想著：不知道我能不能適應。」後來

19是指一群PayPal前員工，這些人在離開PayPal以後開發或成立其他科技公司。因他們在離開PayPal再次創業成功率之高而令人側目。

她選擇在Adobe實習，純粹是因為這家軟體公司的辦公室環境：寬敞的空間、有咖啡廳和健身房。這給了她一種「歸屬感」。

統計數據能夠證明，超過九〇%的創投資金都流向男性，婦女現在的所得可能比以前增加了，也擔任更高階的工作，但是她們在公司擁有的股權較少，這表示在首次公開募股或出售公司等退場時，她們所創造的財富也較少。根據二〇二一年的一份報告，女性在科技和相關領域的占比低於其他行業，包括金融和醫療保健領域，尤其是新進階層。[34]在這樣的環境下，即使是資深的女性科技員工也很難在矽谷立足。

凱鵬華盈（Kleiner Perkins）前合夥人鮑康如（Ellen Pao），在二〇一二年控告這家歷史悠久的創投公司存在歧視和偏見，提出訴訟之後，她發現自己在創業投資家之間受到輕蔑，最終她敗訴了。在這場訴訟中，她描述了一種全男性人際網絡的文化，包括一場她被排除在外的韋爾（Vail）滑雪之旅。[35]

蘇珊·佛勒（Susan Fowler）是Uber的工程師，二〇一七年她在部落格發表了一篇充滿細節的文章，詳述了這家叫車公司不友善的工作環境，關於性別歧視、性騷擾和報復的文化。近來，有一些改變讓人看到希望，包括提拔更多女性創辦人，並且投資被排除在典型矽谷網絡以外的公司。但是大部分而言，科技世界潛在的男性文化依然一如往常的堅如磐石。

同時，像安·溫布拉德（Ann Winblad）這些早期女性企業家的故事，也被遺忘在較大的敘事裡。她用在一九七六年借來的錢成立了一家會計軟體公司。溫布拉德這些年做創業投資，一直很成功。在二〇二一年她才重新獲得世人更多的注意，當時蓋茲剛離婚，她和蓋茲的往日情成為花絮。許多在矽谷成功的女性，多數擔任高階主管或創業投資家，據其中一位女性的說法，她們都學會了「和男生玩在一起」。西諾說，她是靠著「漫不在乎」而在矽谷男性居多的階級中出頭。

儘管他們提出想要改變世界，然而目前為止，**讓世界按照他們的規則運作，並不代表科技創辦人已經把規則變得更好**。相反的，他們只是拿走了他們自認應得的。有些數一數二的科技創業者似乎在彌補失落的青春。馬斯克曾經說過自己在學校被霸凌，如今他也表現得像校園裡的霸凌者，有時候會嘲諷和挑釁，有時候他也渴望被認同。他將自己不斷在X上發文的需求，稱為是一種延遲的青春期。[36]

然而，書呆子也會展現出我們所期望的大亨、領袖和名流等標籤的行為。他們的強勢和成功已為書呆子帶來某種威望。書呆子主流（Nerdcore）是一種時尚。他們的新財富像磁鐵一樣有吸引力。他們可以接近華爾街的首席主管和頂尖的政治人物，也和好萊塢及體壇的超級巨星接觸，甚至他們的性行為和不尋常的浪漫關係也是新聞話題。

在《哥托邦》（*Brotopia*，暫譯）這本書中，記者兼電視主播張秀春（Emily Chang）描述了矽谷的毒品和性愛場景，她指出這是社會性的破壞。[37]「他們在這些高級派對中的行為，是進步和開放心態的延伸——如果你願意，這種大膽會使這些創辦人認為自己可以改變世界。」這些派對可能沒有史丹利・庫伯力克（Stanley Kubrick）一九九九年的情慾驚悚片《大開眼戒》（*Eyes Wide Shut*）帶來的心理震撼，但它確實令人想到一個財富可以買到最極致性幻想的地方——和電影不同，在矽谷顯然是脫下面具的。

二〇一四年，安德里森發表了一系列推特貼文，標題是「書呆子的變身」。他將一九五〇年代到二〇一〇年代電腦科技的演化，和書呆子的形象變化做比對，他寫道，在一九五〇年代、一九六〇年代、一九七〇年代、一九八〇年代、和一九九〇年代早期，所有的電腦科技都與「書呆子」聯想在一起。然而到了二〇一四年，看法轉變為：「那些書呆子已經不再有想法了，現在他們也開始性生活了！」[38]

一位長期觀察矽谷場景的創投公司合夥人觀察到，書呆子變得更加有自信，甚至更為傲慢，因為他們被證明做對了。「困難的部分是，當你突然有了所有財富和所有的注意力，並成為萬物的中心，你將愛上這一切，就像受邀參加時尚雜誌《浮華世界》（*Vanity Fair*）舉辦的奧斯卡派對，你贏得了女孩。」這位人士說。

「以前甚至沒有人斜眼看你，而現在你成為注意力的焦點，你進入了這個圈子。」這位合夥人指出，社會對於這些天才創造出改變遊戲規則的產品和服務感到驚奇，然而就像藝術家和音樂家一樣，天才往往要付出代價。「悖謬在於期望『書呆子』除了他們的天才之外，其他方面都表現正常。」

第三章

仁慈從不是微軟文化的一部分

在微軟絕對有一種文化，就是你要成為這裡最聰明的人。

一九九八年五月的聖地牙哥，一個風和日麗的早上，湯姆・弗拉戈拉（Tom Fragala）抵達聖地牙哥大學，這是一間私人的天主教大學，距離墨西哥邊境不遠。企業家弗拉戈拉曾經是足球運動員，他來這裡出席當時女友的畢業典禮。這是一場戶外活動，座位井然有序的分成三區。弗拉戈拉走向舞臺右邊這一區，選了第二排的座位。他不經意留意到第一排座位是貴賓保留席。

當他沐浴在陽光下，等待活動開始時，有一男一女走向貴賓席。男士看起來四十多歲，穿著西裝；女士則穿著碎花洋裝，戴著太陽帽，讓弗拉戈拉想起《麻雀變鳳凰》（*Pretty Woman*）裡的茱莉亞・羅勃茲（Julia Roberts）。這對夫妻坐了下來，男士正好坐在弗拉戈拉的正前方，過了一會兒他才發現自己坐在比爾・蓋茲和梅琳達的正後方。

一個月前，美國反托拉斯的最高監管機構司法部以及二十個州提出訴訟，控告微軟這家科技巨擘利用某項市場優勢，為另一項新業務抬轎，並指控此舉濫用了壟斷勢力。那個時候，蓋茲經常被媒體嚴厲批評，諷刺他是二十世紀的老約翰・洛克斐勒，也就是鍍金年代的石油壟斷者。這位微軟共同創辦人在這段時間並不好過。

蓋茲一坐下來，馬上翻開一本厚重的精裝書，他看來沉浸在閱讀中，弗拉戈拉估計這本書可能有幾磅重，接下來的大約兩小時，隨著畢業典禮開始進行，在儀式和掌聲中，頒發學位時，蓋茲都沒有抬起頭來，除了交叉雙腿的動作，他幾乎一動也不動。

大約十五分鐘後，弗拉戈拉開始好奇：蓋茲到底在讀什麼，讓他如此全神貫注？他試著從蓋茲的肩膀看過去，但只看到破損的塑膠眼鏡鏡腳。他發現蓋茲有一點頭皮屑，但就是無緣瞥見書名。弗拉戈拉故意把節目表掉在地上，希望能看到這本書的書背，但門兒都沒有，蓋茲取下了書皮。

典禮進行大約九十分鐘後，一名手上拿著畢業證書的年輕男子走向這對夫妻，顯然他們是來參加他的畢業典禮。蓋茲依然埋首於書中，專心觀看畢業典禮的梅琳達挺直身子，站起身問好並祝賀這名年輕男子。她在起身時，習慣性的用手肘推了她的丈夫。蓋茲嚇了一跳，也站了起來，很快的把書放在地上的椅腳旁，弗拉戈拉逮到了機會，他迅速彎下身偷看，終於看到書名。蓋茲在讀的是朗・契諾（Ron Chernow）所寫的《洛克斐勒》（*Titan: The Life of John D. Rockefeller, Sr.*），一會兒後，弗拉戈拉才意識到這件事很諷刺。

二十世紀的洛克斐勒

契諾這本洛克斐勒傳詳盡又細膩，超過八百頁，於一九九八年五月在書店販售時，正是輿論對微軟壟斷行為討論最甚囂塵上的時候。正如一名評論家所言，這本書不僅以它的厚重著稱，也因為它那「令人毛骨悚然的時間點」而引人注目。[1]大約在一世紀前，美國政府抨擊洛克克斐勒建立的標準石油公司（Standard Oil），該公司一度控制了九〇%的煉油市場，涉及壟斷行為。

這場意義重大的審判是當時最受矚目的事件之一，導致標準石油公司在一九一一年瓦解成三十四個小型石油公司。這項審判把洛克斐勒妖魔化了，他是鍍金年代一小撮強盜大亨的其中一位——之所以稱為強盜大亨，是因為他們冷酷無情的商業行為，以及不顧一切的行動，包括賄賂以及蔑視法規，以增加這家巨頭企業的利益。

將蓋茲和洛克斐勒相提並論已經至少有十年之久，但是從來沒有引起太大迴響。蓮花軟體公司（Lotus Development Corporation）[1]的創辦人米切爾·卡普爾（Mitch Kapor）是其中一位最早將微軟創辦人與十九世紀石油大亨拿來比較的人。自一九八〇年代以來，蓋茲強行將 Lotus 1-2-3、WordPerfect 和其他應用程式逐出市場後，卡普爾就抨擊蓋茲。

一九八四年，微軟打算出價收購 Lotus 1-2-3，這套軟體的試算表和程式在當時領先市場，卡普爾拒絕了。四年後，他告訴《紐約時報》，蓋茲是「帝國的建立者，此人想建立電腦界的標準石油公司。」[2]在同一篇文章裡，蓋茲反擊卡普爾，稱他為「完全沒有技術實務的人，卻很懂得談技術。」

到了一九九〇年代中期，記者和專欄作家開始更頻繁的撰寫微軟的霸道手段。一九九五年在《紐約時報雜誌》上的一篇專文，標題為〈讓微軟在資本主義體系中更安全〉，作者詹姆斯·格雷克（James Gleick）基本上建議微軟應該被瓦解。[3]

格雷克在文章中引述好幾位微軟敵營的話，引發蓋茲寫了一封信反擊，為自己的公司和產品辯護，並主張電腦產業仍然存在競爭性。儘管蓋茲不認為自己是「貪得無厭的壟斷者」，但當微軟陷入如碾磨般緩慢的政府審查中，他被拿來與洛克斐勒相比較，有助於創造出一種簡單但有共鳴的敘事：微軟的執行長是一名惡棍。[4]

矽谷律師蓋瑞・里貝克（Gary Reback）很高興的接受這個進攻路線，他的客戶中也有一些人擔憂微軟的支配地位。「蓋茲唯一沒有像洛克斐勒一樣做的事，」里貝克會對任何一位有意聆聽的人說：「就是向競爭對手丟炸藥！」[5]隨著審判的臨近，蓋茲被認為確實是這個時代的壟斷者（許多人將這個時代稱為第二次鍍金年代），這個觀點肯定對司法部律師正在進行的案件有幫助。

這個比較是值得研究的。洛克斐勒和蓋茲都是當代的首富，他們崛起的環境很類似：標準石油公司在一八八〇年代發跡，當時工業活動正如火如荼進行著。[6]微軟在一九八〇年代掀起了個人電腦革命，塑造出一個同樣充滿活力的產業。洛克斐勒出生貧窮，蓋茲家境富裕，而兩位都展現出準確的商業直覺，善於利用科學與技術的發展，憑藉商業頭腦追求利潤和規模。洛克斐勒出於自保，建立了許多標準石油的企業慣例，蓋茲也和他一樣，擔心微軟會失去它的優勢。

在一八七〇和一八八〇年之間，標準石油從位於俄亥俄州克里夫蘭市的小型企業，到

1 已於一九九五年被 IBM 收購，更名為 Lotus Software。

攻占九〇%以上的石油市場，它的企業規模不僅帶來規模經濟，還能夠從鐵路公司取得價格優惠，以運輸桶裝的石油。

根據評論家所言，蓋茲也變得難以馴服。十臺個人電腦當中，大約有九臺都是使用微軟的旗艦版 Windows 作業系統，該公司利用其在個人電腦軟體上的主導地位，提供折扣給電腦硬體製造商。現在，它也利用優勢控制新興的應用程式市場，將微軟的 Internet Explorer（簡稱ＩＥ）瀏覽器綑綁在每一套 Windows 95 和後續的版本上，並且顯示在顯眼的位置。這使得微軟的瀏覽器成為上網的偏好選擇，扼殺了網景這個在瀏覽器市場剛起步的競爭者。網景的 Navigator 瀏覽器原本可能更受歡迎，但它沒有微軟主導的系統平臺。在此同時，蓋茲則將他的作為描述成：為了客戶使用方便的有效率決定。

美國首位億萬富翁洛克斐勒所使用的強硬策略，引起了大眾的注意，尤其是在有「扒糞者」之稱的調查記者艾達・塔貝爾（Ida Tarbell）透過十九篇連載，在雜誌上揭露了標準石油公司的腐敗和不道德手段之後。微軟同樣因其被指控強迫競爭對手、貪婪的行為，而被稱為「資訊時代的標準石油公司」。

微軟反駁這項指控，指稱公司的做法並非壟斷，這是為了捍衛智慧財產權。石油是一項稀少的資源，因為全球的石油有限，但是智慧財產不同，它是無限的。在一個進入門檻極低的產業，任何有新創意的人皆可申請專利，並重塑產業版圖，蓋茲怎麼可能控制這樣的產業？然而來自矽谷系統化的運作，目的是詆毀微軟的名聲，引發了負面新聞的炮火，並在華盛頓找到一些認同者。

仁慈不是微軟文化的一部分

一九九五年八月二十四日，蓋茲和微軟的主管們一起站在舞臺上，背景播放著〈Start Me Up〉這首歌；這個場合是最新一代微軟作業系統 Windows 95 的發表會。蓋茲穿著一件米色的馬球衫，他沒有跟著凱斯・理查（Keith Richards）的吉他演奏起舞，最多只是跟著搖擺。微軟總裁史蒂夫・鮑爾默比較不拘謹。這家公司付了三百萬美元給米克・傑格（Mick Jagger），他與理查共同創作歌曲，使用一九八一年滾石樂團（The Rolling Stones）的暢銷曲，作為耗資一億五千萬美元奢華宣傳活動的一部分，為 Windows 95 鼓動熱情。

帝國大廈（Empire State Building）點亮著微軟的企業色藍、綠、黃、紅，那年頭最紅的電視節目主持人傑・雷諾（Jay Leno）受僱擔綱以創造話題，並與蓋茲一起主持發表會。珍妮佛・安妮斯頓（Jennifer Aniston）和馬修・派瑞（Matthew Perry）這兩位一九九〇年代情境喜劇《六人行》（*Friends*）裡的演員，透過微軟安排的劇本向全世界介紹 Windows 95 的使用。

這款作業系統被標榜對消費者友善及容易使用，一推出就引起一陣熱潮，就像是新的

iPhone上市一樣。在世界各地，人們為了得到這套軟體而排隊購買，這股熱潮無法忽視。正如《紐約時報》的提問：「還沒聽過Windows 95嗎？你都躲到哪兒去了？」[7]蓋茲是商業世界的搖滾巨星，他受崇拜的程度，猶如好萊塢名人和體壇巨星一樣。他看起來或許不太像，有著凌亂的棕髮和總是不太合身的西裝，但是他完全以商業大亨的樣子，闊步走在美國企業界的走廊上。

五年前（一九八九年），微軟成為史上第一家年營業額超過十億美元的軟體公司，到了一九九四年，微軟的利潤就超過五十億美元，在個人電腦市場占有主導地位。微軟飛漲的股價使之成為全球最有價值的公司，蓋茲也成為史上最年輕的白手起家億萬富翁。一九九五年結束時，他名列富比士億萬富翁排行榜之首。

微軟的成功也改變了蓋茲的家鄉西雅圖，為數千名員工創造了新財富，改變了該區的經濟。一九五五年十月二十八日蓋茲在西雅圖出生，他成長的地方是一個小城市，社區關係緊密，以創新和前瞻思維自居。西雅圖有龐大的航空工業，以波音公司（The Boeing Company）為中心。著名地標太空針塔（Space Needle）是一九六二年為了西雅圖世界博覽會而興建，它未來感的設計——塔頂像一個飛碟——與西雅圖想成為科技中心的企圖心相得益彰。

蓋茲在三個孩子當中排行老二，他和姊妹克莉絲蒂（Kristianne）和莉比（Libby）在一個不虞匱乏的中上階級家庭長大。他們打網球，在度假屋度過無憂無慮的夏天。他的父母在當地社區很出名，母親瑪麗．蓋茲在聯合勸募協會擔任董事，父親老威廉．蓋茲是律師，積極參與公民事務。蓋茲小時候就極為聰明，也極為好辯。

他的姊姊克莉絲蒂曾經這樣說他：比爾「不覺得自己不正常。他不認為自己與眾不同，因為他非常內向。」[8]蓋茲的父母認為他的學業成績低落，蓋茲十一歲那年惹了麻煩，他們帶他去看心理醫師。[9]

蓋茲就讀的湖濱中學是西雅圖最有名的私校之一，在那裡他很早就接觸到電腦，結識了保羅．艾倫，並且開始迷上程式設計。在艾倫的描述中，蓋茲喜歡讓別人知道他很聰明。[10]他也發現，蓋茲這位朋友兼商業夥伴從早期就有競爭特質。**無論是下棋、玩遊戲或做數學，蓋茲討厭自己輸。**

一九七九年，他將微軟總部從阿布奎基搬到西雅圖。在遷移到這個翡翠之城[2]前，蓋茲也考慮過矽谷，但最後決定放棄，他認為在一個小而八卦的社區，比較不容易保有商業機密，也不易留住人才，因為這裡有更多企業會挖角。[11]這個決定大為造福了西雅圖，尤其是在微軟首次公開募股之後，為這個城市創造了數百位百萬富翁。與西雅圖老派的富豪諾德斯特龍百貨公司（Nordstrom）、威爾豪瑟林業公司（Weyerhaeuser）不同，所謂的「微軟人」因為不落俗套而出眾。

2 西雅圖及其相鄰地區都被四季長青的植物環繞，因此被稱為翡翠之城。

許多微軟人穿著樸素，他們表示投入科技行業並不是為了錢，而是因為有機會改變世界。「**微軟階級可能是美國第一批具有技術背景的百萬富翁。**」提摩西·伊根（Timothy Egan）在一九九二年的《紐約時報》寫道。[12] 數以千計新形成的微軟百萬富翁帶來了瘋狂消費，從房宅到馬匹，暫時使西雅圖經濟失去平衡。[13]

西雅圖歷史與工業博物館（Seattle's Museum of History & Industry）館長萊納德·戈菲爾德（Leonard Garfield）表示，這座城市長久以來就有「書呆子基因」，他說，一九八〇年代因為有了微軟，西雅圖開始轉型以知識經濟為主，但是蓋茲的影響力跨越了世代，因為第一波微軟的百萬富翁們接著創造了一整套附屬企業，吸引更多人才到西雅圖。然後又吸引其他的科技公司進駐，包括亞馬遜和智遊網，使西雅圖成為全美發展最快的城市之一，人口超過七十萬八千人，截至二〇二一年，收入中位數為八萬五千六百五十四美元，遠超過全國收入中位數的五萬九千六百一十一美元。[14]

羅比·卡普（Robbie Cape）一九九三年加入微軟時二十三歲，他是Visual Basic團隊的工程師，這個團隊在開發一種程式語言，他很快就注意到兩件事：第一，**微軟是以個人成就為中心，而不是協同工作**。第二，公司員工尤其是像他這樣的年輕工程師，都很崇拜蓋茲。卡普在普林斯頓大學大三、大四之間，曾經在微軟實習，因此當他成為全職員工時，對於微軟文化並不特別感到驚訝。

他是在蒙特婁長大的加拿大人，大學時期在美國就讀後就再也沒有回去過。他說：「我愛上了微軟和西北太平洋地區，也愛上了比爾和史蒂夫。」史蒂夫指的是鮑爾默，微軟的高階主管，也是蓋茲的好友，後來成為該公司的執行長。卡普回憶道：「就像許多一九八〇年代和一九九〇年代加入這個公司的年輕人一樣，我會說我們把他們都神格化了。」

「領導人都希望像他這樣領導，年輕人例如我，則希望發展得像他一樣。他是一位技術專家、有遠見的人、生意人，也是領導者。」數以百計追星的年輕程式設計師是因為蓋茲而加入微軟，公司內部稱他為「BillG」，即使他們的職級低到見不到蓋茲，但是他們都希望在他腳邊學習。

儘管卡普進入微軟時，它已經成立將近二十年，約有一萬五千名員工，但內部文化依然大大反映出蓋茲的嚴厲和強勢態度。長期以來，他以好勝特質和工作狂熱著稱；蓋茲從不休假，也是眾人皆知。在微軟早期時代，他記下員工的車牌，以便掌握員工進出公司的時間，這已經成為公司野史中的傳奇。

許多微軟的會議都會進行數小時不休息，蓋茲會對產品的細節追根究柢，向工程師連番提問。他很容易因為生氣而咒罵連連，假如工作表現不符合他的嚴格標準，他經常會斥責同事。卡普說：「**在微軟絕對有一種文化，就是你要成為此處最聰明的人。**」他現在是企業家，幫忙經營兩家新創公司，其中一家投資的是再生農業，他說道：「我喜歡吃肉，但是覺得那是惡習，所以（我正）試著找更健康的方式飼養及管理牲畜。」卡普對於在微軟的時光，還保留著美好的回憶。在他的敘述中，微軟是一個雄心萬丈的地方。

研究矽谷的歷史學家瑪格麗特·歐瑪拉（Margaret O'Mara）在一次訪談中表示，微軟的企業文化「極度男性化」，稱為「兄弟會」，不過這一點和其他科技公司沒什麼不同。她也說，在早期的數十年裡，微軟「表現得像是一家擴張過度的新創公司。蓋茲做事不擇手段、非常好辯、完全只問『讓我看看你有什麼』、強烈的性別色彩，整個公司充滿二十幾歲年輕人的調性，表現出你必須非常積極進取，才能在市場上立足。」

»

儘管這樣的企業環境逐漸變得令人搖頭，但是很多人說蓋茲和鮑爾默在公司內部展現、並常規化了這套文化，把微軟推向卡普所說的「追求卓越，在所不惜。」身為一名基層員工，除了幾次大型會議，卡普只能遠望蓋茲，而公司裡充滿了更多高階主管和團隊負責人與蓋茲開會時的傳聞，還有「個人幾乎被罷黜的情形。」

卡普將這些二手故事解讀為蓋茲要求卓越的例子，他認為蓋茲的使命來自於純潔的意圖和高貴的氣質，但是許多其他人卻在他強烈、有時甚至嚇人的審查之下崩潰。「**仁慈不是微軟文化的一部分。**」他說。

與蓋茲工作較為密切的高階主管，有時會有不同的經驗。一名微軟主管在一封電子郵件中告訴另一位主管，蓋茲「太驚人、太無禮了。」[15] 蓋茲曾寫了一封很長的電子郵件給微軟 Movie Maker 軟體的開發人員——生氣的諷刺著無法下載這套軟體令他多沮喪。

蓋茲可能不會公開承認這件事，甚至私下也不會多想，但是關於他冷酷無情及傲慢的故事，卻漸漸融入他商界惡霸的形象裡。對蓋茲而言，自由市場獎勵競爭和創新，而一家企業若一不留神，停止改良產品和創新，很快就會成為輸家。他告訴《花花公子》雜誌：「我們一秒都不能休息。」[16]

麥可・庫蘇馬諾（Michael Cusumano）是麻省理工史隆管理學院（Sloan School of Management）的管理學教授，也是副院長，他在一九九〇年代廣泛研究了微軟的商業策略。庫蘇馬諾觀察到，蓋茲受到英特爾（Intel）創辦人安迪・葛洛夫（Andy Grove）的理念影響，他與葛洛夫密切合作過。

葛洛夫在他著名的《十倍速時代》（*Only the Paranoid Survive*）一書寫道，快速的變動會使一家成功企業走入歷史，但是只要管理得當，改變也可以成為機會，使企業領導人重新調整企業的路線。這項經營哲學是有道理的，因為科技產業通常進入門檻低，這也是微軟的主要主張，而科技公司若不夠靈活與創新，有時候就陣亡了。然而，微軟的問題在於低估了自己的規模和影響力。庫蘇馬諾在訪問中說：「他們真的不像自己所想的那麼脆弱。」結果，根據他所說：「他們不斷違反法令，或是衝撞底線，而且還做了好幾次。」

從一九九〇年代開始，微軟開始設法利用它在個人電腦的優勢地位，藉此進入新的商業領域。它想控制從家用到全球的電子閘道，並且對每一項可能安裝在個人電腦的經常性收入產品收取費用。自己無法生產的產品，就試著收購。

微軟已經養成一個習慣，對於它想進入的市場，就併購該領域的頂尖公司：Softimage[3]是電腦動畫程式的製造商；Forethought 為微軟帶來 PowerPoint；還有很多其他的公司。在一九九四年到一九九九年間，微軟多產的交易使它坐擁一百三十家公司的全部或一部分。[17]

一九九五年，Windows 95 在一片歡呼聲中上市。Windows 95 是微軟自一九八〇年代開始建立的最新版本作業系統，它借用了最大競爭者蘋果的圖形使用者介面概念。微軟也與ＩＢＭ合作開發了一套稱為ＯＳ／２的作業系統，然而在一九八九年，它又推出自己更新的軟體，稱為 Windows 3.0，造成它與硬體巨擘ＩＢＭ結怨。

一九九五年六月五日出版的《時代》雜誌以蓋茲為封面，標題是「世界的主宰」。蓋茲受到各國元首的邀請，希望能將微軟的事業帶到他們國家。老布希總統（George H. W. Bush）在一九九二年頒發國家科技勳章給蓋茲，以表彰他的貢獻。他曾經在鱈魚角（Cape Cod）[4]和比爾·柯林頓總統（Bill Clinton）一起打高爾夫球。

微軟內部的恐慌在 Windows 95 上市時就存在了。根據與微軟主管們在一九九〇年代早期的對話，庫蘇馬諾發現核心矛盾在於，微軟究竟要轉型為一家專門為不同作業系統建立多樣化產品的「平臺和應用程式」公司，或者繼續做一家整套生態系統圍繞著核心的 Windows 產品而發展的「軟體」公司。

當一些主管主張前者時，蓋茲不贊成，而他的主要副手不得不順從他的決定。結果，因為 Windows 平臺在產業界已經成為巨大的動力來源，加上隨附的 Office 軟體，他們必須保護它，這讓微軟的優勢招致失敗。

微軟的商業策略並不被對手或監管機構喜歡。其中一項做法涉及與電腦製造商之間的「按伺服器授權」（per processor）合約，利用它在軟體市場的主導地位，誘導硬體製造商簽下長期合約。微軟提供作業系統授權的折扣，而作為交換條件，製造商每出貨一臺電腦，就要支付權利金給微軟，即使這臺電腦沒有使用微軟的作業系統。這麼做使得電腦製造商很為難，為了提供客戶業界主流的軟體，就必須勸阻他們裝載其他的作業系統。

相同的做法也延伸到 Windows 作業系統上市，當時個人電腦需求激增，此舉有效扼殺了作業系統市場上的競爭對手。假如你想使用個人電腦，很有可能你得使用微軟的系統。隨著作業系統裡的應用程式開發——試算表、文字處理器、繪圖軟體——開發商開始抱怨，微軟藉由分享下一代作業系統的可能樣貌，只讓自己的應用程式開發者取得優勢。

不久後，監管機構就開始打探微軟的商業行為。十九世紀內戰後出現工業化浪潮，導致超大型公司的形成，被稱作托拉斯[5]，強盜大亨像是洛克斐勒帶來的效應，使美國制定了反托拉斯法案，以扼止未來的過當行為。一九一一年瓦解標準石油公司的這套法律，現在

3 已於二〇〇八年被歐特克公司（Autodesk）收購。
4 美國東北岸麻薩諸塞州東南部伸入大西洋的一個海岬半島。
5 譯註：trusts，也就是集體信託，藉控制權造成壟斷。

司法部將用來針對微軟成立反壟斷案件。

一九九四年七月，微軟與聯邦交易委員會（ＦＴＣ）簽署了一項協議裁決，同意在作業系統的授權方面，限制特定的商業行為，司法部長珍妮特·雷諾（Janet Reno）大肆強調這次的和解，在全國電視臺進行了宣告。

這項裁決是ＦＴＣ歷時將近四年調查後的結果，其中指控微軟運用限制授權，把軟體製造商的對手排除於市場之外。一些微軟的批評者對於和解感到失望，因為它只狹隘針對作業系統的授權，而微軟正試圖利用它在軟體市場的優勢，控制可能建置在系統上的應用程式新興市場。

微軟也將ＦＴＣ的和解視為勝利。因此，在三個月後的十月，當微軟宣布要以十五億美元的價格，收購個人財務軟體製造商Intuit時，並不令人意外。微軟將以股票來支付這筆費用，這將成為軟體產業有史以來最大的併購案。微軟對Intuit的興趣可以理解，Intuit總部在矽谷中心的門洛公園（Menlo Park），成立於一九八二年，在妻子抱怨支付帳單、處理收支平衡這些繁瑣性質後，史考特·庫克（Scott Cook）有了設計個人財務軟體的想法。[18]

這家公司在一九九三年上市，是矽谷早期的成功案例之一，當時人們還在摸索個人電腦除了基礎的文件和文字處理之外，還可以用在哪裡。Intuit的軟體基本上是一種「應用程式」，可以整合在微軟的Windows作業系統裡。

電子商務和網路銀行才剛起步，金融和科技產業就看到潛力，預期有一天人們可以用電腦進行所有事，從轉帳和付款到在家購物。微軟不僅想藉由 Intuit 登上市場顛峰，也想要打敗看到機會的銀行和信用卡公司。

有七百萬人——或大約七〇％的用戶——都使用 Intuit 的 Quicken 軟體來報稅、記帳，或進行個人銀行帳務，以及其他的金融交易。[19] 一九九一年微軟曾經推出自己的產品稱為 Money，但是 Quicken 目前依然是最普遍的一款。儘管 Money 是個人理財軟體市場的第二大，但仍遠遠落後，市占率不到四分之一，用戶人數大約一百萬人。

微軟世紀大審判

一九九〇年代中期，矽谷還未享有今日科技創新中心的聲譽，雖然像是惠普、快捷半導體（Fairchild Semiconductor）和英特爾公司早已在此設立總部，蘋果、甲骨文等公司也在一九七〇年代接著在此設立，不過包括谷歌母公司字母控股，以及臉書母公司 Meta 等科技巨頭都尚未誕生。

相反的，這裡是新興公司的集散地，多年來，看著微軟複製或拆毀他們的企業，又或者大刀闊斧併購他們。許多創業者也認為微軟令人討厭而且好戰；眾所周知，微軟的高階主管們會打電話給創投業者，要求以低價買下他們的投資組合公司，若不想賣，這家西雅圖巨人的態度會是：「去你的，我們要打垮你！」一位微軟前主管這麼說。

這種高壓令許多年輕公司——通常僅有一些技術及一份創業計畫書——和他們的資助者發抖。新創公司絕對無法獲得資金的其中一個方法，就是在投資簡報裡寫著，微軟是其主要競爭對手之一。

歐瑪拉在《代碼》（*The Code*，暫譯）這本關於科技產業的書裡寫道，這些公司有理由這麼認為：許多新創公司在那十年間差點被微軟的強勢徹底摧毀。「微軟是八百磅重的大猩猩，有一陣子它就是『整個軟體產業』。」他在訪談中說：「假如一定要找一個壞人，他就是（蓋茲）。這是關於靈巧的新創公司，和微軟的龐大規模之間的對抗。這是令人非常熟悉的美國敘事方式。」

當微軟在一九九四年秋天宣布有意收購 Intuit，猶如鯊魚已經來到矽谷門口，張開大嘴準備咬人。Intuit 是矽谷土生土長的寵兒，公司的許多經理人都不願看到它被微軟吞噬。就在微軟與 Intuit 同意合併後不久，一群矽谷的公司——他們保持匿名——聘請了里貝克這位曾經大肆將蓋茲與洛克斐勒相提並論的律師，研究如何阻止微軟。[20]

畢業於史丹佛大學和耶魯大學法學院的里貝克，服務於矽谷著名的 Wilson Sonsini 律師事務所，專門處理反托拉斯法。四十多歲的里貝克仍保有稚氣、年輕的外表，而且充滿鬥志。他的第一步行動，是代表一名匿名客戶撰寫法庭之友[6]的案情摘要，控訴微軟違反了一九九四年與聯邦交易委員會簽訂的協議裁決條文。依據一九七四年的 Tunney 法案（The

Tunney Act）[7]，法庭需要定期審查此類和解協議，以確保這些公司遵守條款。

里貝克在一九九五年初提出的訴訟摘要中主張，協議裁決太過狹隘，無法阻止微軟利用它在作業系統市場的優勢，控制新興的應用程式。里貝克寫道，微軟收購 Intuit 的提案，將使它進入一個新市場，在電子商務和網路銀行領域創造壟斷地位。換句話說，微軟可以輕易的將普及的 Intuit 應用程式搭載在 Windows 作業系統，排擠其他個人財務應用程式的開發商。

一九九五年四月，司法部官員表示基於反托拉斯法，他們將調查微軟對 Intuit 的收購計畫。由於微軟股價上漲，這筆交易在當時將近二十億美元。領導司法部反壟斷部門的安妮．賓格曼（Anne Bingaman）表示，這項併購將扼殺創新並增加消費者荷包的負擔。

不過她提出更大的擔憂，附和里貝克的主張：微軟可能利用它在個人電腦的優勢地位，搶占未來的市場，包括以家庭為基礎的銀行業務。「當新聞報導政府將起訴，以阻止蓋茲收購 Intuit 那天，Intuit 園區瘋狂慶祝，每一棟大樓都傳出歡呼聲，你就知道厭惡程度有多大，」里貝克回憶。「他們不想為（蓋茲）工作。」三星期後，微軟放棄了這筆交易。

今天，Intuit 成為個人財務及商業財務軟體的巨擘，市值約為一千一百億美元。埃絲特．

---

6 不屬訴訟一方而主動或應法庭邀請，就案件提供意見或協助的人。

7 譯註：美國國會在一九七四年制定《反托拉斯程序與制裁法》（*Antitrust Procedures and Penalty Act*）之別稱，旨在增加反托拉斯法實施之透明度。

戴森（Esther Dyson）是前科技分析師，也是創投業者，當時她告訴《華盛頓郵報》（*The Washington Post*），這宗交易案失敗，很可能使微軟看起來「不那麼可惡、不那麼堅不可摧。」而這也挫傷了這家科技巨人的銳氣。[21]

然而，還需要幾年的時間，微軟才會真正遭遇挫敗。當微軟專注於軟體市場時，另一件令人興奮的事正在矽谷蔓延。年輕創業家被一種他們認為是電腦和通訊的未來所吸引：全球資訊網（World Wide Web）。他們看見了網際網路的商業潛力，並開始將未來押注於此。除了網景，一位來自臺灣、畢業於史丹佛大學的年輕美國人楊致遠（Jerry Yang）也在一九九四年與大衛・費羅（David Filo）共同創辦了網站──《雅虎》（Yahoo）。像是Infoseek和Lycos這類入口網站公司大量湧現，希望抓緊網際網路的新機會，而由熱切的創投業者提供了資金。他們想保護好所發現的新事物，以免被西北部的巨獸襲擊。而蓋茲與矽谷保持的距離，意味著他沒有跟緊網際網路的來臨。

當然，這位微軟共同創辦人對網際網路也有一定的關注，在一九九四年四月，他發布了一則備忘錄，稱為「網際網路的策略和技術目標」。這是他在年度「思考週」期間所寫的，每年二月他都會前往隱蔽的小木屋，大量閱讀並深入研究微軟的報告書。[22] 他也送出一份機密的備忘錄給一群微軟的高階主管，形容電子通訊的興起是一項「巨變」，公司將在這方面輸給競爭對手。[23]

然而，他將這件事視為微軟內部的非核心專案。他告訴微軟的主管和董事會成員，網際網路將成為免費的服務，幾乎沒有利潤。他預期個人電腦是未來提供給消費者產品和服務的入口，而非網際網路瀏覽器。此外，Windows 95已多次延誤，微軟的主管們正全神貫注在它的測試和改善上。

蓋茲的第一本著作《擁抱未來》迅速成為暢銷書，這本書是他與微軟技術長納森．米佛德（Nathan Myhrvold）和公司副總裁彼得．李尼亞森（Peter Rinearson）所合著，於一九九五年出版，書中清楚敘述了蓋茲對於未來數位革命的看法，不過內容鮮少提到網際網路。這本書在好幾個國家同步出版，初版就發行了八十五萬本，蓋茲將出版社給他的兩百五十萬美元預付款捐了出去。

不過，許多評論家都嚴厲批評這本書。記者約瑟夫．諾科拉（Joseph Nocera）在《紐約時報》撰文，稱這本書不過是微軟的「定位文件」，對於以網際網路為基礎的未來缺乏任何真正的願景，比較像是這家軟體大廠的短期商業計畫。諾科拉寫道：「假如這本書真的代表他對未來完整的遠見，那麼他自己的前路，將會是一趟艱辛的長途跋涉。」[24]

一九九四到一九九五年間，蓋茲突然改變了他對網際網路的看法。一開始他沒有預料到，網際網路會如此快速而且深遠的改變電腦的未來，然而他越是密切關注網路的迅速興起，對於所觀察到的局勢就越來越不安。**個人電腦不會是下一代運算的中心，網際網路才是**，它在個人電腦連結成的網絡上運行，把資訊和郵件傳遞給用戶。通往網際網路的入口是瀏覽器，而微軟在這個市場一無所獲。

就在 Windows 95 推出的三個月前，蓋茲寫了一份長篇備忘錄給員工，稱為「網際網路浪潮」，詳盡描述了電腦是如何在他們眼前演進，以及微軟要如何轉向，將網路功能結合到所有的產品和應用程式上。蓋茲措手不及，認知到微軟必須趕上對手，他催促將近一萬八千名員工打造自己的產品，同時想方設法消除競爭勢力。

這份「浪潮」備忘錄後來被政府視為蓋茲壟斷意圖的證據。然而，因為他有能力清楚看到數位革命將如何展開，備忘錄的內容也把他推向先知的地位。因為網際網路是一個中立的平臺，當蓋茲理解到世界沒有 Windows 也可以運行時，他不會善罷干休。

一九九五年六月，里貝克接到來自網景公司吉姆·克拉克的電話，他們正在開發 Navigator 瀏覽器，可以裝載在各種不同的作業系統上，包括 Windows。克拉克告訴里貝克，微軟拒絕提供網景需要用來編寫 Windows 95 瀏覽器版本的技術資訊，微軟提出讓網景在其他作業系統，以及版本較舊的 Windows 系統使用 Navigator 瀏覽器，而在 Windows 95 系統保留它自己的 Internet Explorer 瀏覽器。如果網景同意了，這個交易將有效分割市場，並保證網景永遠不可能成為較多數消費者的瀏覽器選擇。在網景拒絕後，微軟最終在推出 Windows 95 後才提供了它所需要的資訊。

微軟的第一版ＩＥ瀏覽器，是與Windows 95同時推出的特別套件。但在第二年開始，這個瀏覽器就被免費附載在每一套Windows 95上，為客戶提供連線上網的方法。這對網景的Navigator瀏覽器造成傷害，走向消費者的路突然變得艱辛。一九九六年蓋茲給員工的備忘錄裡提到，微軟如何在繼續專注於Windows的同時，以建立網際網路軟體為核心而自我重整。

司法部在提供反壟斷訴訟時，這份備忘錄也成為部分證據。在其他方面，微軟使用「聖戰」（Jihad）一詞形容對瀏覽器之戰的態度。蓋茲的備忘錄和電子郵件裡有一種急迫性，也有一種幾乎沒有掩飾的警戒感，那就是世界變化的速度比微軟更快。

克拉克後來把蓋茲比擬為「瓦格納（Wagnerian）巨龍」法夫納（Fafnir），在北歐的神話中，法夫納是貪婪的象徵，為了寶藏殺害自己的父親。克拉克寫道：「儘管他在媒體面前有書呆子習性和另類魅力，我覺得比爾．蓋茲最開心的時刻，就是擊潰了那些膽敢在微軟廣闊統治邊境建立領地的公司。」[25]

當時，一群矽谷公司——有人把他們稱為「噪音聯盟」，包括昇陽、網景和甲骨文公司——開始對微軟的野心深感不安。里貝克和一位同事曾經寫過一篇摘要，說明微軟如何將它在作業系統的主導地位，擴展至應用程式市場，現在他們代表網景撰寫了白皮書，指出微軟正在重複那些行為，以主導瀏覽器市場，並將網景的瀏覽器拒於門外。白皮書指出，微軟提供電腦製造商優惠價格、現金付款及其他誘因，使網景瀏覽器在Windows系統難以使用。這兩份文件將使微軟挫敗，並永遠改變蓋茲的道路。

里貝克一旦出手，就幾乎是勢不可擋。他具有敘事和誇張的才能，樂於和媒體交涉，那段時間他一度成為矽谷與微軟醞釀中的死亡競賽代言人。隨著微軟繼續向新市場推進、野心勃勃的威脅年輕公司，里貝克成為他們的打手。里貝克說：「我成為象徵，但這並非我的本意。」他認為自己之所以成為微軟的頭號勁敵，有部分原因是在 Wilson Sonsini 事務所的客戶中，包括了某些矽谷大公司，許多人都有既得利益，希望看到微軟受到控制。

里貝克立刻把握每個機會攻擊微軟——運用媒體、撰寫案件摘要，並抨擊微軟的做法。里貝克在一九九〇年代的案件摘要中指出，為了阻止競爭，微軟涉嫌推銷「太監軟體」（vaporware）[8]或對外宣布不存在的產品。[26]

即使數十年後，里貝克依然津津樂道於他代表客戶詆毀微軟的故事。他說：「假如你不在矽谷，很難理解當時大家對蓋茲和微軟的反感。」有一次他的猶太教會正在為一個職位招聘教士，一名從紐約飛來的應徵者恰好贊同的提到微軟時，「大家開始發出噓聲，」里貝克說。他們是在開玩笑，但是「這讓你有了概念。」那位教士沒有得到工作。

又有一次，在微軟追擊 Intuit 期間，一位政府的律師來訪，暗示微軟沒那麼糟。「你可以看到彷彿房間窗戶結冰，空氣凍結，」里貝克說：「這個傢伙想奪走我們的未來。當蓋茲當時說他要追擊 Intuit，銀行是恐龍，而他才是終極的破壞者時，在矽谷文化下培養出來的我，理解了。」

然而在微軟內部，情況截然不同。員工得到的訊息是，公司受到攻擊，必須捍衛自己。穆格里亞曾在微軟與政府紛爭期間擔任微軟高階主管，他表示公司之所以陷入困境是因為「我們不知道怎麼樣才能更好。」目前已退休的穆格里亞說，微軟內部的文化就是一路「衝、衝、衝」，沒有一刻停下來思考。

他回憶，「我第一次被一位客戶稱為壟斷者時，非常震驚，」穆格里亞補充說道，微軟花了很長一段時間才知道，外界看待公司及其作為的眼光，與公司由內到外的看法完全不同，「當你成長到如此龐大的規模，就不能再像小公司那樣行事了。」

當時，蓋茲駁斥了微軟試圖將競爭對手拒於門外的說法，他表示，他對個人電腦的願景，一直都包括作為通訊工具這項概念。只是這項概念並不普及，直到網際網路出現，並帶動新標準的制定後，人們可以隨手取得一堆資訊，才帶動了個人電腦的銷售。

雖然蓋茲在一九九四年就認定網際網路是微軟未來重要的一部分，但是網際網路成長得太快，以致他別無選擇，只能召集軍隊進攻。「你不能繼續做一樣的事，你必須利用技能進攻新的疆界，」他在一九九五年對脫口秀主持人查理・羅斯（Charlie Rose）說。「這是我們最大的機會，也是最大的挑戰。」

8 譯註：指已發布消息卻未開發的軟體。

從一九九七年開始，國會議員和監管單位逐漸向微軟施壓，並在一九九八年四月的反托拉斯訴訟中使案件白熱化，蓋茲個人似乎受到打擊。司法部的律師把蓋茲描繪為邪惡的壟斷者，說他不擇手段打擊競爭對手。他無法理解，微軟是美國的驕傲，這位西雅圖電腦巨擘創造了數以萬計的工作機會，市值逼近兩千億美元，是全球最大的科技公司之一。

它是創新者。許多和蓋茲關係密切的顧問都能感受到他的驚愕，一位常與蓋茲討論媒體策略的微軟前員工表示，蓋茲會說：「這對我而言一點道理都沒有。」、「我不明白，當你是其中一盞明燈，對經濟有所貢獻的時候，政府怎麼會找上你。」

蓋茲是律師之子，有著黑白分明的思維方式，他將政府的訴訟純粹視為法律案件，贏或輸取決於案件的實質，而他堅持政府的控訴沒有根據。就算有，例如司法部控訴微軟把網際網路瀏覽器與 Windows 軟體綁在一起銷售，在他看來，那都是為了提供更好的用戶體驗。**近乎天真的他沒有充分掌握到政治和公眾印象的力量，會超越邏輯和侵蝕形象。**

別人越是把他描繪為惡棍，他越覺得自己是受害者，穆格里亞是被傳喚出席審查會作證的高階主管之一，他說：「比爾被（微軟的律師）誤導，認為這是法律案件，其實這一直都有政治性。比爾無法理解。」

穆格里亞反思著，蓋茲難以處理事情的發展，而在他看來，微軟的律師們在影響司法部的動態和政治方面闡述得很差，特別是來自矽谷的「朋黨」活動，包括網景、昇陽和甲骨文。「這真的傷害了比爾，是對他的人身攻擊。」他說道。

微軟的審判吸引了全國的目光。畢竟蓋茲是全球首富，也是當代最大反壟斷案的主角。他的出庭對自己的案子沒有幫助，對於微軟的商業行為遭受質疑，他時而忿忿不平，時而不以為然。但與蓋茲在審判中為期三天的證詞相比，其他一切都微不足道了。當政府的首席律師大衛・博伊斯（David Boies）質問蓋茲時，這位微軟共同創辦人臉上帶著不屑的表情，他的嘴巴噘成生氣的倒U型，有時聳聳肩，彷彿不同意某項詢問的前提。他像往常一樣，在椅子上前後搖晃，然而他好鬥的態度，只是使他看起來像個任性的孩子。

有一次，他還爭辯著「假如」（if）這個詞的含義。蓋茲拒絕政府的起訴合法這種說法，並主張在瞬息萬變、事實上難以維持壟斷的科技板塊上，若阻止他的公司設計及整合新產品的能力，就是扼殺創新。「他看起來真的像是正在進行根管治療[9]，」庫蘇馬諾提起蓋茲。「我想很難找到比這更糟的表現了，除非有人直接拒絕回答問題。」

到了二〇〇〇年，蓋茲的形象嚴重受損。前員工說，這場審判也摧毀了公司。「它徹底改變了公司內部的一切，高階團隊多年來都因此事而耗損。」穆格里亞說。到二〇〇一年，微軟因為司法部所強調的反壟斷行為，在美國遭到兩百次以上的起訴。[27]

9 此處用來形容一種非常痛苦或令人不愉快的經歷或過程。

二〇〇二年微軟與司法部達成和解，並同意限制之規定，包括未來十年接受特別法官的監督、每位主管都接受反壟斷的培訓。而微軟與歐洲的訴訟多花了好幾年才和解。然而對世界來說，因為正值網際網路興起，以及雲端運算之轉變，這是一個非常關鍵的時刻。

結果證明，蓋茲在兩件事上確實是對的，第一，他正確預測到，微軟的「主導地位在很多方面都是短暫的。」庫蘇馬諾說。他看到網際網路將成為另一種運算平臺，提供新途徑推出應用程式，並會威脅 Windows 的未來。第二，蓋茲也看到並了解行動平臺的發展是一項巨大威脅。同時，瀏覽器大戰已經展開。

不作惡也能賺錢？

二〇一八年四月，在蓋茲與政府之間發生災難性爭執的二十年後，祖克柏發現自己被推入一場危機當中。兩年前，二〇一六年美國總統大選期間，一名研究人員取得數百萬筆臉書用戶的個人資料，把資料賣給劍橋分析公司（Cambridge Analytica），這家公司受僱於川普的競選活動，專門進行心理定向，然後藉此建立選民的心理輪廓檔案。

臉書是祖克柏於二〇〇四年在哈佛學生宿舍與人共同創立，原先是聯繫親朋好友的歡樂社群網絡，現在已經變質為充滿不實資訊的巢穴，另一個平臺 Instagram 也成為槍枝販子宣傳武器的地方；國會議員開始密切關注這家公司。劍橋分析公司揭露的內情，使臉書的形象進一步遭到批判，令這家矽谷公司成為眾人心中最邪惡的平臺。在一片「#刪除臉書帳號」（#deleteFacebook）的聲浪中，以及國會議員催促提供更多關於不當處理客戶資料的資訊，祖克柏被傳喚到國會作證。

在處理這項危機時，祖克柏尋求某人建議，他知道此人經歷過類似的遭遇——蓋茲。根據新聞報導，以及當時在臉書工作的一名人士所言，祖克柏和蓋茲一樣都是哈佛大學中輟生，並視這位微軟共同創辦人為他的導師，因此他向蓋茲請教如何處理公共關係災難，以及如何與政客建立溝通橋梁。祖克柏曾經表示，蓋茲在許多方面都影響了他，他也試圖效法蓋茲對微軟的嚴格管理方式來經營臉書。

在一九九〇年代，蓋茲有三年不吃肉，只為了證明自己可以。祖克柏也進行了類似的挑戰：二〇〇九年，他放棄經常穿的T恤和連帽運動衫，改穿襯衫和打領帶，那一年他每天上班都這樣穿。二〇一六年他宣誓要跑三百六十五英里——當年度每天要跑一英里。

蓋茲建議臉書聘請一位像布萊德．史密斯（Brad Smith）這樣的人，他是微軟長期以來的高階主管，在公司已將近三十年；史密斯在二〇〇二年成為微軟的總顧問，二〇二一年以後擔任總裁兼任副董事長。他和藹可親，並且對於建立關係長袖善舞，微軟在經歷了令人挫折的反壟斷審判之後，史密斯對於擴展微軟在華盛頓的影響力，扮演了重要的角色。[28]

「誰是我們的布萊德．史密斯？」這位臉書前員工回憶道，企業內部一直在討論這個問題。最後，在二〇一八年十月，臉書決定聘請英國前副首相尼克・克萊格（Nick Clegg）為全球事務暨通訊部門副總裁。克萊格在劍橋分析公司醜聞案的風浪中上任，最後成為這家公司資料隱私方面的代言人，目前是全球事務總裁。

二〇一八年四月當祖克柏前往國會作證，回答國會議員關於不實資訊，以及外部公司使用未經臉書授權的個人資料問題時，場景很像蓋茲的反托拉斯聽證會。不過蓋茲當時採取高姿態的口氣，拒絕任何一點讓步，祖克柏則是非常願意和解，態度恭順，不時向國會議員道歉，並宣示他願意做出改變。

許多科技產業的主管及分析師都說，**蓋茲在國會上的表現，成為後來科技巨頭創辦人和執行長「絕不可為」的範例**。除了祖克柏之外，谷歌及其母公司字母控股、亞馬遜和蘋果等公司的高階主管，近年來都數度被傳訊到國會，即使他們提供給國會議員的資訊不多，但始終保持著有禮、謙遜的態度。

二〇二〇年夏天，祖克柏、貝佐斯、提姆・庫克和桑德爾・皮采在眾議院司法委員會（House Judiciary Committee）面前作證，討論科技公司是否擁有過大的權力。當國會議員對主管們提出任何濫用優勢或右翼[10]偏見的指控時，他們每一位都端正坐好，沒有人懶洋洋癱坐在椅子上，他們的臉上不露情緒。貝佐斯對國會議員的許多回應，都是以「恕我直言」為開頭。而無論聽證會有多麼激烈，或是這些主管們的回答多麼閃爍其詞，絕對不至於有人像蓋茲一樣爭辯「if」這個字詞的意義。

根據研究過或從事這些議題的人表示，有政治經驗的人士，以及目前任職於Meta和字母控股等公司的微軟前主管，都充分告知了科技公司的主管們，什麼事不能做、什麼話不能說，即使國會議員提出的問題沒有技術常識也一樣。

在二〇二〇年，當司法部控告谷歌時，員工們也被勸告，不要留下討論商業策略的紙本紀錄，否則可能成為呈堂證供，也不要提到反托拉斯事宜，尤其不可使用「壓垮競爭對手」這類字眼。[29]當時蓋茲寫給微軟員工們的電子郵件，提到對於新興網際網路公司的競爭性質，就成為司法部控告該公司的部分證據。

微軟也以其他方式影響了年輕一代的科技公司。一九九八年謝爾蓋·布林和賴瑞·佩吉在史丹佛的學生宿舍共同創辦了谷歌，一種「我們不像微軟」的情緒帶動著他們早期的經營方式。根據歷史學家歐瑪拉所言，這家年輕公司的企業口號「不作惡」（do no evil）非常有意識的反對微軟。他們尋求建立以開源軟體以及資訊自由流通為主的產品，而不像微軟是索取授權費用。

谷歌在早年甚至聘請公關人員私下向記者詆毀微軟。科技巨擘以更親切、更溫和的形象示人，以及他們的主管堅持公司的初心是使世界成為更好、更緊密連結的地方，而不是利益極大化，這些都是對微軟一心只想保護自己地盤的資本家惡霸行為的直接反擊。

---

10 右翼的支持者一般會採取各種保守的政治立場，並且傾向於維護現有社會秩序及社會階層。

二十一世紀的前十年，監管機構將一群新興的科技公司，像是谷歌、臉書、蘋果和亞馬遜，視為科技創新的下一個階段。許多新產品與服務使用便利而且免費，正在改變人們的生活和習慣。人們不太擔心這些公司會大到值得政府審查；相反的，立法者的態度是，「我們能做些什麼，幫助這個新產業繁榮？」歐瑪拉說道。

不過就如同微軟在十五年間，從無名小卒迅速成長為科技霸主，過去二十年間，許多科技公司似乎在反對情緒湧現、立法者開始四處探查前，就已經達到逃逸速度。人們在一段時間後才意識到，今天的科技產業幾乎充斥著近乎壟斷、或是雙占[11]的企業，一路走來，許多公司摧毀了工作和整個產業。字母控股公司的谷歌，控制了超過五分之四的搜尋引擎市場，而 Meta 透過大規模收購 Instagram 和 WhatsApp，長期以來都主導著社群媒體和訊息傳遞的市場。

蘋果公司控制了美國二分之一以上的智慧型手機市場，也是全球市場唯一的最大玩家，控制著整個 iPhone 生態系統，從硬體到軟體和應用程式，並從任何想在應用程式商店提供產品的程式開發商的利潤裡，抽取可觀的份額。亞馬遜公司重新定義了消費者零售業務，成為一家市值兆元的企業，它非常敏銳的專注於物流和削減成本，包括利用其買家主導地位的力量，壓榨供應商和剝削員工薪資，從而提高了利潤率。亞馬遜網路服務公司（Amazon Web Services）是為企業提供雲端運算服務的兩家巨頭之一——另一家則是微軟的 Azure。

這種企業優勢有一部分來自網路效應的自然發展——概念是，越多人使用某項事物，就會創造越多價值，因為其他人也想使用相同的平臺。印度裔科技作家歐姆・馬利克（Om Malik）在《紐約客》雜誌撰文指出，為什麼矽谷現在幾乎是「贏家通吃」（Winner-Take-All）。[30]

蓮花軟體創辦人米切爾・卡普爾在一九八〇年代與蓋茲的仇恨，有許多報導紀錄，他在二〇一三年說，他不認為祖克柏和佩吉與蓋茲和賈伯斯有什麼不同，「我認為在任何世代……這個產業的領導者都有非常複雜的混合動機，一部分很理想化，一部分很務實，也有一部分是黑武士達斯・維達（Darth Vader）[12]。」[31]主要的差異在於公司變得多強大。他說：「你做的事不只是影響五百萬個或一千萬個書呆子或電腦怪才，而是影響著每個人、每件事。」

≫

由於對外界批評和政府的審查非常敏感，幾家科技龍頭公司擴充了他們在華盛頓的遊

11 是一種寡占獨占形式，只有兩個競爭者存在於市場當中，或名目上存在多個競爭者，但實際上是兩個主要競爭對手統治了市場。

12 譯註：《星際大戰》（*Star Wars*）電影中想征服宇宙的反派角色。

說團隊[13]。一九九八年，也就是微軟面臨審判這一年，公司有六十一位說客，花費不到四百萬美元。根據追蹤美國政壇經費的非營利組織「公開祕密」（OpenSecrets）的資料顯示，由於意識到在華盛頓特區的存在若微不足道，將對訴訟結果不利，因此微軟在二〇〇〇年另外增聘了一百零七名說客。過去二十年，該公司每年平均聘請一百一十一位說客；二〇二三年，微軟的遊說花費為一千零五十萬美元。[32]

安迪．賈西（Andy Jassy）自二〇二一年開始擔任亞馬遜執行長，他很重視並經常拜訪華盛頓特區的國會議員及其他政府官員，該公司的遊說支出從二〇一二年的兩百五十萬美元，增加到二〇二二年的兩千一百四十萬美元。[33]同樣的，Meta的遊說經費也穩定增加，從二〇一六年劍橋分析公司醜聞爆發那一年的八百七十萬美元，到二〇二二年大約增加為一千九百二十萬美元。依據字母控股涉足的市場細分，截至二〇二三年第一季為止，該公司最大的遊說支出是與谷歌及其網路業務有關。

前總統喬．拜登（Joe Biden）在白宮的第一個任期，任命對「科技巨頭」（Big Tech）最嚴厲的批評者之一的琳娜．汗（Lina Khan）為反壟斷的首席執法者，藉此表明監管科技產業是他的優先任務。琳娜．汗是聯邦交易委員會有史以來最年輕的主席，二〇一七年她發表了一篇具影響力的論文〈亞馬遜的反托拉斯悖論〉（*Amazon's Antitrust Paradox*），在學術圈和政策圈一舉成名，這篇論文提出，反托拉斯法採行數十年的主流框架，也就是只談消費者損害，這個概念是不夠的，並將其與鍍金年代的信託相提並論。二〇二一年拜登同時也任命吳修銘（Tim Wu）為總統特別助理，負責競爭和科技政策，吳修銘花了將近兩年的時間協助白宮設法更有力的運用反托拉斯法。

吳修銘是哥倫比亞大學法學教授，他將鍍金年代從洛克斐勒及強盜大亨同夥所建立的信託、微軟的侵略性收購或扼殺競爭對手的商業策略，再到二十一世紀的科技巨頭，畫出一條貫穿的直線。吳修銘在二〇一八年底寫道：「科技產業基本上只由幾家大型信託組成：谷歌是網路搜尋和相關產業，臉書是社群媒體，亞馬遜則負責線上商務。雖然競爭者仍然在旁邊等候著，但隨著一天過一天，他們的地位越來越邊緣化。」[34]

二〇二三年秋天，美國聯邦交易委員會和十七個州控告亞馬遜透過手段壓制對手，使之無法在亞馬遜以外的平臺提供低價，以及亞馬遜只推銷自家的產品，形成「非法維持壟斷勢力」，有損消費者權益。亞馬遜否認了這項控訴。同時，司法部控告谷歌阻絕競爭對手以維持自己在搜尋和廣告方面的優勢，在三年後的二〇二三年，谷歌進入審判，這是繼微軟之後第一家大型科技公司的審判案。這些公司照例宣稱他們的活動並非反競爭，並借用蓋茲在微軟受審時提出的相同論點：科技產業的進入門檻非常低，很容易失去競爭優勢。

二〇二四年三月，美國司法部為一場類似微軟的反壟斷風暴奠定基礎，對蘋果提起訴訟，指控其在智慧型手機市場維持非法壟斷地位。司法部助理部長約翰森·坎特（Johnathan

13 又稱院外集團或政治遊說，是嘗試影響立法人員或立法機構成員的政治決定或行為。

Kanter）在訴訟聲明中表示，司法部當年成功對抗「另一個平臺壟斷者」（指的是微軟）促進了手機市場的成長。然而，如今蘋果，這個智慧型手機革命的最大受益者之一，卻被司法部指控本質上採取了類似的行為，以保護其 iPhone 生態系統。

二〇二四年初，當微軟與蘋果公司角逐全球最有價值公司的頭銜時，本身也正重新接受審查，它的市值曾經短暫突破三兆美元。微軟在反托拉斯審判之後，蓋茲從他的職務下臺，被打垮而傷痕累累的微軟步伐踉蹌，找不到立足點，並在爭奪消費者網際網路的競賽中落後。二〇一四年，印度出生的薩蒂亞．納德拉（Satya Nadella）接管微軟，推動公司朝向 Windows 以外的方向發展。

他致力於讓微軟成為辦公室生產力工具的領導供應商，並為企業打造雲端軟體 Azure。他也開始改變企業內部文化；微軟曾經完全以個人成功為驅力，納德拉則更鼓勵包括企業內和企業外的團隊合作，它成為矽谷企業的盟友，而不再是蓋茲帶領之下的美國西北部暴君。舉例來說，微軟與威睿（VMware）建立關係，這家公司過去是微軟的軟體勁敵。微軟與矽谷深耕關係，也意味著獲得最大的意外收穫：持有人工智慧研究實驗室 OpenAI 的大筆股份——儘管這也可能面臨監管審查。琳娜．汗表示，由於科技龍頭都急於定義及搶占這個市場，因此她的辦公室將密切關注人工智慧的新興領域。[35]

聯邦交易委員會與向來採取強硬反壟斷立場的歐盟，曾阻止微軟收購電玩遊戲巨擘動視暴雪（Activision Blizzard），然而這筆七百五十億美元的交易仍然在二〇二三年五月完成了，部分原因是電玩遊戲市場規模很小。

在二〇一九年受訪時，蓋茲沉思著當時科技創辦人和公司的處境，並從他自己的經驗中找出相似性，這些特性直到今天依然存在。「隨著個人電腦和網際網路的發展，科技一旦變得重要，人們的看法絕對會出現二元矛盾。在人們讚嘆『噢！天哪，好棒的東西』的同時，另一方面他們則看著我或這個產業的其他領導人，質疑『是什麼驅使他們這麼做？他們知道可能會有負面效應嗎？』我是這種二元矛盾的原型代表。從某些角度來看，我非常受歡迎，但另一些方面，我則非常——你知道的，人們擔憂微軟在做什麼。現在發生的事更為主流，大家的擔憂是合理的，而且現在影響到更多生活領域。」[36]

第四章

個人形象的轉折：投入慈善事業

今天，世人對蓋茲的印象已經煥然一新，壟斷者的稜角因為慈善家的光環而柔和。

二〇〇八年二月二十一日，蓋茲站在位於匹茲堡市的卡內基美隆大學大禮堂，準備對七百名學生發表演說。兩年前（二〇〇六年），他宣布打算卸下微軟董事長的日常職務，轉而全職投入慈善事業。現在，再過幾個月就可以實現了。

在歡聲雷動的掌聲和手機相機的閃光平息後，蓋茲開始演講。他長篇大論談到軟體、創新、創業家精神和慈善事業這些他重視的主題，以及他對於科技將以各種方式繼續改變生活和社會的願景。接著他談到 3D 技術的潛力，以及語音辨識軟體還有多少路要走。

然後，利用一項簡單但引人注意的統計數據，他解釋了為什麼需要開始投入慈善事業：因為瘧疾的研究經費只有研究禿髮治療的一〇％。「市場會依循經濟信號，指向需要解決的問題。」蓋茲向專注的聽眾說明，他在舞臺上走動著，解釋原因的時候大比手勢。他說，基於尋求利潤的天性，公司會把資金投入在追求需求最大的產品和解決方案上。由於經濟階梯頂端大約有二十億人不喜歡禿頭，他們願意花錢尋找治療方法，因此企業界將會把資源用來扭轉禿頭問題。但同時，全球人口底層的二十億人卻在受苦，因為他們沒有途徑取得瘧疾的研究經費，造成大量孩子死於這項因為蚊蟲叮咬、但其實容易預防的疾病。[1]

這是全世界越來越熟悉的蓋茲化身：**這位億萬富翁慈善家解釋了，一個市場既可以辜負人，也可以透過慈善資金的煉金術，轉變為服務人們**。蓋茲透過事實、數字和他在解釋慈善事業時所展現的怪才光芒，令臺下的年輕聽眾為之讚嘆，他們主要是電腦科學及工程系學生。

卡內基美隆大學是全球頂尖的研究機構之一，成立於一九〇〇年，當時稱為卡內基技術學校（Carnegie Technical Schools），由鍍金年代的鋼鐵大亨慈善家安德魯・卡內基捐助一百萬美元所成立。一九六七年它與匹茲堡另一個富裕的美隆家族所資助的科學研究中心合併，成為卡內基美隆大學。而在當天，蓋茲的聽眾深深被他的演說吸引，最後提問時都圍繞著慈善事業，而非科技。

這和四年前蓋茲造訪校園時截然不同，當時他只是順道和學生討論電腦科學。二〇〇四年，蓋茲已經非常公開專注慈善事業，那一年比爾與梅琳達・蓋茲基金會捐贈了兩千萬美元，在卡內基美隆大學成立新的科學中心，稱為蓋茲中心（Gates Center）。這棟建築物的外觀充滿未來感，外牆採用鋅材質，花了五年建造完成，供大學部電腦科學課程使用。不過那一次蓋茲還沒有自己的光環，如果真的要說，他依然和微軟有分不開的關係。在對談最後和學生問答時，出現了一點爭執，因為很多學生質疑微軟及其企業策略，以及為什麼微軟要擊垮矽谷的公司。

「他在同樣的地方演講，但是第一次演講時比爾・蓋茲不是慈善家，」賈里德・柯宏（Jared Cohon）回憶，當時他以卡內基美隆大學校長的身分向聽眾介紹蓋茲。「多數學生都視他為邪惡帝國的皇帝。」然而到了二〇〇八年，蓋茲的形象徹底轉型為慈善家。而為了紀念他的第二職涯，也是第二次在此演講，柯宏帶了一份獨特的謝禮上臺：一張卡內基在卡內基鋼鐵辦公室使用過的辦公椅——卡內基對於慈善事業的著作，深深影響了蓋茲的想法。除了這張樸素的木椅，還附上一張卡內基坐在辦公桌前的黑白照片。

「我們認為將您這位二十一世紀最偉大的慈善家，與二十世紀最偉大的慈善家連結在一起，是很適合的，」柯宏在贈送椅子時向蓋茲說。蓋茲通常不接受禮物，這是難得顯露開心的一次。「印象中比爾對此非常高興，」柯宏說，二〇一三年他從校長職務退休，退休後繼續在卡內基美隆大學擔任教授。柯宏說：「他不太會表達情感。」

慈善或偽善？

一九九九年，蓋茲管理著他共同創立並經營了大半生的公司，即將進入第二十五個年頭，他的精力逐漸消磨。與政府的抗爭已超過一年，而每支射向他的箭都有傷他的士氣。記者、評論家和微軟的競爭對手們，運用越來越嚴苛的形容詞抨擊蓋茲。說他傲慢、侵略成性、輕蔑、憤恨、氣憤、出言不遜、高高在上、任性、自以為是、好鬥、迴避、極愛挑釁、專制、霸道、在科技產業不可一世，還有強盜大亨。

前一年，他在微軟反托拉斯審判上為期三天的證詞極為失敗。假如蓋茲精疲力盡，微軟就絕望了。公司的高階主管們都對政府的攻勢手足無措，公司面對的是史上最嚴峻的公關危機，卻不知道如何反擊。

在與媒體交手方面，微軟並非新手。潘・愛德斯壯（Pam Edstrom）在一九八四年加入微軟擔任第一任公關總監時，她以蓋茲的個性作為素材，然後將他塑造成一位試圖改變世界的書呆子天才，以他為公司起源故事的中心。[2] 在某些情形，美化微軟老闆，意味著實質的美化，包括梳整他的頭髮以及擦亮他的眼鏡。

然而隨著微軟在電腦產業的影響力提升，其公關策略轉向於為新產品造勢。這通常是分配「獨家新聞」以及安排媒體接觸蓋茲，一般會邀請一小群記者聽取簡報，他們可以直接向蓋茲提問。安排參訪微軟園區、甚至參觀蓋茲家族的家，讓主流媒體保持參與。微軟也曾經安排夜宿的假期，稱為「睡衣派對」，邀請記者到蓋茲在華盛頓胡德運河（Hood Canal）風景區的莊園度假。微軟的媒體團隊也會聯絡科技主題的出版品，這些刊物記者都是領先的「影響者」，透過提早測試新版軟體，營造出一種興奮感。

蓋茲本人對於利用媒體推銷微軟產品雖然並不熱衷，但卻是個精明的使用者。他知道公開亮相以及企業報導，是招募頂尖人才的重要工具。他定期監看媒體對微軟的報導；當他研讀業務狀況的月報時，會仔細閱讀媒體對公司產品的評論，包括個別的軟體如 Excel 試算表，從頭到尾不放過每一個字。倘若某位記者沒有抓到重點，負責的公關人員就會遭到蓋茲的批判。然而由於蓋茲將溝通僅視為商業工具的一環，因此鮮少把自己作為故事的一部分來推銷。

許多一九九〇年代的記者回憶起，蓋茲在與他們交談時感到不耐煩，幾乎不加掩飾。

有時，他會高高在上或冷嘲熱諷，一名記者回憶起在記者會上，一位媒體同業問蓋茲為什麼平板電視會大行其道，「因為它們很酷。」蓋茲冷淡回答。還有一次，在反托拉斯審訊期間，一名記者問蓋茲，起步中的慈善活動是否為公關計畫。「假如是，我寧可找更符合成本效益的方式來做。」蓋茲厲聲回擊。

蓋茲並非不知道自己的缺點。一九九七年八月蘋果的 Macworld 展示會在波士頓舉辦，當史蒂夫・賈伯斯闊步走在臺上，以強而有力、清晰而且富有魅力的演說，帶動聽眾情緒高漲，蓋茲則是坐在數千里外，位於西雅圖的微軟攝影棚裡看著他的勁敵。

因為蘋果併購了 NeXT[1]，賈伯斯重返蘋果擔任臨時執行長，並即將宣布蘋果和微軟的合作案。蓋茲拒絕前往波士頓與賈伯斯一同上臺，而是準備透過衛星連線發表簡短談話。**當他觀看著賈伯斯向觀眾說話，其姿態靈活自在——恰到好處的停頓、演說中穿插著幽默，完全像是劇場表演——蓋茲充滿了羨慕和嫉妒**。他轉頭問一位同事：「他是怎麼辦到的？」一名聽到對話的人士回憶。

賈伯斯為蘋果公司所做的，蓋茲永遠無法為微軟達成。然而他出席各地的大型科技會議，發表專題演講，例如消費電子展（Consumer Electronics Show）。一位與蓋茲工作密切的微軟前主管表示，他可以為了推銷微軟的品牌而忍受針對他的個人問題；或者他認為出席有助於銷售「產品」時，蓋茲會忍耐接受。

愛德斯壯當時已經合夥創立了自己的公關公司，她對蓋茲的媒體表現所提的意見，是少數受到蓋茲尊重的，某種程度上是因為她直言不諱。一位微軟溝通部門的前員工回憶，愛德斯壯曾經分享過一封她寄給蓋茲的電子郵件，內容是關於蓋茲搞砸的一次採訪，愛德斯壯給蓋茲的回饋很具體，她在採訪紀錄上標註了評語，例如：「這就是你讓記者失去興趣的地方，」這名前員工說：「沒有縱容或粉飾。」

然而，即使是愛德斯壯和微軟龐大的內部公關團隊，都不能說服蓋茲相信，在面對媒體質問反托拉斯審判時，他那易怒及輕蔑的態度，只會加劇案情。一九九四年，當政府開始大力調查微軟的行為，蓋茲在電視上接受訪問，當CBS新聞主播宗毓華（Connie Chung）逼問此事，他一怒之下離開了現場——雖然前一刻他才展現自己確實可以跳過一張椅子，這片段一如大家所知[2]。

微軟沒有立即進行反擊，相反的，接近蓋茲的核心人士包括他的直屬部屬、顧問和公關人員，都順從了他的意願，開始展開公關策略，以駁斥政府的立場，並且發起活動以道理來論證案情，而不是反駁媒體對這位微軟領導人塑造的形象。

»

1 賈伯斯於一九八五年被蘋果辭退後，成立的軟體公司。
2 比爾．蓋茲有一段軼事，可以直接跳過半人高的辦公椅。

從一九九五年以來的五年之間，蓋茲從被視為傑出的企業家和創新者，轉變成被描繪為無情的企業家。在這位電腦怪才走向明星地位的過程中，人們也許已經愛上他，但是他們憎恨這位強硬的企業家，他一直想要徹底剷除競爭對手。貪婪的媒體對這個故事樂此不疲。一九九八年當這位微軟共同創辦人出現在一集《辛普森家庭》（*The Simpsons*）動畫中，他告訴荷馬・辛普森（Homer Simpson，動畫中的虛構角色）打算買下他的公司，即使他根本不知道這家公司在做什麼。當時蓋茲的流行文化負面知名度已經達到頂點。

同年，演員提姆・羅賓斯（Tim Robbins）在動作驚悚片《奪命連線》（*Antitrust*）主演了類似蓋茲的角色，故事是關於一名年輕的程式設計師和威嚇他的老闆，一名億萬富翁創辦人。雖然這部電影飽受批評，票房奇慘，但蓋茲被指控的惡行成為好萊塢電影的素材，這件事實也顯示出審判的戰場已經滲透到更廣大的世界。軟體天王已經在輿論意見的法庭上，迅雷不及掩耳、難堪而令人高興的被罷黜了。

最後，絕望的微軟公關團隊決定向媒體發動閃電攻勢，意圖挽回蓋茲的名聲。公司聘請了馬克・佩恩（Mark Penn）這位長期政治戰略家，他曾經是柯林頓總統的助理。佩恩擅長做民調以及運用政治策略判斷民意，他專門操作負面廣告，藉此散布大眾對於特定目標的疑慮。

然而根據一名知情人士透露，最初的民調顯示，蓋茲的公眾聲譽比司法部官員和媒體都要好。他說，在人們心中，蓋茲是「最終極的霍瑞修・愛爾傑故事[3]」，就如同亨利・福特能夠開發出普及世界的產品一樣——因此當仁不讓成為全球首富。「在大眾眼中，強盜大亨的說法有點誇張了。」這名人士補充。

民調也發現，人們對於微軟創辦人或他的家人、他的慈善捐款，或是他對美國創新的想法，知之甚少。捨棄操作負面廣告，佩恩和他的團隊反而將焦點集中在他們認為的蓋茲正面特質上。**他們鎖定從三方面建立蓋茲的大眾形象：家庭、慈善和創新。**

當時，蓋茲是三個孩子的父親，也從事更多慈善工作，另外依據他對電腦運算及網路未來的預測，他被視為是有科技遠見的人。蓋茲一開始並不參與，然而這位民調兼新聞導向專家以唯一能打動他的方式讓他明白：他訴諸智慧，並提出了基於數據的理性論點。佩恩耐心向蓋茲解釋，人們不是根據事實，而是根據他的行為評判他。直到他與他的民調團隊讓蓋茲看見公眾情緒變化的資料圖表後，蓋茲才理解他的行為已經造成反微軟情結。

一名參與這些溝通過程的人士表示，蓋茲「不在乎他的形象」，這件事直到那一刻才改變。「他和許多人一樣。直到華府的監管單位找上門，都還在做自己的生意，一點也不關心外面的世界。」一旦蓋茲理解和媒體互動基本上就像一局競賽，可以根據表現而得分，而且資料也反應出這套論點，他的好勝天性就發揮了。蓋茲會參加數小時的媒體訓練課，學習如何回應記者提出的棘手問題。不是直接回答他們的問題，他練習說出希望記者記下

3　強調人定勝天的故事類型。

來的話。因為在意被描繪成「非人性」，他曾經詢問公關成員，能不能使他變得「更有人情味」。

一九九八年二月五日蓋茲在布魯塞爾，準備前往歐盟與監管者討論微軟，在途中有兩個人對著他砸派，美國報社的攝影師花了數千美元，取得這張蓋茲一臉驚訝抹去臉上及眼鏡上奶油的照片。

三天之後，蓋茲有個一日行程前往矽谷，他在那裡說自己「謙卑並尊重」。[3]他接受芭芭拉・華特斯（Barbara Walters）的電視訪問，對著年幼的女兒柔聲吟唱著「一閃一閃亮晶晶」。他出現在一則高爾夫俱樂部的廣告中。他在《查理・羅斯訪談錄》（*Charlie Rose*）節目中表示懺悔。微軟在全國的報紙刊登文章，由幾位高階主管主筆，捍衛創新的必要性。蓋茲本人則拍攝一系列的廣告，呼籲「自由創新」。

二〇〇〇年，當政府催促微軟公司拆分成兩個部分時，蓋茲出現在幾個微軟電視廣告中，其中包括著名的「藍色毛衣」廣告。在這段簡短的廣告中，蓋茲穿著此後成為標誌的V領毛衣，談論著這家軟體巨擘的產品。《紐約時報雜誌》形容這支廣告是對微軟和蓋茲媒體報導之「視覺上的解毒劑」。[4]

為了贏得更多形象分數，微軟的媒體團隊也開始強調蓋茲和梅琳達偶爾開始進行的慈善捐贈。在一九九四年，**蓋茲以破紀錄的三千零八十萬美元買下一本達文西（Leonardo da Vinci）的手抄本，這是他成為億萬富翁後第一筆購入物品之一**。蓋茲將這本七十二頁的手抄本稱為《萊斯特手稿》，內容包含了這位義大利文藝復興畫家暨科學家對水利科學的精細畫作以及深刻思考，包括潮汐及其與地球和月球的關係。自從蓋茲買下這本手稿後，手稿就一直在博物館巡迴展覽。當巡展到西雅圖藝術博物館時，微軟的公關同仁抓住機會安排蓋茲與學生問答，藉機告訴學生他對水利學的興趣。

然而，新聞媒體完全不買帳。藍色毛衣電視廣告引起媒體嘲諷的把他和羅傑斯先生（Mister Rogers）做比較，弗雷德・羅傑斯（Fred Rogers）是一位和藹可親、受人愛戴的電視節目主持人，以穿著顏色鮮艷的V領開襟毛衣著稱，他在兒童公共電視臺縱橫數十年。憤世嫉俗的評論家指稱，這很明顯的是想要洗刷這位億萬富翁的形象和聲譽。

專欄作家法蘭克・里奇（Frank Rich）在《紐約時報》直白撰文：「身為強硬的企業大亨，他至少對自己的傲慢很誠實，」理奇寫道。「現在他正演變為另一個虛偽的全職演員，參與這場已經成為美國公共生活一部分的感性公關秀。如果這就是轉移聯邦調查所需要的，那麼他必須把自己變身為可愛的角色，要受到全民愛戴。」[5]

作家肯・奧萊塔在他所寫、關於微軟反托拉斯審判的書中提到，公司與司法部和解之後，蓋茲的慈善活動顯得「更明顯引人注目」。[6] 奧萊塔寫道，隔年，「比爾・蓋茲成為美國在世最慷慨的慈善家。」當蓋茲基金會捐贈一億美元成立兒童疫苗基金會，他說：「蓋茲基金會……過去就有許多大方的捐贈，而這次的捐贈之所以不尋常，在於它非常公開。」

蓋茲確實獲得許多正面報導，科技記者史蒂芬・列維（Steven Levy）在一九九九年八月號《新聞週刊》（*Newsweek*）雜誌形容蓋茲是個「只想享受樂趣」的家居男人。[7]正如蓋茲對列維所說的：「當一個人成功時，人們會做簡單推論，所以出現很多神話，人們喜歡這些小故事。沒錯，我很激動、我精力充沛、我想要了解我們的市場定位。可是接著就變了，我成為超級競爭者，這有點非人性，看了報導，我說：『我不認識這傢伙。』」

我們可以拯救世界

二〇〇〇年初，蓋茲宣布卸任微軟執行長，但仍然擔任董事長，直到二〇一四年才終於卸下董事長一職。微軟為他創造了「軟體架構長」（chief software architect）這個職務，好讓蓋茲密切接觸軟體發展業務，不過當公司試圖重塑公眾形象之際，也突然除去他監督公司營運的身分。

儘管微軟在軟體產業有主導地位，但是反托拉斯審判，以及把焦點放在蓋茲的公開行為上，已經對微軟形成莫大的挑戰，很可能使公司流失客戶和員工，而更難吸引新的人才。意識到自己必須擺脫這些事，蓋茲告訴媒體他要把「百分之百」的時間專注在軟體開發上，這是他最喜歡的事；他也會花時間從事慈善工作。

一名微軟前員工回憶，他曾經詢問這位億萬富翁的某個密友，蓋茲為什麼決定卸任？

「比爾覺得他好像站在非常狹小的頂峰上，只有一條路，就是往下走。」這位密友回答。他轉而成為慈善家，再度引發與洛克斐勒之間的比較，洛克斐勒投入大量慈善捐款，部分原因是為了改變他成為強硬、貪婪壟斷者的名聲。

蓋茲一直都有投入慈善事務，他在一個鼓勵慈善捐獻的家庭長大。在結婚前夕，他的母親瑪麗．蓋茲曾寫了一封信給他的未婚妻梅琳達，提到他們夫妻有義務運用巨大的財產做更偉大的事，結尾寫道：「受惠多者，責任亦重。」（From those to whom much is given, much is expected.）然而，時機還未到，蓋茲當時並不認同，而**近年來他坦言，是圍繞著微軟審判的負面消息，催促他走向慈善工作**。[8]

蓋茲從一九九〇年代初期，也就是他成為億萬富翁的幾年後，以傳統的捐款開始慈善生涯。他最早的捐獻之一是在一九九一年，那時候他捐贈了一千兩百萬美元給華盛頓大學，用來成立新的分子生物科學系。當時這是個人對西雅圖這間大學的單一最大捐款。作為捐款的一部分，這間大學設立了威廉蓋茲三世生物醫學講座教席。

蓋茲也捐款給史丹佛大學和聯合勸募協會，後者是與他母親關係密切的非營利組織。一九九五年，在他與梅琳達結婚一年後，夫妻兩人以蓋茲剛過世母親的名義，捐出一千萬美元給華盛頓大學，蓋茲的母親對於他的慈善理念影響巨大。在前一年，他已經捐出九千四百萬美元成立威廉蓋茲基金會（William H. Gates Foundation），並說服他的父親老威廉．亨利．蓋茲負責監督基金會事務。

逝世於二○二○年的老蓋茲長期擔任社區領袖，是退休律師，他在自家地下室管理基金會的活動。該基金會最初專注於西北太平洋地區的社區發展，以及醫療相關的志業，它也資助美國學校的課程。

三年後，蓋茲聘僱了微軟主管派蒂・史東西弗（Patty Stonesifer）成立第二個基金會，主要協助全國圖書館的網路連線。那個時候，許多美國圖書館，尤其位於小社區內的圖書館，依然沒有網路可用。史東西弗監督一項計畫，旨在為全國圖書館提供硬體、軟體和培訓課程。選擇資助圖書館，部分因素是為了向卡內基致敬。卡內基提供資金在全國設立了超過兩千五百個圖書館的綿密網絡，而他的回饋理念形塑了蓋茲的想法。

但是，他的慈善工作在未來幾年依然是臨時性的。這對前夫妻也捐獻了兩千萬美元給梅琳達的母校杜克大學，他們捐獻給西雅圖公共圖書館，以及該城市的劇院。蓋茲也不時有其他捐贈，包括捐出兩百萬美元援助難民健康，以及捐贈五千萬美元給西雅圖的全球衛生組織PATH（Program for Appropriate Technology in Health），幫助癌症研究。

比爾與梅琳達・蓋茲基金會在世紀之交成立，在他合併了兩個獨立的慈善事業後，他將當時妻子的名字加進基金會名稱。該基金會最初透過微軟股票的轉讓，獲得大約兩百二十億美元的贈與，這意味著基金會每年必須捐贈出數億美元，以符合美國有關非營利組織的法律規定。

一如蓋茲處理新課題或挑戰時的習慣，他以打造微軟時同樣的熱情埋首於慈善事業上，他不停的閱讀，學習開發中國家錯綜複雜的疾病、貧窮和健康醫療。他與該領域的領導者見面，尋求專家的見解。他整天不斷的向基金會裡的一小群職員發送電子郵件，他飛到紐約和聯合國領導人見面，也尋求與其他基金會或企業合作，不斷學習他們的運作方式。對於全球首富及商界傳奇人物來說，大門很容易就打開了，人們排隊迎接他，對於他的興趣和資金表示歡迎。

崔弗・尼爾森（Trevor Neilson）在二〇〇〇年加入蓋茲基金會擔任第一位發言人時，其中一項任務是在基金會和微軟之間築一道防火牆，確保這個新成立的組織建立起與公司分離的身分。同時，微軟必須在反托拉斯審判後，重新制定溝通策略，以確保企業的公告不會與基金會相關新聞牴觸。尼爾森曾經是柯林頓白宮的幕僚，後來回到家鄉西雅圖與該市的公立學校系統進行合作。

尼爾森嘗試以蓋茲為中心塑造基金會的形象，採納蓋茲慈善理念的基本要素——即他依據指標來確定捐款需求，以及他希望成為參與夥伴而非被動捐款者——並將此融入基金會的宣傳中。

「我必須逆向組織比爾・蓋茲談論的主題，創造以基金會為主軸的訊息和故事，」尼爾森說。雖然他在幾年後離開了基金會，並將他在蓋茲基金會的資歷轉換成慈善顧問事業，但尼爾森說蓋茲從來沒有特別要求他去潤飾個人的公眾形象。「所有的這一切，都是根據平等和公正、對於是非對錯的深刻理解。」

在蓋茲開始新事業不久，讚譽就紛紛湧入。二〇〇一年，蓋茲獲頒卡內基慈善獎章，以表彰他對慈善事業的付出。**四年後，蓋茲、梅琳達和搖滾巨星波諾被《時代》雜誌封為年度風雲人物，讚揚他們對於改善全球貧窮的貢獻**。蓋茲第一次遇到波諾是二〇〇二年在達沃斯的世界經濟論壇上，當時這位U2樂團的主唱已經是出名的活動家，透過一個稱為「債務、愛滋、貿易、非洲」（簡稱DATA）的聯盟，致力於改善非洲居民的財務健康，而他的傳奇樂團已經贏得超過十座葛萊美獎。但是蓋茲這位新科慈善家，正逐漸發現微軟以外的世界，過去他從來沒有聽過這位歌手或他的樂團。後來，DATA和另一項由波諾主導的活動合併成一個組織，稱為ONE，其資金來自蓋茲基金會，並由其中一名主管領導。

蓋茲與波諾聯合的慈善工作，也使兩人擦出友誼的火花。二〇〇五年五月U2樂團在西雅圖舉辦演唱會，波諾和這位億萬富翁住在一起，蓋茲與「兩萬名尖叫的粉絲」一起參加了U2的演唱會。[9] 然而，儘管他們已有多年的友誼，蓋茲在二〇二二年承認，他對於波諾的成長背景知之甚少，直到讀了這位歌手的回憶錄《降服》（*Surrender*，暫譯）。

二〇〇五年，蓋茲也與前紐約市長魯迪・朱利安尼和史蒂芬・史匹柏同時獲得白金漢宮頒發的榮譽爵士勳章。翌年夏天，蓋茲因為在非洲休假，自公司成立以來首度缺席微軟的股東年會。[10] 他在微軟的全職角色刻意縮減中，而他也正順利轉向慈善事業。到了二〇〇八年，這個十年前被標籤為貪婪的資本主義者，正在達沃斯呼籲全球領袖實踐「仁慈的資本主義」。[11]

今天，世人對蓋茲的印象已經煥然一新，壟斷者的稜角因為慈善家的光環而柔和。他的制服是長褲和毛衣，搭配一件有領的襯衫，展現出一般人的穿搭。雖然他有兩架灣流（Gulfstream）噴射機，但蓋茲並沒有顯露出他的財富。

他的頭髮變得更灰白，但依然略顯蓬亂，現在的他皮膚較黝黑、不是蒼白，但眼鏡依然是實用性多於時尚性。他的慈善事業形象塑造永無窮盡，這個意象正圍繞著一位億萬富翁而建立：他向一位奈及利亞農民學習穀物生產；在印度為嬰兒施打小兒痲痺疫苗；在臺上，他搖晃著椅子、咬著眼鏡，深思著美國學校的數學教育問題；在野外，他穿著卡其褲和格子襯衫，專心聽著社區活動家的想法。

他也和梅琳達坐在鋪在泥地上的彩色地毯上，雙膝交疊，與一名抱著嬰兒的婦女深入交談。他與國家元首握手。在為非洲募款的網球慈善賽之前，接受羅傑．費德勒（Roger Federer）的「集訓」。他在 Instagram 貼文中，與大衛．貝克漢（David Beckham）一起玩手指偶足球，兩人討論著解決瘧疾問題的挑戰。與他所敬仰的捷克裔加拿大科學家瓦茲拉夫．史密爾（Vaclav Smil）就成長議題進行爐邊對談，從細菌到嬰兒，以及從經濟到帝國的種種成長。他催促企業和政府認真看待氣候變遷。

蓋茲的明星光環、財富和影響力都如此強大，他已經成為廣受歡迎的發言人，議題涉及全球衛生及發展、疫苗、病毒、傳染病、衛生、教育改革、氣候變遷、慈善事業，當然少不了科技，包括人工智慧的新興領域。

他擅長消化並解釋複雜的議題，曾經選修麻省理工學院的固態物理學線上課程，甚至還寫了作業，並且他具有展望的能力，也可以繪製未來的發展藍圖，這使他在科學家、政治家等各種身分間流動。[12]

蓋茲在公開場合顯得像個教授，但與他私下互動過的人說，他經常處於學生模式，尊重學者的專業知識，不斷學習並回應新資訊。偶爾，他會扮演卡珊德拉（Cassandra）[4]的角色，就像二〇一五年那樣，當時他似乎預測到冠狀病毒大流行，他提出這類事件的可能性，以及它對人類的威脅。

為了強調更大的觀點，蓋茲不介意採取驚人之舉。二〇〇九年的TED大會上，蓋茲在臺上打開一個裝滿蚊子的罐子，強調這種昆蟲在貧窮的熱帶國家殺死了許多人，因為牠們身上有寄生蟲，會造成瘧疾。（這些蚊子是從加州大學柏克萊分校的實驗室運來的，並在一位基金會員工旅館的房間待了一晚，然後才上臺表演。）

蓋茲向臺下焦慮不安的觀眾再三保證，這批蚊子沒有傳染病。二〇一八年在北京一個關於設計新廁所的博覽會上，他帶了一罐密封的人類糞便上臺，這個噱頭旨在吸引人們對於露天便溺問題的關注。那一年，他的基金會策劃了一個競賽，徵求有創意的廁所設計。優勝者可獲得四千兩百萬美元的獎金。

他的形象演變，也許可以視為這些活動自然而然的副產品，事實不然。這是來自於蓋茲基金會和蓋茲創投（Gates Ventures）一小群溝通專家長年努力的成果，蓋茲創投是這位億萬富翁的個人投資及形象管理公司，這些專家受聘塑造蓋茲的公眾形象，提高他的聲譽，以利推動基金會的目標，並且擦亮他的個人品牌。

根據幾位知情人士透露，**微軟這位共同創辦人的公眾形象**，從一位無所不知而專橫的科技巨頭老闆，變身為最認真研究世界的學生，同時也是深思熟慮的慈善實踐家，這過程**大部分是經過設計的**。蓋茲並不是那種每天一起床就想著如何面對公眾的人，倘若必須對聽眾演講，他會比較專注在演練他的談話要點。需要旅行的時候，他也許忙著思考書包裡要帶些什麼，需要發送哪些電子郵件。在蓋茲基金會開會前，他會列出想知道的問題，或是提出簡報文件上的邏輯漏洞。

然而，蓋茲工作圈裡的人，包括現任和前任的顧問、基金會職員以及公關人員都表示，比起以前在微軟，這位億萬富翁作為慈善家後，更能接受塑造和管理媒體前的形象，以及投射某些特質以維繫個人品牌的重要性，他已經學到形象管理的沉重教訓。

和他共事過的人說，蓋茲需要經過大量的指導和訓練，才能適應擔任基金會代表人物的角色。**根據當時的內部文件顯示，他們的任務是「將比爾的個人形象從富有的科技專家，**

4 譯註：希臘女神，有預言能力的先知。

轉變為鼓舞人心的全球領袖。」他們進行了排練、預演和模擬問答等。

基金會的職員必須提醒他，假如有人問了他覺得愚昧的問題，不可以表現出輕蔑，回答問題時要採取概括的手法，而不是以他本能的技術風格來回答。他也看到了實際的回報：他越是積極經營形象，基金會的工作就獲得更多正面的評價。

「他喜歡這個形象轉變以及明確的讚譽，」一名基金會前資深職員說。「與名人及各國元首肩並肩，受到世界各地如國王般的歡迎，人們迫切想聽他的意見。他喜歡放手一搏後的影響力。」這位前職員形容，這個基金會和它的使命正是蓋茲「我們可以拯救世界」的想法，當美伊戰事拉長以及二〇〇八年發生嚴重的金融危機，全世界精疲力竭之際，這個想法獲得了共鳴。

媒體大部分都接受了新的蓋茲。新聞報導不厭其煩的描繪他變身為全球衛生、疾病、教育及氣候變遷方面的公共知識分子。《華爾街日報》（*The Wall Street Journal*）在二〇〇五年刊登了一篇關於蓋茲「思考週」的報導。[13] 他在微軟任職時就有類似的旅程，但是對這段生活窺探的報導，更加具體化他才智非凡的形象。

科技專欄作家大衛．波格（David Pogue）表示自己面對的「一個比爾．蓋茲是殘酷的商人，野心勃勃的想主宰全世界；另一個比爾．蓋茲則是有同情心的科學家，他的目標是拯救數以百萬人的生命，兩者有明顯的矛盾。」[14] 二〇一九年網飛播出紀錄片《蓋茲之道：疑難解法》（*Inside Bill's Brain: Decoding Bill Gates*），一共有三集，把蓋茲的大腦當成國寶看待，將這位億萬富翁的兒時事跡與慈善事業並列描述。紀錄片的導演是戴維斯・古根漢（Davis Guggenheim），他也是《不願面對的真相》（*An Inconvenient Truth*）以及《等待超人》（*Waiting for Superman*）兩部紀錄片的導演。蓋茲這部紀錄片評價兩極，有些人覺得很勵志，也有些人不屑一顧，認為它太過美化主角。

打造「比爾品牌」

有人稱諾貝爾和平獎為金獎。多年來，在蓋茲創投工作的一小群人有一個非正式目標，就是把他們的老闆推舉到諾貝爾和平獎的名單。蓋茲和梅琳達已經獲得多項公共服務的獎項，包括像是印度等國家的最高榮譽，因此把目標放在這個頂尖獎項並非強求。根據一位知悉內情的人士透露，定期推薦蓋茲競逐諾貝爾獎項，是該組織「首要並核心」的目標，不過另一名人士則說，在他任職期間未聽過任何明確的策略對話。

他們會進行公開且持續的對話，討論如何美化蓋茲所謂的品牌，以吸引諾貝爾獎委員會的青睞，並討論團隊如何適時利用全球衛生里程碑的時刻，例如小兒麻痺可能被根除，或是瘧疾研究有了突破，由於基金會在其中扮演了重要角色，這些時機可以為他的候選資格進行媒體造勢。

贏得諾貝爾獎項無疑也是蓋茲基金會的一項目標，不過根據基金會一名前資深員工表示，這個目標更像一種閒聊和渴望，而不是寫成什麼「十步驟計畫」。許多人認為，這個獎項是他們所從事工作的一種肯定；尤其當基金會突然開始在全球醫療和發展上扮演超級角色，再加上二○○六年巴菲特決定捐贈數十億美元之後，這個念頭更為增強。

為了讓更多億萬富翁加入慈善行列，蓋茲和巴菲特在二○一○年發起「捐贈誓言」，把蓋茲舉到更高的地位，這個活動在金融危機後發起，突顯了國家日益嚴重的經濟不平等。「所有的一切，都是為了那個目標，」前資深員工說，他指的是贏得諾貝爾獎，「這就是為什麼我們在媒體和公關上採取這樣的定位，歸根究柢——基金會的成立是為了拯救世界，每一個生命都有同樣的價值，而比爾就是領軍人物。」

為了諾貝爾和平獎而進行的非官方操作，也許就是蓋茲與傑佛瑞．艾普斯坦在二○一三年見過一面的原因之一。在二○一一到二○一四年之間，蓋茲基金會為了小兒麻痺相關的撥款活動進行了高曝光度的宣傳。根除小兒麻痺一直是蓋茲最優先的任務之一，他的基金會與領軍這項使命的非營利組織國際扶輪社（Rotary International）合作，基金會的職員希望這項努力能夠為他們贏得這項榮譽。

艾普斯坦建立了廣泛的有力人士人脈網，他告訴一名基金會前員工，他可以幫忙這位慈善家以根除小兒麻痺的成就拿到獎項。二○一三年三月下旬，歐洲人權組織「歐洲理事會」（Council of Europe）祕書長兼挪威諾貝爾委員會（Norwegian Nobel Prize Committee）

主席托比約恩・賈格蘭德（Thorbjørn Jagland），在法國史特拉斯堡（Strasbourg）的官邸為蓋茲舉辦了一場晚宴。賈格蘭德表示，會面是蓋茲主動要求的，意圖了解更多關於《歐洲藥典》（European Pharmacopoeia）的資訊。歐洲藥典委員會是隸屬於歐洲理事會的機構，負責監管歐洲市售藥品的品質控制。

對賈格蘭德而言，這位慈善家對理事會的事務感到興趣，這似乎合乎情理，而據他了解，蓋茲並無其他會面理由。曾經擔任挪威首相的賈格蘭德表示，當年並沒有任何人提名蓋茲或蓋茲基金會角逐諾貝爾和平獎，而他以為是這位億萬富翁帶了艾普斯坦來參加晚宴。

賈格蘭德說：「我不知道他為何帶艾普斯坦來，我事先並未被告知。」在問到這場會面時，基金會發言人艾利克斯・蕾德（Alex Reid）表示，蓋茲並未帶艾普斯坦參加與賈格蘭德的會面，「如果艾普斯坦當時在場，他並非由比爾邀請，也沒有與比爾一起抵達。」

此外，參加這場晚宴的還包括位於紐約的國際和平研究所（International Peace Institute，簡稱ＩＰＩ）的官員。這是一個獨立機構，偶爾與聯合國一起合作，當時的主席泰耶・勒厄德・拉森（Terje Rød-Larsen）曾經與艾普斯坦有多次互動。勒厄德・拉森是一位有影響力的挪威籍外交官，在《奧斯陸協議》（*Oslo Accords*）[5]的談判中曾經扮演核心的角色。儘管他未出席二〇一三年的晚宴，但七年後，他被揭發收受艾普斯坦的賄賂以支

5　一九九三年八月二十日，以色列總理拉賓（Yitzhak Rabin）和巴勒斯坦解放組織主席阿拉法特（Yasser Arafat），在挪威首都奧斯陸祕密會面後，由美國促成的和平協議。

持他的工作，而辭去了和平研究所的職務。[15]

高知名度的個人，例如名人、商界及政界領袖，以及那些經常公開亮相的億萬富翁，通常會聘請公關公司或職員來處理媒體的詢問。蓋茲創投公司最引人注目之處就是，對於塑造及維持創辦人的公眾形象，以及他的形象演變，非常的有條理，並有複雜詳細的計畫。

這家公司成立時是個稱為 bgC3 LLC 的單位，這個拗口的名稱是蓋茲的助理匆忙之間取的，包含了蓋茲姓名的首字母、數字3是參照他的正式名字威廉・蓋茲三世，還有C這個字母，來自於「催化劑」（Catalyst）一字，**代表了蓋茲的信念：慈善事業是改變的催化劑**。

到了今天，公司的營運更為專業，辦公室位於華盛頓科克蘭市（Kirkland）一棟建築物的頂樓；冰冷的大理石、灰色調和鋼材的室內設計，加入了一些奇特的點綴——在大廳區有一張元素週期表的擺設——反映出創辦人對科學的興趣。[16] 該公司大約有一百名員工，其中有二十多名全職員工，負責不斷塑造、監控及改善蓋茲的媒體光環，並且把各種角色裡的正面部分整合成一致、有關聯的品牌，這些角色包括企業家、科技專家、慈善家，以及家人身分，或如一位前員工所形容的「可愛的書呆子慈善家」。

其他關鍵要素還包括，將蓋茲塑造成社會弊病問題的實際解決者，同時也是有策略的慈善家，由於他的全心投入，因此制定出新的嚴謹標準。這些全是精心策劃活動的一部分，目的是建立整個蓋茲帝國的「品牌忠誠度」，並且「善用」社群媒體管道，創造蓋茲品牌的正面特質。圍繞著蓋茲特別關心的議題，他們也設計活動鼓勵參與和積極行動，並突顯出他的一些習慣，這些習慣與更廣泛的故事情節相契合，這對於推廣他的品牌是必要的。

現在，大家都知道這位慈善家是大量閱讀和思考的人，**蓋茲總是隨身帶著一個書包，裡面裝著正在閱讀的書，保全人員帶著這些書，與他保持一定的距離。**一名曾經在蓋茲圈子的人回想起和他討論過氣象學，這位億萬富翁試圖了解這一學科，以協助基金會在非洲的農業工作；後來他偶然瞥見蓋茲的書包裡有三本氣象主題的書。

據悉，蓋茲也會在跑步機上邊走邊閱讀，至少花上幾個小時來研究像天體物理學這樣的主題。**他每個星期都會把《經濟學人》（*The Economist*）雜誌從頭讀到尾**，具體的細節可能不會流傳到外界，但是他的這項習慣對於媒體顧問來說是很有價值的素材。

蓋茲對於科技和科學的深刻見解，以及他與生俱來勾勒未來的能力，也被刻意用來推銷他為先知和預言家，擁有博學的腦袋。當蓋茲談到人工智慧是科技的下一個大躍進時，他的媒體顧問想要宣傳這些。「我處理的所有問題，都需要相關人士大量的參與，無論是科學家、政府、或該領域的傑出人士。」二〇一九年蓋茲告訴《華爾街日報》，反映著他的高知名度。[17]

「除非你能與廣泛的觀眾溝通，改變他們的認知，否則不會成功。」根據與他打過交道的人說，對蓋茲來說，在公開場合與人互動這件事已經沒有那麼不自在，但也沒有變得比較輕鬆。然而數十年來主流媒體敘述他笨拙、有時候像機器人，沒有辦法輕鬆與觀眾交流，這個敘事仍然沒有消退，而他的團隊正在不斷努力反駁這個故事情節。

社群媒體的興起給了蓋茲直接和粉絲溝通的管道。在二〇一〇年，蓋茲成立了部落格GatesNotes，延續了他從前一年度開始每年寫一封信給基金會的傳統。蓋茲是在巴菲特的鼓勵之下開始寫信的。巴菲特自己給波克夏股東的年度信函，已經成為投資者的一大享受，非常受到歡迎。

GatesNotes是個比較隨興的平臺，當中有他的想法、推薦書單，以及關於工作和想法的新訊息，貼文以平易近人、有趣的風格寫作，經常帶點幽默感。蓋茲創投的員工會委託民調公司，在公關界這種市調通常稱為「情感分析」（sentiment analysis），用來衡量人們想從GatesNotes聽到蓋茲分享些什麼。羅伯．古斯（Robert Guth）是部落格的作者之一，他曾經是《華爾街日報》的記者，離開報社為蓋茲工作。

一位曾經參與這些策略的人士表示，GatesNotes部落格的成立是為了「立體化」蓋茲，讓讀者更了解他的個性，也讓他的形象更全面。蓋茲在二〇二二年八月貼了一則關於Wordle這個流行的字謎遊戲的解謎訣竅，不過最後他表示，他還是比較喜歡Nerdle，這個遊戲要求玩家猜數字解算式，而不是文字。

一般來說，部落格的作者之一會編寫一則文章寄給蓋茲，他會抽空閱讀——有時候在飛行途中，有時候在閱讀書籍之間——然後他會下註解，再寄回給作者。他經常在GatesNotes推薦閱讀書單，影響力十足，二〇一六年《紐約時報》因此封蓋茲為「億萬富翁書評家」。[18] 蓋茲甚至成立了Podcast以及影音頻道，稱為《比爾．蓋茲來解惑》

（*Unconfuse Me with Bill Gates*），在節目中邀請專業的來賓幫助他更加了解某項主題。在二〇二三年八月，他邀請了奎斯特拉夫（Questlove）這位音樂家兼企業家，討論食物的未來；過去還邀請過喜劇演員賽斯・羅根（Seth Rogen）和蘿倫・米勒（Lauren Miller），討論幽默對提升阿茲海默症這類疾病的意識上，所扮演的角色。

蓋茲也是網路討論社群 Reddit 上的明星，人們會在這個平臺討論任何事，從股票、新聞到運動。他已經參加過 Reddit「有問必答」（Ask Me Anything）活動至少十次，Reddit 的使用者會在線上向他們感興趣的個人或名人提問。這個稱為 AMA 的活動讓一般粉絲有機會接觸億萬富翁，若非這個活動，不可能有這樣的接觸機會。蓋茲回答過關於他用什麼手機（一支三星折疊機 Samsung Galaxy Fold 3）、他最喜歡的零食是什麼（他不太吃零食，因為假如手邊有零食，他就會忍不住吃光）、他有沒有自己做過花生醬三明治（他有時會煮番茄湯，不過不喜歡三明治），以及他喝啤酒嗎（不，只有在看棒球比賽時喝淡啤酒來「融入氣氛」）等各式各樣的問題。還有問他對氣候變遷的看法，以及他是否閱讀哲學。這就像是數位版的國王與子民對話。

這種持續改善形象的節奏，幫助蓋茲在媒體前保持著真誠、好奇、俏皮、認真和親切的表現。在演講和文章裡，他以堅定不移、近乎孩童般的信心和樂觀，結合了科學事實和數據來溝通。這是一種很獨特的「這是我今天學到的，讓我與你分享」的風格。

他是一位非常有社會良知、熱心公益的億萬富翁，是一位長者，會評論他最喜歡的書，也會裝扮成聖誕精靈為朋友寄書。他出現在精心剪輯的 YouTube 影片中，例如他向二〇一九年西雅圖年度教師學習如何用烤箱製作烤雞的影片；二〇二一年巴菲特九十歲生日，蓋茲的團隊拍攝了一支他為朋友製作 Oreo 餅乾蛋糕的影片。

這類呆萌的個人內容足以令他成為平凡人（但卻是明星）、平易近人（但僅限於社群媒體），以及像老爺爺般（無懈可擊）。在二〇二二年，他在 Instagram 現身，脖子上圍了節慶圍巾，向世界各地的免費圖書館，送出他當年最喜愛的五本書。有些簡直無厘頭的影片是由蓋茲的媒體團隊製作，目的是「使他更有人情味」，一位成員表示，雖然團隊裡有些人不確定這麼做是否有效。

某些時候他也在訪談中展現父親魅力，聊到三個孩子對於他仍然使用電子郵件作為主要溝通工具，以及對於他如此專注於大螢幕感到氣餒。他得提醒自己查看 Instagram 和 WhatsApp，因為每個孩子偏好使用不同的溝通平臺。大女兒珍妮佛在二〇二二年結婚，二〇二三年生下第一個孩子，他的社群媒體首頁就發布了一張抱著第一個孫子的照片。

在二〇二二年的年度信，他提到當他敲打著「明年我要當祖父了」這些字時，有多麼「感動」——人們很難把這兩個字和蓋茲聯想在一起。[19] 不久後，蓋茲在 Instagram 的動態現身，由他的團隊拍攝，他正在翻看一疊虛擬的兒童書名，包括：《給寶寶的機器人學》、《給寶寶的氣候變遷》、還有《給寶寶的大流行病學》。這篇動態的標題是：決定第一本讀給我孫女的書。最後，他選了繪本作家理察・斯凱瑞（Richard Scarry）的《我是小兔子》（*I am a Bunny*），帶著微笑看著觀眾。記者西奧多・施萊弗（Theodore Schleifer）在二〇二一年評論蓋茲在離婚後遭遇負面報導對其形象的影響時表示，這位慈善家的「軟實力」很大程度上來自於他「看似無懈可擊的形象」。[20]

蓋茲的政治理念和傾向很少對外展現。一部分是因為他是透過科技和科學角度來看待問題，也因為他必須被視為超然於政治，這一點對於基金會的工作而言很重要。在訪談中，蓋茲描述自己為不參與政黨的中立者，部分原因是政治會傷害他的慈善事業。

他偶爾會在家鄉華盛頓州政治捐獻。一九九三年，他公開反對限制州政府支出的提案，與教師和醫療保健官員同一陣線，並為活動捐出八萬美元。當他對有爭議或政治化的議題表態時，他的用字遣詞通常非常謹慎，只會偶爾使用X（之前稱為推特）這個數位公共論壇宣傳他的觀點。

他曾經表達支持提高富人的邊際稅率[6]，而過低的資本利得稅率[7]並不適當。他針對川

6每增加一單位所得所適用的稅率，又稱為級距稅率。
7「購入該資產的成本」和「從出售獲得的金額」之間的差價所需支付的稅率。

普政府對新冠疫情的反應發表看法；在美國最高法院裁定羅訴韋德案（Roe v. Wade）並推翻憲法賦予的墮胎權之前，蓋茲指出這將對國家造成毀滅性的影響，並補充表明他支持婦女有權決定自己的醫療健康。

根據英國市調及數據分析公司YouGov的民調，從二〇一四到二〇一九年，蓋茲每一年都獲選為「世上最欽佩的人」，二〇二〇年和二〇二一年則被歐巴馬取代。截至二〇二三年第一季，在YouGov的公眾人物榜上，蓋茲與拜登總統齊名，在知名度量表上他僅次於拜登總統。

「蓋茲之所以有吸引力，是因為他做過的事，而不是他的個性。」從一九八〇年代就認識蓋茲的埃絲特·戴森說。二〇二一年疫情期間針對億萬富翁的一項調查，五五%的美國人告訴新聞網站VoX，他們對蓋茲有正面評價。這個結果遠超過其他被認為受歡迎並且大眾很有印象的億萬富翁，包括馬斯克、貝佐斯和祖克柏。蓋茲的形象完全轉型為樂觀、親民的億萬富翁。

雙面神的統治

每一年，蓋茲和梅琳達都會和蓋茲基金會的主管們召開多次會議，以審核計畫和預算，並且檢討各項策略。其中一個重頭戲就是年度策略檢討會議，兩位共同主席會聆聽員工的簡報，了解某項專案的成效如何，以及是否需要調整以增加成功機會。

對許多人來說，這個會議可能是與蓋茲及梅琳達直接互動並留下深刻印象的唯一機會。但是員工們對於在這些會議上展現成績以確保預算，也深感壓力。有幾位參加過策略審查會議的前資深主管回憶，會議的前幾天，辦公室的氣氛幾乎像嘉年華會，但卻瀰漫著恐懼。員工們瘋狂的忙著準備簡報，仔細檢討自己的工作，並做好準備面對蓋茲可能的質詢。

與會者說，會議本身就蔚為奇觀；其中一人形容這些會議「近乎滑稽」。會議通常在一個大房間舉行，座位安排有固定的型式，高階的與會者通常被稱為「主要人物」，坐在一張桌子旁，其他出席者則是「非主要人物」，坐在靠牆的椅子上，會議的進行遵循嚴格的禮儀。

一位參加過多次會議的前高階主管說，這感覺很像國王在召開朝廷會議，蓋茲彷彿是路易十四（Louis XIV），而員工們則是在凡爾賽宮（Versailles）對他鞠躬哈腰的臣子，希望獲得統治者的青睞。另一位回憶，當主管們被叫去向這對前夫妻報告，強調著他們的團隊在這一年完成什麼事，如何嚴謹的堅持基金會的策略和重點時，大家會仔細觀察蓋茲的表情。一點點的微笑或點頭，可能表示他贊成；面無表情則可能代表他不認同。

蓋茲和梅琳達會仔細聆聽簡報，通常最後才提問。當會議一結束，員工回到自己的辦公室座位，他們接下來好幾天都會剖析蓋茲的問題和表情，假如結論是他們已經讓老闆留下印象，通常會慶祝一番，第三位前與會者敘述道；對他來說，許多員工比起成功拿到撥款，更激勵他們的反而是蓋茲的稱讚，有時候他們甚至認為蓋茲沒有責難，就是肯定。

「有時候，主管和團隊成員在解讀蓋茲想要的是什麼時，會來回討論好幾個小時，」他敘述：「我覺得我們花在向上管理的時間，比花在努力滿足人們需求的時間還多。」在這裡，批評不受重視，因為「個人利害關係重大，沒有人敢冒險提不同的意見」。

在成立二十多年後，基金會的內部文化仍然敬畏當道，數百名員工都小心翼翼的以蓋茲為中心——對於梅琳達的敬畏程度則少一些——他們害怕提出異議，熱衷於照他的吩咐行事。假如有什麼不同的話，那就是隨著層層疊疊的官僚體制和流程增加，這種敬畏的文化已經僵化了。十多年前離職的員工和那些近兩年離職員工所形容的基金會，差異並不大。

一名最近離職的員工觀察道，基金會員工分成三類：一類是對蓋茲鞠躬聽命的顧問；一類是對他充滿敬畏、有抱負的年輕人；一類則是認為蓋茲專制又高高在上，最終離開的懷疑者。自從蓋茲夫婦離婚後，一位為基金會提供媒體策略建議的人士說，現在有兩個權力中心——蓋茲和梅琳達——而員工在兩者之間越來越感到左右為難。

這對前夫妻給彼此兩年的時間適應，若最終無法共事，梅琳達會離開基金會。二〇二四年五月，她切斷與基金會的關係，表示希望在慈善領域開闢自己的道路。

蓋茲在與一小群高階主管召開策略會議時，很容易變得跋扈，他不徵求其他人的意見，就針對一項議題長篇大論。他也可能諸多挑剔，比方說，員工給他的文件裡少了引述某項統計數據的來源。政府、公司和大型機構的領導人，都會僱用一大群員工，要他們照著老闆的喜好來辦事，這並不令人意外，例如，三明治上不能放番茄、簡報文件要有兩倍行距、晚上八點以後不許打電話。

「蓋茲和梅琳達並不是特例，他們被服侍的情形也一樣，」一名與基金會合作過的外部公關專家表示：「許多客戶都受到皇室般的對待。就像《繼承之戰》（*Succession*）所演的。」他說。他指的是HBO的熱門影集，關於一位富於心計的媒體大亨與子女的故事。「人們拿著剪報忙碌奔走，這些人確實非常忙碌。你會被分配到一個會議地點，所以在進去之前必須知道你的會議主題。」

》》

蓋茲給人的恐懼感，是基於下列事實：他經營著一手打造的組織，不需要對外部股東或其他關係人交待；他的才華與名氣令許多人感到敬畏；以及他那種傲慢的行為，蓋茲微軟時期的同事可能覺得懷念，但對為他工作的人來說，卻感到害怕。

那些曾經在微軟和基金會都待過的人指出，蓋茲的行為沒有太多改變，不過在微軟的競爭文化中，這種行為比較能被接受；而基金會的人大多來自國際發展和學術界，他們的文化比較溫和與融洽。蓋茲的公眾形象與私人性格之間的反差，導致許多基金會的員工私下評論，**蓋茲對外是一個全球政治家，但內心則是一位絕對的君王**。

「他是全世界最讓我害怕提建議或做報告的對象，因為他可以快速看完一頁，然後回覆你，『你在第九頁的註腳所說的，和第二十八頁的註腳不一致』。」一名基金會前員工說。這種隱隱的恐懼一直存在於基金會裡，擔心萬一老闆寫了封電子郵件詢問關於撥款的申請，或者指出你在專業領域上的疏忽。假如蓋茲發了一封信要求完成某件事，接下來員工之間可能會有高達一百封郵件忙亂的傳來傳去——先把他從收件者移除——試圖理解他的意思、動機，以及應該如何執行。

「對他來說理所當然的結論，對我們則需要來回討論才能理解。」另一名員工說道，他覺得大家提心吊膽忙碌著很可笑。因為蓋茲對數字的偏好，沒有足夠的數據支持資金使用，蓋茲通常不會核准這個計畫，這造成員工的難題，在一名前主管看來，也會因此降低做慈善的雄心壯志。

關於如何與基金會的共同主席應對，尤其是蓋茲，並沒有指南可以參考。那些比較了解蓋茲的人說，這位億萬富翁尊重那些準備充分的人，討厭有人浪費他的時間。假如有人在會議上重複他已經看過的文件資訊，就會招致蓋茲的怒氣。不過，大家也都知道蓋茲尊重能夠據理主張好論點的人。如今的他比較溫和，而最近與他互動過的人說，包括梅琳達和巴菲特都插手了此事，讓他明白強勢的領導人也可以很親切。儘管如此，許多人仍然對蓋茲的作風耿耿於懷，而這終究與一個人的容忍度有關。

有些人不以為意，有些人試圖辯贏蓋茲，或者無法忍受他；而也有些人嘴上不說，卻暗自憤憤不平。對於那些在事業顛峰時期加入基金會的人來說，尤其具有挑戰性，因為他們是基於專業而受聘——而蓋茲似乎對他們的專業不屑一顧，並且很喜歡在專業知識上贏過別人。

在會議上，他時常不停追問為什麼某個建議是最佳解決方案，以致資深主管感到沮喪。一名前高階主管將他的方法與蘇格拉底（Socrates）的討論方式做比較，法學院的教授們經常使用蘇格拉底方法，透過對話促使學生推理。不過教授們擅長以發人深省的方式提問，而蓋茲的表達能力並不熟練，結果與他對話可能成為不愉快的經驗，這名前員工表示：「這就好像使用蘇格拉底的方式……但對方是一名獨裁者。」

第五章

當巴菲特遇上比爾·蓋茲

這兩位億萬富翁因為暢快的對話，以及對橋牌、商業與慈善事業的共同熱愛，而建立了深厚的友誼。

比爾．蓋茲隨興穿著淡黃色毛衣和休閒褲，告訴歡呼的群眾，他年輕時曾經當過送報生，知道怎麼樣丟報紙。然而當他拿起一份三十六頁的《奧馬哈世界先鋒報》（*Omaha World-Herald*）開始摺報紙時，馬上就轉變心意了。放在旁邊已經摺好的那份報紙，看起來比較容易。

「這公平嗎？」蓋茲問旁觀者。他瞄準一間樣品屋的門廊為目標，這間樣品屋設置在奧馬哈的紀聯中心（CenturyLink Center），當時是二〇一四年五月的第一個週末，這座巨型中心裡的籃球場被改造成展場，陳列波克夏旗下數十間公司的商品。這個進行中的大型集會就是有名的波克夏股東年會，蓋茲與他的好友巴菲特，也就是這間巨型企業集團的總裁兼執行長，正緩步穿梭於一大群波克夏股東之間，其中包括數十位來自中國的股東。

蓋茲希望報紙能落在三十五英尺外樣品屋前所標記的靶心上。然而，報紙向右方飛去，掉在門廊外面。「那要被客訴了。」一名波克夏媒體集團的代表說，該媒體集團就是奧馬哈報業的經營者，巴菲特在二〇一二年買下奧馬哈報業。

「沒有階梯會比較容易，」蓋茲抱怨：「他們應該製造沒有階梯的房子。」

巴菲特自稱小時候送過五十萬份報紙，但他的表現同樣不佳。他丟擲了幾份報紙，都落在靶心外。這兩個人繼續走著，擺好姿勢與熱切的股東們合照、握手，並在展示中的波克夏企業帝國漫步。

一段難以置信的友誼

他們的友誼非比尋常。巴菲特隨和又外向，絕不錯過任何開玩笑的機會。他喜歡把格言掛在嘴上，樂於將複雜的投資原理拆解成一則一則簡單的道理，讓任何人都能理解。當遇見新朋友，巴菲特打從心底好奇對方的背景，他會提出問題，皺著眉頭專心傾聽對方的回答。他很容易與人閒聊，但是討厭衝突。

比他年輕二十五歲的蓋茲，公眾形象截然不同。**本書所訪問每一位與蓋茲互動過的人——無論是在聚會、辦公室、小組活動，或是訪談——都說他或許很有魅力、很投入，不過閒聊和幽默並非他的專長**。他不會馬上對眼前的人產生興趣，然而如果你問他問題，他可以侃侃而談好幾分鐘。在他身上找不到禮貌，記者肯‧奧萊塔喜歡引述某次他造訪蓋茲辦公室的故事。深入交談之後，蓋茲伸手從迷你冰箱拿了一罐健怡可樂（Diet Coke），但他沒想到要幫奧萊塔拿一罐。

一位與巴菲特和蓋茲相處過的人士，把蓋茲與查理‧蒙格（Charles Munger）進行比較，蒙格是波克夏已過世的副總裁，也是巴菲特最親密的商業夥伴。「華倫可以和你在同一個層次對話，可是比爾比較像查理，」此人說：「假如你跟不上他的程度，他可能不屑一顧。」多年來，蒙格一直被波克夏的股東譽為「可愛的怪人」，他有自己的狂熱追隨者，眾所周知他無法容忍愚人。

巴菲特和蓋茲在一九九一年夏天結為好友，當時蓋茲的母親瑪麗・蓋茲在胡德運河安排了一場美國獨立紀念日的週末聚會，介紹他們認識。蓋茲家族長期以來都會在這個風景優美的戶外地點度假，這裡距離西雅圖車程約兩小時，有天然的水道和健行步道。巴菲特是蓋茲家族的友人梅格・葛林菲爾德（Meg Greenfield）的客人，葛林菲爾德當時是《華盛頓郵報》的社論編輯，波克夏那時候有投資郵報。巴菲特和郵報發行人凱瑟琳・葛蘭姆（Katharine Graham）也很熟，她是蓋茲家族另一位友人。[1]

瑪麗說服兒子抽點時間來拜訪。蓋茲原本只打算停留幾個小時，他是搭直升機來的。當他的母親想把他介紹給巴菲特時，他回答不想認識「股票經紀人」。然而，這兩個人立刻一拍即合。[2]巴菲特穿了一件紅色的馬球衫和深色長褲，安坐在一張有圖案的沙發上，他的左腳撐著咖啡桌，而蓋茲則是網球穿搭——短褲加上白色運動衫，白襪拉到小腿肚，頭髮蓬亂——見面之後他們一連聊了十一個小時。[3]蓋茲對於巴菲特向他提出關於軟體事業的深入問題感到驚訝，並發現自己對這位和藹可親的中西部億萬富翁很有好感。他們彼此都覺得對方看世界的觀點「很有趣」。其他客人不得不將他們分開。有一次，蓋茲在內布拉斯加大學林肯分校（University of Nebraska-Lincoln）向學生講述這個故事時，他稱之為「難以置信的友誼」，巴菲特打趣說：「這個故事的教訓就是要聽媽媽的話。」

儘管年紀、背景和生活方式不相同，**這兩位億萬富翁卻因為暢快的對話，以及對橋牌、**

商業、問題解決以及慈善事業的共同熱愛，而建立了深厚的友誼。他們會找各種可能的藉口聚在一起。每年好幾次，蓋茲會搭乘私人飛機前往奧馬哈，在這裡中途停留，和這位朋友會面幾小時，再前往其他地點，而巴菲特有時候會開車到機場接他。

蓋茲的行程非常緊湊，他的會議都安排在五分鐘或十分鐘以內，但他會在行事曆預留時間，和行程較彈性的巴菲特一起在線上打橋牌。有人形容巴菲特很欣賞蓋茲，把他視為自己智慧的傳承者；有的人卻覺得是蓋茲「單方面的」想得到巴菲特的讚賞。

巴菲特的生活比較沒有億萬富翁的樣子。二〇一五年他在回答一名記者自己有多少財富時說道：「除了在奧馬哈的房子，一九七〇年代我花了十七萬零五千美元在拉古那海灘（Laguna Beach）買了一間房子。全家人每年都會去住，直到老蘇珊（蘇珊・湯普森・巴菲特〔Susan Thompson Buffett〕，他的第一任妻子）去世；現在主要是小蘇珊（蘇珊・愛莉絲・巴菲特〔Susan Alice Buffett〕，他的女兒）和她的朋友在使用。去年我向 Forest River 公司（波克夏旗下的一間公司）買了一艘六萬美元的浮筒船，供家人在蘇珊位於奧科博吉湖（Lake Okoboji）的住所使用。我擁有 NetJets（另一家波克夏的公司）所經營的 Falcon 2000 飛機六・二五％的公司股票，我自己及家人是 NetJets 的客戶，已經超過二十年了。這些就是全部。」[4]

相較之下，蓋茲的生活型態更像傳統的億萬富翁，他有多間房子、飛機、昂貴的藝術品，以及一大群監管財產的個人員工。對蓋茲而言，他倆友誼的精髓，被美聯社（Associated

Press）攝影記者拍下的一張照片所捕捉，這張照片放在他的私人公司蓋茲創投的辦公室裡。巴菲特顯然正在說笑，而蓋茲笑得格外開心。蓋茲並不是會特別表現情感的人，他「大聲笑出來」的時刻，經常是對巴菲特的笑話有反應，發出愉快的鼻息和尖叫聲。

二〇〇四年蓋茲加入波克夏的董事會，巴菲特形容這是「友誼之舉」。[5]為此，蓋茲必須從 Icos 公司董事會下臺，這是除了微軟外他唯一擔任董事的公司，從一九九〇年起蓋茲就一直擔任該公司董事，在寫給 Icos 董事會的辭職信裡，他寫道自己的決定是因為「我想要以任何方式協助（巴菲特）提出的要求。」那個時候，蓋茲已經不是微軟的執行長，但依然是董事長。二〇二〇年三月，蓋茲宣布他將退出波克夏及微軟的董事會，專注於他的慈善事業。

在他們友誼中的表演成分，像是二〇一四年的丟報紙比賽，長期以來都讓波克夏的股東們很開心，他們從世界各地到奧馬哈朝聖，參加集團的股東年會。有一年，這對搭檔為波克夏的子公司冰雪皇后（Dairy Queen）分送霜淇淋給股東。有時候，他們會一起打乒乓球，或是開著高爾夫球車兜風。他們通常並肩而行，巴菲特穿著西裝，蓋茲穿著他的招牌毛衣，與股東們一起聊天。當與會者簇擁著巴菲特，要求自拍和簽名時，經常可以看到蓋茲站在旁邊，他雙手插放在腋下，樂於讓鎂光燈照在他朋友身上。

數十年來，巴菲特都會在波克夏股東年會週的週日，為一群波克夏的親友包括股東安排早午餐。聚會地點在 Happy Hollow Club，這是一間私人鄉村俱樂部，一九〇七年由一群奧馬哈商人開始經營。俱樂部裡有景觀花園、一座高爾夫球場、幾個網球場，並有著裝規定。在一九九〇年代，受邀者人數不多，大約六十人，這些年來人數大量增加，已經到達俱樂部四百人的容納上限，其中包括波克夏的股東和主管、子公司的領導者、董事成員，以及巴菲特的家人。賓客會在盤子堆滿煎蛋、鬆餅和培根，然後找張桌子坐下，和其他人互動，等待與巴菲特打招呼的機會。

有一年，經常參加活動的勞倫斯·康寧漢（Lawrence A. Cunningham）發現自己正與蓋茲面對面。二〇一六年，製藥大廠拜耳（Bayer）宣布有意以六百三十億美元買下孟山都（Monsanto）這間農業化學公司，這宗併購案已經引起財金和科技記者的注意。由於知道蓋茲對農業有興趣，因為這是蓋茲基金會的關注領域之一，於是康寧漢提起這筆交易。他看得出來蓋茲馬上就有興趣，開始討論農業設備和種子的優點，以及這些公司帶來的社會和經濟價值。

「他是個學究型的傢伙，不擅長閒聊，不過假如你能令他參與某項複雜的商業討論，他就會全心投入，」康寧漢說：「你也可以從他的公眾形象看出來，他是軟體專家，性格內向，寧可坐下來看書。華倫則是個表演者，他銷售過所有東西，包括以波克夏作為機構品牌這個概念。華倫是內向者的夢想，因為在他的光環之下會感到很安全。」

全球第二富豪捐款給第一富豪

紐約公共圖書館（New York Public Library）矗立在曼哈頓中城，是國家歷史地標，即使匆匆經過的上班族對它的雄偉已習以為常，但圖書館前的遊客依然在此流連、驚嘆不已。以美術學院派（Beaux-Arts）風格建造，有高聳的柱子以及粉紅色田納西大理石雕刻而成、具象徵性的獅子，這座圖書館於一九一一年對外開放。而二〇〇六年六月二十六日早上，一個平凡的紐約夏日，約三百位慈善機構的主管、記者和其他人士聚集在大理石裝飾的圖書館主廳內，比起建築物靜謐的宏偉與天花板上醒目的壁畫，他們更是被即將目睹的時刻所吸引。

在活動開始的前幾天，媒體已經在議論紛紛。蓋茲基金會職員寄出來的邀請函保密到家，只說巴菲特聯合蓋茲和梅琳達將發表聲明。在前一天，巴菲特的老朋友、記者凱洛．盧米思（Carol Loomis）在《財富》（*Fortune*）雜誌發表了一篇文章，她解釋了這位奧馬哈的億萬富翁打算怎麼運用他的巨額財富，而透露出一點端倪。現在，觀眾準備聽巴菲特親口說。上午十一點過後不久，從奧馬哈飛來出席記者會的巴菲特，穿著他最喜歡的西裝外套，直接切入重點。他決定捐出巨額的財產做慈善事業，當時估計有四百四十億美元，而其中大部分將捐贈給蓋茲基金會。

當時全球第二富有的人把錢捐給全球首富，委託他尋找合適的慈善項目進行捐贈，這是一項具有挑戰、艱鉅而且複雜的工作。他們選擇宣布消息的地點具有象徵意義，不容忽視。紐約公共圖書館長久以來一直是私人資金運用於公益的證明。它是由艾斯特、李諾克斯和提爾登基金會（Astor, Lenox and Tilden Foundations）捐獻起建。後來，十九世紀的鋼鐵大亨安德魯・卡內基又捐贈五百萬美元，在總館周圍建立了分館系統。如今，圖書館的旗艦大樓，是以私募股權巨頭黑石集團（Blackstone）的億萬富翁共同創辦人蘇世民命名，他在二〇〇八年向該機構捐贈了一億美元。

在他們宣布消息的前幾年，巴菲特給了他的年輕朋友一篇卡內基撰寫的〈財富的福音〉（*The Gospel of Wealth*），這篇文章最早是一八八九年在《北美評論》（*The North American Review*）刊出的兩篇文章之一，卡內基解釋了富人回饋社會的責任。在第一篇文章，卡內基從道德上為資本主義創造的財富進行了辯護，他主張在市場經濟之下，每一個人都可以過得更好。卡內基寫道，保有個人主義、私有財產、財富累積以及競爭的社會，才是「提升人類最佳利益的狀況，但這不可避免的使少數人擁有大量財富。」

換句話說，不平等的結果是資本主義法則下的自然產物，即使似乎對個人不公平，卻不得不接受，因為人類無力改變這件事，也因為這總比所有人都一樣貧窮來得好。在對資本主義提出辯護，並且把它和「文明」畫上等號之後，卡內基轉向討論當前的問題：如何妥善管理那些落入少數人手中的財富？

他主張，把財產留給孩子，就是「把錢是萬能的這項詛咒留給孩子」，因為這會毀了他們。而在死後才把財富留給大眾，只是一種處置財產的手段，對於財富創造者而言，並不算是積極的資金運用。**卡內基認為一個人死後留有大量財富是一種恥辱**。相反的，他寫道，有錢人有責任在有生之年回饋社會——不是透過納稅，不是減少賺錢，而是透過個人的慈善行為。富人在有生之年分散財富是「解決暫時性財富分配不均，以及調和貧富、實現和諧統治，真正的良方。」、「他們在有生之年有能力投入慈善事業，讓廣大的同胞從中獲得持久的利益，也因此使他們的生命有了尊嚴。」他警告，**隨意或不假思索的捐贈，就好比「施捨」**。施惠者應該把錢捐給那些願意自我努力的人，並且以能夠提升整體社會狀況的方式進行捐贈。

「這就是解決貧富問題的方式，」卡內基寫道：「累積財富的法則將保持自由；分配的法則也將保持自由。個人主義會繼續存在，而百萬富翁不過是窮人的受託者；他們受託在一段時間內管理社會上增加的大部分財富，為社會進行這樣的管理，比放任社會自行運作要好上太多。在人類的發展過程中，最聰明的頭腦會達到某個階段……考慮周到而認真的人，（財富）會流向他們……年復一年的運用於公眾利益上。」他的論點在當時引起轟動，因為這些主張被認為太激進，然而超過一世紀之後，〈財富的福音〉成為許多富人慈善捐贈的中心思想。卡內基身體力行他的理念，他不只捐款給紐約公共圖書館，並成立了像卡內基國際和平基金會（Carnegie Endowment for International Peace）這樣的智庫[1]，這是現代私人公益機構的最早典範之一。[6]

》

儘管巴菲特長期信奉卡內基的理念，但他對於親自監管財富支配興趣不大。他喜歡待在他自己所謂的「能力圈」內，認為一個人不應該因為擅長一件事，就假定自己擅長所有的事。

相反的，巴菲特原本希望把波克夏財產留給他的第一任妻子蘇珊，由她進行捐贈，蘇珊是墮胎權的倡導人士，負責管理他們的基金會，巴菲特預期蘇珊比他長壽。然而蘇珊被診斷出癌症，並在二〇〇四年七月突然中風過世，享年七十二歲。

在遭受突如其來的喪妻之痛後，巴菲特被迫重新審視他的慈善規畫。他的三個孩子——蘇珊（暱稱小蘇珊）、霍華德（Howard Homan Buffett）和彼得（Peter Andrew Buffett）——各自都有一個基金會，但這些組織當時才剛起步。他的已故妻子所管理的基金會原名為「巴菲特基金會」（Buffett Foundation），後來巴菲特為了紀念妻子，更名為「蘇珊·湯

1　對政治、商業或軍事政策進行調查、分析研究與研發策略，並致力於將學術研究與策略影響落實為政府政策的機構。

普森·巴菲特基金會」（Susan Thompson Buffett Foundation）；儘管這個基金會規模較大，但還未準備好處理他準備捐出的數十億美元資金。

同時，蓋茲在二〇〇〇年辭去微軟執行長的職務後，開始更加關注慈善事業的形成和結構。而巴菲特看到，他的這位朋友從頭所建構的事業，將會重塑全球的慈善局面。到了二〇〇五年，巴菲特在給波克夏股東的年度信中談到自己對死亡的思考，並表示他打算將自己持有的所有波克夏股份捐給慈善機構。對於這個難題，解決方案已經很明確——儘管根據當時目睹這件事的幾個人表示，巴菲特的決定很衝動。

一旦下定決心後，巴菲特便與蓋茲和梅琳達兩人進行了好幾次對談，討論他們的慈善工作，他們對基金會的意圖，還有他們是否有能力建立必要的基礎架構，以支持基金會捐出每年來自他餽贈的數十億資金。

直到他對他們的長期目標感到滿意，巴菲特才採取了這個意義重大的步驟。在這樣做的過程中，巴菲特將他的商業策略，轉而運用在慈善事業上：一如他根據經理人的特質為波克夏挑選事業和投資項目，巴菲特也挑選了蓋茲為他管理慈善事業。

「華倫一直以來所做的，就是找出誰最擅長做這、做那，然後讓他們去做，」波克夏股東、喬治華盛頓大學（George Washington University）的名譽教授康寧漢說。「對於慈善事業，他也是這麼做，」康寧漢形容巴菲特的立場是：「我對瘧疾一竅不通，也不打算去了解。」

那天早上在紐約公共圖書館，巴菲特揭曉了一項精密的捐贈計畫，這項計畫的核心，是他對波克夏股價持續攀升的信念。波克夏，這個由他一手打造的企業集團，也使他成為投資界的傳奇人物。

巴菲特並未選擇一次捐出全部財富，而是設計了一套公式，能夠隨著時間進展，捐出更多資金，直到他去世為止。他清晰、有條理的分享了計畫的運作機制。波克夏是一家股票上市公司，有A股和B股兩類股票[2]，巴菲特大部分的財富都集中在A股。（當時，一張波克夏A股相當於三十張B股股票，而在二〇一〇年股票分割後，一張A股已經相當於一千五百股B股股票。A股可以轉換成B股，但B股不能轉換成A股。）

巴菲特指定給蓋茲基金會一千萬股B股，而給四個家族基金會的B股數量較少。第一年，他會從指定給蓋茲基金會的股份中，捐贈五％。此後每一年，基金會將再獲得剩餘股票的五％。巴菲特解釋，他的賭注是，即使每年捐贈的波克夏股票會減少，但是隨著時間進展股票會升值，因此捐給基金會的現金價值每一年都會增加。

巴菲特是對的：二〇〇六年一張波克夏A股平均交易價格為九萬五千美元。到二〇二三年，一張A股的平均價格已經超過五十萬美元，幾乎是二〇二二年美國家庭淨資產中位

2 A股是波克夏公司原始股票，因金額較大，一般散戶不好入手，只能透過大型的共同基金才能投資波克夏，所以巴菲特就將部分原始波克夏股份分割，重新發行，稱為B股。

數的三倍。[7]

巴菲特對蓋茲基金會的贈與有三項條件：第一，蓋茲或梅琳達其中一位必須積極參與基金會的運作；第二，每年來自他的資金必須符合慈善捐款的資格，而非饋贈，因為兩者的稅務處理方式不同；第三，除了稅法所規定的，基金會必須捐出淨資產的五％之外，他每年捐贈的基金也必須在當年度捐出，不可保留在基金會的捐贈基金裡。

在二〇〇六年至二〇二三年間，巴菲特對蓋茲基金會的捐贈超過三百九十億美元。相較之下，蓋茲與梅琳達在一九九四年至二〇二二年間共捐贈了三百九十億美元，其中包括二〇〇〇年為創立基金會提供的二百二十億美元。在某些年度，這對前夫妻對基金會的捐款甚至不到五億美元。二〇二一年，他們承諾撥款一百五十億美元給基金會的捐贈資金，並在翌年轉入這筆資金，此外，蓋茲還額外捐贈了五十億美元。

「基金會之所以能雄心勃勃，有一個鮮為人知但極其重要的原因，」蓋茲在二〇二二年的部落格中寫道：「儘管基金會名為比爾與梅琳達·蓋茲基金會，但迄今為止，有一半的資金實際上來自華倫·巴菲特的捐贈。」[8] 截至二〇二三年，基金會每年的活動經費仍主要仰賴巴菲特的捐款。

二〇〇六年，巴菲特宣布捐贈計畫時，外界的喧騰使一項關鍵細節被忽略：**儘管這位投資大師承諾將九十九％的財富捐給慈善事業，但他對五家基金會的承諾僅限於自己在世期間**。當時七十五歲的巴菲特表示，對於身後留下的股份，他將另行規畫分配方式。

幾個月後，巴菲特在二〇〇六年的年度信中告訴波克夏的股東，他已在遺囑中規定，自己去世後仍持有的波克夏股票，必須在十年內全數用於慈善事業。（二〇二一年，距離九十歲生日僅剩兩個月時，巴菲特表示，他的波克夏股票捐贈計畫才剛過一半。）

直到數十年後，這項生前承諾的深遠影響才逐漸顯現，對於蓋茲基金會、四家巴菲特家族基金會的未來資金來源，以及他三名子女的責任，成為重大議題。同時，這也對巴菲特與蓋茲的友誼帶來考驗。

不過在二〇〇六年的那個夏日，當慈善界正在體會巴菲特此舉的含義，以及蓋茲基金會將如何開始運用這筆額外的數十億資金時，這個三人組已成功策劃這場媒體活動，搏得新聞版面。他們在《紐約時報》頭版刊登廣告，在紐約時報廣場喜來登飯店舉辦了記者會，當晚並參加了《查理．羅斯訪談錄》節目。在這些場合，蓋茲對於巴菲特的捐贈所帶動的可能性，既興奮又熱情。「我們會竭盡全力確保善用這筆捐贈。」他在回答記者問到基金會打算如何分配這些捐款時這麼說。

「我們想讓大家看到慈善事業可以很有趣，也會有巨大影響力。」當羅斯問巴菲特他是如何做出這個決定時，這位還差兩個月就七十六歲生日的億萬富豪回答，他的想法很直覺。他說，除非財富能轉化為某件事物，否則財富就沒有意義。金錢對其他人的效用，大過於對他的效用，所以捐贈是唯一合乎邏輯的選項。「在大規模的慈善事業裡，最重要的並不是平均打擊率，而是長打率。」他借用棒球的術語說。大型基金會的目標應該定在追求高的長打率，指的是它應該以產生的影響來衡量成功與否，而不是以資助的專案數量來衡量。

巴菲特並非輕易做出決定，而是與蓋茲和梅琳達兩人進行了好幾次對談，討論他們的慈善工作、對基金會的意圖，還有是否有能力建立必要的基礎架構，以支持基金會捐出每年來自他餽贈的數十億額外資金。直到他對他們的長期目標感到滿意，巴菲特才做出這項重大決定。

他告訴羅斯，蓋茲和梅琳達是很理想的領導者，因為他們有知名度和口才，可以激勵其他人採取行動。「捐錢很容易，奉獻時間則不容易。」巴菲特補充說，這對夫妻親力親為的態度，遠超越卡內基和洛克斐勒在慈善工作上的參與程度。儘管巴菲特沒有參與討論如何使用捐款的日常決策，通常他只參加基金會的年度會議，但是他既是一名低調合夥人，也是蓋茲的智囊。畢竟，他們的遺產已經永遠交織在一起了。

全球最大慈善基金會

當蓋茲基金會在二〇〇〇年開始成立時，即使是蓋茲本人也不可能告訴你，超過二十年之後，他和梅琳達會打造一個聲稱已經拯救數百萬生命的實體機構，塑造全球公共衛生議題，並賦予這位微軟創辦人通常是諾貝爾和平獎得主才會享有的聲譽與尊重。蓋茲基金會以蓋茲前夫婦所喜愛的「所有生命都有同樣的價值」，這個令人鼓舞的原則為基礎，以戰勝世界上的貧困、疾病及不平等為使命，並「創造一個使人人有機會過著健康、豐富生活的世界」。蓋茲和梅琳達稱自己為「迫不及待的樂觀主義者」。

二〇〇五年，也就是巴菲特宣布捐款計畫的前一年，蓋茲基金會在同類型慈善組織中已經名列前茅，擁有大約兩百二十億元微軟股票的捐贈。不過其框架和志向還在醞釀中，而巴菲特的捐贈將有助於釋放及發揮。這位奧馬哈億萬富翁給了兩位共同主席兩年的緩衝期，但是規定從二〇〇九年開始，基金會年度的捐款總額必須至少等於他前一年度的捐款，加上基金會總資產的五％，後者這項條件是法律上對慈善組織的要求。在巴菲特開始捐贈後的幾年內，基金會快速建立了非常大的基座，以容納每年即將湧入的巨大金流，也有效的捐出更多筆數十億美元的捐款。在二〇〇六年，基金會捐出大約十六億美元；到了二〇〇九年，則預測每年將需要撥付三十二億美元的捐款。

在二〇〇八年，大半輩子都在微軟擔任董事長以及軟體架構長的蓋茲，切割了他與微軟的正式關係。在此同時，隨著孩子開始上學，梅琳達有更多時間可以親自參與基金會的事務，突然之間，他們兩個人一個星期有好幾天都在基金會的辦公室走動，對於各式各樣的補助計畫有更深入的興趣，並指導基金會下一階段的發展。他們的參與至少部分反映出蓋茲和梅琳達感受到巨大的壓力，認為必須不辜負巴菲特對他們的信任。

在二〇〇七年到二〇一〇年之間，蓋茲基金會有如老鼠窩般的混亂，也如野草叢生般的快速成長。它以瘋狂的速度招募員工，人數從三百人擴大到約一千五百人。新進員工包括學者、政策制定者、國際發展專家，以及溝通顧問。他們的加入是為了擴展基金會的專案，在全球衛生、農業及發展方面，定義新的策略和核心。

普拉布·平加利（Prabhu Pingali）是康乃爾大學（Cornell University）的教授，在二〇〇八年加入基金會。平加利那時候在羅馬的聯合國糧食及農業組織（Food and Agriculture Organization of the United Nations）服務，他回憶當時基金會的高階主管來訪，他們想要安排一堂速成的農業課程，以理解慈善事業在農業領域是否有獨特的角色。結果他提供了全球農業發展動態的概況，包括食物價格、生物科技、農耕作業等，最後他轉到基金會工作。平加利說，當年他加入農業發展團隊時，共有十五個人。二〇一三年他離開時，已經有八十人。

馬克·蘇茲曼（Mark Suzman）曾經當過記者及聯合國官員，他也在二〇〇七年左右加入基金會，負責建立全球發展計畫，並在世界各地設立辦事處。二〇二〇年，蘇茲曼成為蓋茲基金會的第四任執行長。

許多在當時基金會成長爆發期加入的專家表示，除了為基金會決定計畫和策略之外，他們的工作有很大部分是教育這兩位共同主席，有關國際發展、教育、財金素養和農業的複雜知識。這些都是相對較新的重點領域，資料還很零散，而對當地背景的認識至關重要，這有助於理解為何不同地區的慈善方法需要更加靈活多變。

為了安置新聘員工，原本分散在五個辦公大樓的基金會，在二〇〇八年開始建造新的園區。二〇一一年開始營運的新園區，建造在一處曾經受到汙染的十二英畝停車場上。地點位於西雅圖景點群的對面，包括具指標性的六百英尺高太空針塔，以及一間博物館和展示玻璃藝術家戴爾・奇胡利（Dale Chihuly）色彩鮮豔玻璃雕塑的公園。園區內的辦公空間有九十萬平方英尺，建造成本五億美元，其中三億五千萬美元來自蓋茲夫婦的私人帳戶。

從太空針塔的頂層可以看見它那兩間迴力鏢形狀的辦公大樓，大約容納了一千八百名員工。基金會對於大樓的節能設計很引以為傲；每一棟大樓都有綠屋頂，具有能夠收集一百萬加侖以上雨水的裝置。一名當時就在的前員工說，最初的規畫是要興建三棟大樓，不過在巴菲特建議要克制之後，決定只蓋兩棟。基金會從草創期以來走過了漫長的道路，當時是在一家披薩餐廳樓上單一房間的小型辦公室營運，員工只有十幾位，很有新創公司的感覺。

媒體的關切和審視非常緊迫盯人。資深記者和專欄作家都對基金會的計畫和狂熱感到好奇，開始打電話詢問。對於溝通團隊的少數員工而言，工作量變得難以承受，他們往往要花好幾天消化積壓的記者致電。微軟前員工派蒂・史東西弗成為基金會首任執行長，負責監督初期發展階段，在她的領導之下，公關工作比較零星，比較多是應付媒體需求，而非主動制定策略，並且是以受贈者的工作為強調重點。然而隨著各項變化，基金會顯然需要更清楚、更積極的傳播策略。

在兩年內，媒體專員的數量從八個人增加到八十個人。他們開始著手委託民意調查，以尋求最佳方式。人們似乎比較想聽蓋茲發言，而不是由監督個別項目的專案人員，或在現場接受基金會捐款的非營利組織發言。這個情況確實讓基金會內部的員工感到挫折，他們認為他們的計畫需要自己的溝通方式，才能好好對外說明，然而因為媒體焦點都在蓋茲和梅琳達身上，他們卻被忽視了，但這兩個人又忙到沒有時間推廣基金會進行中的每一項活動。

如今，蓋茲基金會的資源遠超過福特基金會（Ford Foundation）、Robert Wood Johnson基金會、惠康基金會（Wellcome Trust）和其他全球大型基金會，其年度預算甚至超過世界衛生組織。這個位於西雅圖的組織就好像一隻波動的章魚，把觸角延伸到各種全球議題，從疫苗和公共衛生，再到農業發展和糧食安全，從緩解貧困和衛生設施，到性別平等和缺乏銀行服務者的數位帳戶。它的辦事處散布在全球一百四十個國家，已經和政府機構、多邊組織、企業、國家和非營利組織之間，建立了龐大、有時無形的連繫網絡。

這些都使基金會在各方之間扮演有影響力的中間人角色。在很大程度上，基金會決定肩負起重責大任，維持及改善時而混亂不堪的全球公共衛生及發展基礎建設，透過建立新的聯盟以及支持舊聯盟、提供資金以研究受到忽視疾病的療法，以及借調專家協助制定政策，來實現這個目標。基金會的運作方式已經將「宏大」或制度化的慈善事業，確立為一種獨特型式，有別於那些個人富豪捐贈者被動而臨時的慈善捐款。

蓋茲基金會的影響力、規模和運作方式已經招致批評，二〇一九年，基金會聲譽受到更大的衝擊；就在艾普斯坦在曼哈頓監獄牢房身亡幾週後，新聞爆出蓋茲曾數度與這位被定罪的性犯罪者和戀童癖者會面。蓋茲澄清，他與艾普斯坦見面純粹是為了討論慈善事業，並且對自己的判斷失誤表達歉意。

不到兩年後，蓋茲和法梅琳達在二〇二一年五月宣布離婚。次月，巴菲特表示他將辭去蓋茲基金會第三位共同受託人的職務，並補充說，他沒有理由繼續擔任該職務，但所承諾的捐贈將持續。他在一份聲明中表示：「我的目標與基金會的目標百分之百一致，而實現這些目標，並不需要我的實際參與。」巴菲特也表示，二〇二〇年被任命為執行長的蘇茲曼是一位「傑出的新任人選，我完全支持他」。

二〇二一年七月，蓋茲和梅琳達承諾向基金會的捐贈基金提供一百五十億美元。二〇二二年一月，基金會成立了新的董事會，以改善公司治理，並引入新的觀點指引下一階段的發展。蓋茲在當年的一篇部落格文章中，宣布在二〇二六年以前，基金會每一年將支出九十億美元，他也對他的朋友表達了感激之情。「華倫，我無法形容對你的友誼、指導和慷慨，有多麼感激。」[9]

儘管措辭客氣，但綜合來看，這些公開聲明包含了一種結束的意味，彷彿這是一齣漫長的戲劇，關於友誼和改變世界的慈善合作，而觀眾正在觀看最後一幕。據幾位了解巴菲特動機的人士所說，事實上，巴菲特正在提醒全世界，尤其是提醒蓋茲基金會的員工和新的受託人，他在二〇〇六年承諾有生之年的捐贈可能隨時因年齡而終止，他們在制定長期資助計畫時，不應依賴波克夏公司的數十億美元。

在二〇二二年感恩節週，當許多美國人在全國各地與家人和朋友共度年度盛宴時，波克夏公司發布了一份監管文件，揭露巴菲特將捐贈更多股份給他家人的基金會。他曾經在二〇一二年對子女的基金會增加過一次捐贈。次年感恩節，巴菲特發布新聞稿，宣布向四個基金會再進行一輪捐贈。「它們加強了我在二〇〇六年做出『有生之年』捐贈的某些承諾，這些承諾將持續到我去世（以九十三歲的年紀，我感覺很好，但非常明白我正在打延長賽）。」

他也詳細說明了關於波克夏股票的計畫，這些股票在他有生之年不可能全數捐出，因為到二〇二一年他才剛達到捐贈的中點。這些股票在二〇二三年估計約有一千億美元的價值，將存入信託基金。他的三個孩子將擔任共同受託人，並在父親去世後的十年間，將這些資金分配給慈善機構，其中並未提及蓋茲基金會。

據了解他們想法的人士透露，巴菲特的子女一致決定，剩餘的股票不會捐給蓋茲基金會。巴菲特在措辭上一向謹慎，他強調了「有生之年」這個用詞，以避免外界對捐贈對象產生誤解或混淆，三名知情人士表示，部分原因是蓋茲基金會內部長期以來一直認為，他們將始終獲得巴菲特的捐款。

在二〇二三年五月發布的二〇二二年和二〇二一年合併財務報表的附註中，管理捐贈基金的蓋茲基金會信託（Gates Foundation Trust）首次指出，巴菲特的捐款將在他去世後停止。「由於這份捐贈是有條件的，僅在他有生之年適用，因此無法提前保證這筆捐贈每年一定會到位，」附註中陳述：「在他去世後，巴菲特的遺囑執行人將負責處置他的資產」。

還有其他因素使他們的友誼變得緊張。巴菲特以熱愛精簡、有效率、無官僚作風的運作方式著稱，但十多年來，他一直對蓋茲基金會的臃腫和營運成本膨脹感到困擾，這在慈善界是眾所周知的事實。

基金會已經陷入慣性運作，甚至變得自滿。巴菲特告訴工作人員，這降低了他們承擔風險的意願，而這些風險或許可帶來更有效益的慈善行動，而這正是他原本所希望的捐款用途。

根據多方說法，他還對於聽到其他人轉述、有關蓋茲粗魯和自視過高的評論，感到不開心。巴菲特長期以來一直建議蓋茲如何做朋友，他告訴蓋茲：**「留意你最親密的朋友對你的看法，並且善待他們。」**當記者在二〇二四年四月向巴菲特提到，蓋茲「真正『開懷大笑』的時刻是在你身邊時」，巴菲特選擇用過去式回應：「我們曾經一起度過了無數歡笑的時光，他有敏銳的幽默感。」記者寫道。

同時，自二〇一〇年蓋茲的部落格 GatesNotes 推出以來，他每年都會發布至少一段他和巴菲特的搞笑影片，但在二〇二一年、二〇二二年或二〇二三年，他沒有發布任何一篇專門寫到他朋友的貼文。

往年，他的團隊至少會上傳一段兩人在波克夏股東年會或其他公開活動上的對話影片。而他最後一次為巴菲特發布的貼文，是在二〇二〇年疫情期間，當時蓋茲拍攝了自己穿著圍裙，為他的朋友烘烤九十歲生日 Oreo 蛋糕的影片。

他們兩人仍然是朋友，並且通電話；蓋茲的發言人蕾德說，他們通話的頻率「就算沒有更頻繁，也和以往一樣頻繁。」蓋茲偶爾仍會前往奧馬哈拜訪巴菲特，但兩位知情人士表示，巴菲特通常不會主動聯繫，不過他們補充說，由於巴菲特年事已高，他已經減少了所有的社交互動。談到兩人之間的友誼，另一位人士表示：「所有的跡象都顯示，這段傳奇友誼出現了裂痕。」

為宣傳而認捐

泰德·透納（Ted Turner）在一九九〇年代有點像是公開批判者。在那十年之初，這位傲慢又直率的媒體大亨，也是有線電視新聞網（Cable News Network，簡稱 CNN）的億萬富翁創辦人，從一九九〇年創立透納基金會（Turner Foundation）開始，就大動作的投入慈善事業。一九九七年九月，與聯合國有關的非營利組織美國聯合國協會（United Nations

Association of the United States of America）頒發了全球領導獎給透納，以表彰他的貢獻。

聯合國一度面臨巨大的財務壓力，透納一直惦記著這事，在一場活動上他宣布將捐贈十億美元給這個多邊組織，支持它的各項計畫，從清除地雷到協助難民。當時這是來自個人捐款當中最大的一筆。透納的舉動登上頭版新聞，當天晚上，透納也宣誓要為這個國際組織籌募更多資金，而他也在演講時逼迫巨富，要求他們捐出更多慈善款項。「世界上每一個有錢人都會接到我的電話。」他向聚集在紐約萬豪侯爵酒店（Marriott Marquis hotel）穿著禮服的群眾說。[10]

這並不是透納第一次批評其他億萬富翁在慈善方面的作為不夠。一九九六年他提議為最吝嗇的億萬富翁創立「小氣財神獎」，尤其點名蓋茲和巴菲特這兩位當時的全球首富和第二富有的人，他稱呼他們為不捐錢的「鐵公雞」億萬富翁。「他們每一年都在爭全球首富，」他對《紐約時報》的專欄作家莫琳·道（Maureen Dowd）說：「他們怎麼不簽個聯合協議，各捐出十億美元，然後在富比士排行榜上一起往下走呢？」[11]

在二〇一〇年夏天，蓋茲和巴菲特更進一步，他們邀請其他億萬富翁公開承諾，在有生之年或遺囑中，至少捐出財產的一半作為慈善用途。這場大肆宣傳的施壓活動稱為「捐贈誓言」，為的是讓億萬富翁階級更深刻思考慈善事業。這個想法的產生是在二〇〇九年大衛·洛克斐勒作東宴請一小群客人之後，當時有大約七對夫妻出席了這場小型晚宴。[12]當他們聚集在餐桌上，每一位客人或夫妻都談論著他們的奉獻哲學。雖然許多賓客彼此並不熟悉，但因為有相近的身分地位而感到安心，他們坦誠分享著家庭故事，父母如何影響了他們對慈善的態度，以及要留多少遺產給孩子等問題，在餐桌上一聊就是兩個小時。

在捐贈誓言之前，巴菲特和蓋茲的合作就已經引起許多億萬富翁的濃厚興趣，許多人與基金會聯繫，詢問他們是否也能捐款給捐贈基金，受到億萬富翁們產生共鳴的啟發，包括梅琳達在內的三個人提出想法，討論如何讓更多億萬富翁以更好的規畫來做慈善。尤其是巴菲特，他即將步入人生的第八個十年，希望讓更多人思考如何在更年輕、思維更清晰的時候捐款，而不是等到生命盡頭，決策能力可能減弱時才捐款。

蓋茲和巴菲特向查克·費尼（Charles Feeney）的慈善理念借鑑了許多想法，費尼是一位愛爾蘭裔美國人，他的財富來自於他所建立的環球免稅集團 DFS，國際航線的旅客在機場等待登機時，可以在商店買到蘇格蘭威士忌、瑞士手錶，或一瓶法國香水。

費尼在一九八二年創立了大西洋慈善基金會（The Atlantic Philanthropies），他廣為宣傳「生前捐獻」（Giving While Living）的理念。一九九七年當全球得知他的慈善事業，財富統計人員不得不馬上修正他們的估算：這位被評為擁有數十億資產淨值的人，其資產僅有五百萬美元左右。[13] 並不是他們的計算有誤，費尼確實曾經是億萬富翁，但自從一九八二年以後，他把更多 DFS 股票指定作為慈善用途，藉此悄然而且持續的走下富豪階梯。

沒有一則新聞稿報導他的捐款善行，他的名字也沒有出現在任何大樓的大門上，他透過大西洋慈善基金會撥款，但是他的名字並沒有與基金會公開連結。收到他的捐款的大學和非營利組織通常被告知，捐贈是來自於一群有錢的客戶。他成立了一家私募股權公司泛大西洋投資集團（General Atlantic），藉此管理他的投資以及資助慈善活動；作為公司的所謂有限合夥人，他可以隱藏自己的身分。匿名對於費尼來說很重要，所以有時候他的代表人是用銀行本票來付款。他設立基金會的方式，可以將監管資料的揭露降至最低。一九九七年當全球精品巨頭LVMH集團（LVMH Möet Hennessy Louis Vuitton）收購DFS時，費尼被要求揭露他的慈善活動。

二〇〇二年，費尼表示，他將在二〇一六年以前花光基金會的資產，到那時候，大西洋慈善基金會將結束撥款，達到目標時，基金會已經捐出八十億美元。到了二〇二〇年，基金會關門了，費尼當時已經九十歲，他達成了「生前捐獻」的目標，他在二〇二三年過世。蓋茲曾經這麼評價費尼：「查克多年來一直是我們的燈塔；早在我們發起捐贈誓言之前，他就已經在實踐。」[14]

巴菲特和蓋茲為了動員其他億萬富翁簽署誓言，基本上就像在進行動員投票。巴菲特鼓勵人們寫信表明他們如何做出這個決定，他認為書面承諾對於歷史紀錄非常重要，因為如此可以啟發後代以同樣的角度看待慈善，就像卡內基的〈財富的福音〉啟發了他和蓋茲一樣。

對於那些抗拒的人，他溫和的建議，帶著錢一起進棺材毫無意義。軟體億萬富翁賴瑞·艾利森表示，他會簽署這項承諾，只是因為巴菲特親自要求他這麼做。蓋茲採取不同的方式，吸引億萬富翁進入慈善圈。他和梅琳達作東，宴請全國各地一小群富豪，通常不超過十來位，以評估他們簽署誓言的興趣。假如有人表現出興趣，蓋茲接下來就會打電話跟進，並提供關於這個機制的更多細節。

在談到這項承諾時，蓋茲向透納致意，儘管他將慈善事業描述為「樂趣」而不是義務。「泰德・透納靠著責罵大家開了先河，」他曾經表示：「我們則作為補充，試著向大家展示慈善多麼有趣。」假如捐贈誓言的意圖是高尚的，那麼它的時機點非常偶然。二〇〇八年的金融危機嚴重損傷了經濟，陷入大衰退。人們對於華爾街的貪婪感到氣憤，認為這直接造成房市危機和接踵而來的混亂。

高收入者成為人身攻擊的對象，這個世界讓人感到根本上的不公平，學生貸款增加、醫療成本失控，稅制看來只對富人有利。占領華爾街運動（Occupy Wall Street）再過一年才發生，而這象徵著人們對富豪越來越失望，他們無法使富豪為自己的行為負責。在仇恨長期累積的背景之下，捐贈誓言活動獲得一些宣傳效果，即使也有些人嘲諷這只不過是億萬富翁形象管理的噱頭。[15]

一開始全國有四十位億萬富翁簽署人，多數來自於加州和紐約。到了二〇一〇年底，又增加了十七位億萬富翁或是億萬夫妻檔，其中包括祖克柏和他的妻子普莉希拉・陳（Priscilla Chan）也簽署了承諾。這份誓言最初只限定美國的億萬富翁，而在二〇一三年開放給全球的億萬富翁。截至二〇二三年，已經有兩百四十三位億萬富翁簽署誓言，這已經是個可觀的數字，不過只占全球兩千六百位億萬富翁的一小部分。這其中多數是美國的富豪，不過隨著億萬富翁新興階級的出現，來自其他國家的富豪也越來越多，包括印度和中國。有好幾年，承諾者的人數都超過二十幾人，不過平均而言，每年有十五位簽署者。在二〇二三年，只有七位；二〇二二年則是五位，是活動發起以來人數最少的一年。

他們寫的信件措辭嚴謹，並公布在捐贈誓言的專屬網站上，所有人都看得到，這些信件遵循類似的模式，與巴菲特最初提供的主題指引一致。有些億萬富翁敘述了他們如何白手起家，如何意外致富，以及如何希望藉由捐款讓世界變得更美好。有些人則強調良好教育、機會和勤奮工作對於創造財富的作用，並認為自己有責任回饋社會。他們表達了感激、強調價值觀的重要，偶爾承認他們的特權，向過程中曾經幫助他們的人致意，思考讓他們做出決定的原因，以及希望將慈善事業帶往何方。

承諾信函的語氣通常很謙卑，言論則很崇高，有些信有獲獎感言的味道。其中許多人以商業行話來談論，要把資金投資在創新的解決方案上，建立捐贈的平臺。其中有些也散發出億萬富翁的傲慢——認為自己具有天賦或能力，理應用來改善許多人的生活。許多寫承諾信的人在描述自己的慷慨意圖時，會傳達出自我吹噓的感覺；泰勒絲（Taylor Swift）也似乎在她的歌詞指出這一點，「你是否聽到我用利他主義隱藏的自戀，就像某些國會議員一樣？」（Did you hear my covert narcissism I disguise as altruism like some kind of congressman ?）他們稱慈善事業為有趣、充實、有價值，而且是與眾不同的愉快經驗。

「每個人出生時就拿到一副牌，」沒有固定的居所，曾經以「無家可歸的億萬富翁」著稱的投資家尼古拉斯·伯格魯恩（Nicolas Berggruen）在他的六句信函寫道：「每個人的選擇，都取決於我們自己；而這些選擇的總和，構成了我們的人生。」私募股權巨頭凱雷集團（Carlyle）的共同創辦人大衛·魯賓斯坦在信中提到：在蓋茲與他討論簽署捐贈誓言之前，他已經致力捐出大部分的財富。

魯賓斯坦寫道，他之所以同意簽字，是因為他希望捐贈誓言的宣傳能鼓勵更多美國人多多捐獻，不僅限於有錢人。「假設每一位有能力進行慈善捐款的人都這麼做，國家將因為這些捐贈而更為美好，捐贈者也一定會對自己感覺更好。」魯賓斯坦以一種充滿愛國情操的口吻寫道。其他許多華爾街的億萬富翁也簽了捐贈誓言。

共同創辦太平洋投資管理公司（Pacific Investment Management Company，簡稱PIMCO）的債券基金經理人比爾·葛洛斯（Bill Gross）在二〇二〇年親筆寫下信函，解釋他起初如何抗拒簽署，但是隨著時間推移，他的想法進化了。「我進化了／老化了。」費尼的慈善理念啟發了捐贈誓言，他在二〇一一年寫下誓言信，儘管當時他已經捐出了大量的財富。他鼓勵億萬富翁不但要捐錢，還要「在有生之年充分投入持續的慈善工作」。

透納也是最早的簽署者之一，他寫下父親的善舉，包括在一九五〇年代資助母校兩名非裔美國人完成教育，向他灌輸了慈善工作的價值。接著，透納聲稱自己也有一點功勞，正如他所寫的，早在一九九七年當他第一次呼籲其他人捐獻更多時，就「讓其他人都注意到了」。

總結來說，這些信件提供了一種集體觀點，億萬富翁們希望世人如何看待他們的慈善家身分：深思熟慮、心存感恩，以及慷慨大方。沒有一封信提到慈善捐款的稅務優惠，也沒有人提到因為大肆宣傳的捐獻行為提升了聲譽。在多數情況下，這些信都沒有提到系統性的不平等會阻礙成就，或是哪些條件讓他們一開始就累積了巨大的財富等種種問題，而是把焦點放在個人機會、良好的教育，以及勤奮工作的作用。

漢斯．彼德．施密茨（Hans Peter Schmitz）及艾蕾娜．麥可林（Elena McCollim）兩位學者在二〇二一年針對捐贈誓言信件的研究中寫道：「記錄下來的解釋侷限了範圍，受限在簽署人所認為社會可接受的慷慨形象。」[16] 作者稱之為善意的、但其他人無法跟進確認是否兌現了任何承諾的故事。

︾

自從捐贈誓言大張旗鼓發起後，十三餘年來，公眾對於經濟不平等的討論越來越尖銳，億萬富翁的財富呈指數型成長，也特別受到關注。最大的問題是，宣誓的成果——本質上這是有錢人為有錢人策動的活動——是否應該被評估，假如是，又要如何評估。從一開始，巴菲特、蓋茲和梅琳達就闡明並辯護這項誓言僅僅為倫理和道德承諾，目的是為了促使億萬富翁更有系統的思考捐獻一事，並且與同階層的人交流，一起學習慈善的方法。

捐贈誓言的網站強調它沒有法律約束力，這個平臺也不要求人們為自己所說的負責；這項活動很明確不會追蹤億萬富翁是否確實把錢捐出去。這種刻意模糊及開放的性質招致了批評，認為這給了宣誓者很多搖擺的餘地。（值得注意的是，巴菲特是少數詳細列出計畫的其中一位億萬富翁。）

這項承諾至少值得仔細檢視，因為它為簽署誓言的億萬富翁帶來免費宣傳，但卻無法檢驗他們是否實現了承諾，也無從評估實際的影響，甚至它已經成為億萬富翁慈善事業的某種儀式。首先，誓言內容並未指明「個人財富的一半」是以億萬富翁寫下宣言的時間點計算，還是以開始捐錢的時間點來計算，或者以兩者的平均值計算，亦或是以不斷變化的目標計算。

鑑於億萬富翁的財富增加，這個問題變得有其意義。在二〇二二年底，簽下誓言的前十名美國億萬富豪的資產淨值合計超過七千兩百億美元，同樣這十個人在簽署誓言的當下，資產淨值總和大約為一千五百億美元。換句話說，根據資產淨值的截止點不同，億萬富翁選擇捐出的金額會大為不同。[17]

巴菲特在二〇二一年宣布當年對五大基金會的捐贈時，探討了這個議題。這些年來，在他選擇捐款的時刻（指示必須馬上把錢捐出去），所捐給慈善事業的總金額合計為四百一十億美元。假如等到二〇二一年六月，在他寫這封信的時候再捐出同樣的錢，那將會是一千億美元。

「如果我等更久再捐出這些股票，社會是否能獲益更多？」他承認這個問題很複雜，但表示這些都是每一位捐贈人自己要做的決定。「決定何時從建立慈善用途的基金轉成耗盡基金，涉及複雜的計算，會依據資產性質、家庭事務、是否願意坦白自己不願『鬆手』的本性，以及許多其他變數而定，無法一體通用。」[18]這也是十分諷刺的現象，儘管許多人把數十億美元指定用在慈善事業，但是他們依然沒有從億萬富豪排行中滑落；**他們財富增加的速度遠超過流出的速度。**[19]財富的增加招致更多尖銳的批評。

Wealth-X研究機構追蹤全球最有錢人的財富，估計截至二〇二〇年，已承諾捐贈的金額有六千億美元，這聽起來似乎很多，但是像這樣的標題數字很可能有誤導，因為幾乎沒有公開數據說明，有多少指定用途的基金已經流向非營利組織，以及可以立即運用款項的其他直接受贈對象，更別提宣誓信，這方面的細節更是少之又少。

基金會每一年必須至少捐出資產的五％，以保有免稅優惠的慈善身分。捐給億萬富翁私人基金會的資金，為了稅務目的被歸類為慈善用途。許多億萬富翁也會把錢捐給捐贈者建議基金，這個途徑可以讓捐贈者立即獲得慈善稅務優惠，不必被強制必須在某個期限內撥款出去，使這些錢無限期的存放在基金會的捐贈基金，以及捐贈者建議基金裡，對世人的幫助微乎其微。

亞倫·多夫曼（Aaron Dorfman）是國家嚮應式慈善委員會（National Committee for

Responsive Philanthropy）這個監督組織的負責人。他說，這正是目前的情況：**以能夠追蹤到承諾者捐贈給非營利組織的資金而言，實際上真正撥款出去的並不多**。相反的，有大量的捐款是存放在基金會或是捐贈者建議基金內，他表示。

多夫曼是直言批評捐贈誓言活動的人，他承認過去十年左右，慈善的作為已經變得更加複雜，不過他認為捐贈誓言活動在某種意義上已經成為「洩壓閥」，否則來自公共政策改革的壓力可能會一開始就抑止人們變得富有。「假如社會大眾認為大部分的億萬富翁都會把錢捐出去，那麼就不需要改變政策要求他們這麼做。」

二〇二〇年進步智庫政策研究所（Institute for Policy Studies）對捐贈誓言的一份研究，指出另一項漏洞：隨著億萬富翁的財富增長，他們在稅務上能獲得慈善扣抵的絕對金額也增加了；該研究指出，假設如此，代表政府可能損失數千億美元的稅收，這筆稅收就得由其他收入者填補。

無論認捐與否，大量的財富累積已經造成另一項問題：怎麼捐贈？捐出金錢需要時間、工作和創意。創立基金會是一件事，而建造基礎架構、履行盡職調查，以明智而有效的把錢捐出去則是另一回事。Wealth-X 研究機構創辦人大衛·弗雷德曼（David Friedman）表示，在宣布捐贈誓言時，許多人都承諾捐款，但是他們並沒有真正思考過執行面的問題。弗雷德曼說，因此捐贈誓言「基本上停滯不前」。

從捐贈誓言簽署方可以追蹤到的捐款來看，似乎多數款項都捐贈給傳統的慈善事業，包括大學的捐贈基金和研究經費，而不是捐給重大的社會改革。截至二〇二三年，包括貝佐斯、鮑爾默、佩吉和布林這些最富有的美國人都沒有簽署捐贈誓言，儘管他們每一位都參與了某些慈善活動。根據一位慈善顧問表示，Nike 的菲爾·奈特和星巴克（Starbucks）的霍華·舒茲（Howard Schultz）同樣不認為有必要加入這個俱樂部，或需要由蓋茲告訴他們把錢捐出去。還有些人想要做慈善，但是不想因為簽署誓言被追究責任，以防萬一他們想改變主意。因此，捐贈誓言還有許多漏洞，幾乎失去意義。

對於捐贈誓言的動機較有同感的人認為，這活動不該以實際的慈善成果衡量，而是它確實強調出捐獻的需要，促使人們思考要如何處理他們的財富。巴菲特的理念是，在有生之年捐贈，好過把財產留給子女，這個觀點引發許多潛在捐贈者的共鳴，也在數以千計身家千萬或上億的富翁之間引起共鳴。

在過去十年左右，捐贈誓言促成了慈善顧問產業的發展，因為許多想要慷慨解囊的有錢人，不只想要捐獻給母校、醫院或研究中心，但他們卻不知道從何開始。慈善顧問以及那些透過私人公司（被稱為家族辦公室）為億萬富翁管理投資的人表示，他們的行業對於幫助人們理解如何進行更好的捐贈，已經很有成效。他們自稱正在提供專業的服務，幫助富豪設立基金會，並找出營運最好的非營利組織，好讓捐贈產生最大的效益。

杜克大學教授弗雷斯曼密切研究了這個活動，「我曾經懷疑捐贈誓言到底有多大效果，不過它促進了協同捐款。」他表示。「那些已經簽署誓言的人會定期開會，不僅與其他主要捐贈者開會，還有他們的子女，」他說：「其他機構比方說印第安納大學試圖把富豪聚攏在一起，召開保密的會議，但從來沒有成功過。我所認識的幾位捐贈誓言的成員都相當熱切的告訴我，他們有幸與大捐贈者交談，他們很重視這件事。」

隨著時間推移，這項承諾已經成為億萬富翁的資源，讓他們尋求方法「做」更好的慈善事業。專門為了運作捐贈誓言而設立的組織，每年都會舉辦為期兩天的會議，億萬富翁及其代表齊聚一堂，討論主題、交換想法，並與慈善專家針對最有效的捐獻方式制定策略。簽署者也參加小組會議，藉此建立新的人脈並交換成功與失敗的經驗與訣竅。

二〇二二年，蓋茲和梅琳達共同出席了在歐海鎮（Ojai）舉辦的會議，會中重申了他們對慈善的承諾。[20] 當年還舉行了一系列的學習會議，由專家向承諾者講授如何緩解貧困、教育改革，以及其他可能的捐獻領域。簽署者甚至訪問了白宮，討論政府和慈善家之間可以如何進行合作。

一位曾經代表捐贈誓言簽署者出席過這些會議的人士表示，這個聚會像是億萬富翁可以討論他們這個階級特定問題的活動，不用擔心被批判。該留多少財產給子女，這個主題經常受到討論。不過億萬富翁參加者也會分享如何兼管多處居所、如何留住員工，以及在世界各地工作和休閒時，如何協調家庭成員的生活和日程等祕訣。那些從事慈善顧問業務的人士也表示，捐贈誓言對美國以外的億萬富翁所產生的影響，比他們預期的更大。

梅莉莎・博曼（Melissa Berman）在二〇〇二年創辦了洛克斐勒慈善顧問公司

（Rockefeller Philanthropy Advisors），並於二〇二四年卸任，她觀察到許多國際捐贈者將捐贈誓言視為一種他們嚮往的全球俱樂部，傳達出的某種信號，類似定期參加世界經濟論壇，或是更基層的活動，這就像有些人可能會貼著「我捐了血」的貼紙一樣。她甚至遇過有些人會誇大他們的資產淨值，為的是能夠簽署捐贈誓言。

巴菲特對捐贈誓言影響的評價是最慎重的。「成員們所捐贈的金額，比他們原本會捐贈的更多，儘管這是無法衡量的。」他在一封信中寫道：「比爾在許多國家實質上幫助改變了捐贈文化，並且每當他旅行到各地時，仍然繼續這樣做。」

「我在最初的幾年做出了貢獻，但從那以後，比爾一直承擔著這份重任。」儘管當他、蓋茲和梅琳達啟動這個倡議時並沒有大規模的計畫，巴菲特表示：「這一切的發展超出了我的預期，並且對全球慈善思維作出了明確的貢獻。」

第六章

比爾隊與梅琳達隊的較量

我一直努力找尋自己的聲音，因為我總是在比爾身旁發言……使我的聲音很難被聽見。

梅琳達・法蘭奇・蓋茲憤怒已久。她一直對自己與一個被全球譽為科技天才及慈善開創者的男人間，這段不平等的婚姻感到憤怒；對他的不忠感到憤怒；為自己多年來艱辛的在基金會高層建立一席之地感到憤怒，且這個基金會還是以她命名的。她為全世界婦女的困境感到憤怒，她從她們的脆弱中看到自己的影子。

「我充滿憤怒。」她在第一本著作《提升的時刻》（*The Moment of Lift*，暫譯）寫道，並表示她決定把怒氣轉化成燃料，推動她的慈善工作。這本書於二〇一九年四月出版，內容既有回憶錄也有宣示，算是梅琳達的出道派對，鞏固了她作為女權主義者的身分，以及成為有同理心的女權及性別平等倡導者。

這本書以簡潔易懂的散文型式寫成，總結了她這些年談論過的主題。其核心論述是，女性的提升是整個社會之福。她也利用此書敘述她試圖融入社會，實踐自我價值觀的過程，分享了她在旅程中遇到其他女性的經驗故事，強調女性友誼支持了她，並且承諾將致力改善性別不平等。蓋茲稱她的著作「睿智、真誠，文筆優美」。[1]

就在這本書出版兩年多後，二〇二一年五月三日她和蓋茲以「不可調和的差異」為由宣布離婚。梅琳達以精湛的敘事構築了婚姻破裂的過程，指出她如何全力以赴，最終卻因蓋茲的行為模式導致信任崩潰而失望，促使她要求離婚。她沒有說出來的，和說出來的話同樣重要，透過沉默指責了她的前夫。她的聲音儘管虛弱，卻非受害者的聲音，而是一種賦權、力量和尊嚴的聲音，把個人歷史轉化為女權主義的用語，在眾目睽睽之下癒合傷痕，是計畫的一部分。

女性主義的身分認同

婚姻是一場幻影。它們會改變型態、讓人困惑、令人迷惘。有時候，婚姻的開始像樹幹般結實，結束時卻像碎片般脆弱。有些時候，它們為了方便而拼湊在一起，裂縫卻顯露無遺。人們在進入婚姻時，都期望這段正式的連結可以彌補關係中既有的裂縫。在蓋茲圈子裡的許多人——那些在蓋茲單身時就認識他的人、婚禮的座上賓、在基金會與蓋茲及梅琳達個別共事過的人，以及有機會與這兩位主角討論過兩人關係的人——都認為，他們的婚姻存在於這些可能性之間的某種不確定空間。因此，多數人對他們的離異並不感到意外。

名人離婚總是引人注目，尤其是當私密的細節曝光時，而億萬富翁的離婚又自成特殊的類別，部分原因是當事人的知名身分，也因為涉及他們的巨額財產，以及對於所創辦的公司和慈善事業造成廣泛的影響。貝佐斯和結婚二十五年的妻子麥肯琪・史考特在二〇一九年離婚，當時這位亞馬遜創辦人與女友蘿倫・桑契斯（Lauren Sánchez）爆發緋聞，桑契斯的哥哥將他倆的關係洩漏給一家小報。

亞馬遜的股東們或許感到興奮，但是他們更關心離婚對公司股價的影響，擔心資產分割可能影響貝佐斯對公司的控制權。這對前夫妻有一六％的亞馬遜持股，在離婚當時的市值約為一千四百億美元，而貝佐斯是最大股東。他現在持有不到一〇％的股權，史考特則有四％。自從離婚後，史考特已經成為全球最有成績的慈善家之一，她以低調而不拘的態度做慈善。

賭場大亨史提芬·永利（Steve Wynn）在二〇一〇年與妻子伊蓮·永利（Elaine Wynn）離婚時，兩人持有永利度假村（Wynn Resorts）等額的股份，剛離婚時關係還算和睦，但當伊蓮被逐出董事會後，變得火藥味十足。

債券基金經理人比爾·葛洛斯與前妻蘇（Sue）爭奪畢卡索（Pablo Picasso）的畫作和三隻貓的所有權。他輸了。當億萬富翁避險基金經理人肯·格里芬（Ken Griffin）與安妮·迪亞士·格里芬（Anne Dias Griffin）離婚時，兩人在法庭上針對婚前協議的細節以及孩子的監護權爭吵。

億萬富翁離婚有多麼引發大眾的想像，從Apple TV在二〇二二年播出的喜劇影集《錢錢錢》（*Loot*）可以看出跡象，演員瑪雅·魯道夫（Maya Rudolph）在劇中飾演一名四十五歲的婦女莫莉·諾瓦克（Molly Novak），離婚之後獲得八百七十億美元的財產。一開始她在自我厭惡的漩渦中跌跌撞撞，最終在以她之名成立的慈善基金會找到適當的角色，也在過程中找回自我。

撇開劇情的不足之處，這部影集諷刺了超級富豪，並且因為史考特和梅琳達在慈善事業上漸有名聲，而有一種取材自時事的話題感。

然而蓋茲和梅琳達的分手關乎的還不只是財產，或是一家公司的前途。他們是兩個太陽，不僅蓋茲基金會，慈善界更是繞著他們的軌道而運行。他們的伴侶關係已經融入基金會的起源故事，故事的多媒體版本則永遠展示在西雅圖總部供遊客參觀。

一九九三年這對年輕夫婦訂婚，前往非洲進行狩獵旅行。這些年蓋茲從來不休假，但他的準妻子強迫他去度假。在一張廣為流傳的首次旅行照片中，可以看到兩人坐在狩獵車上，蓋茲穿著黑色的T袖，戴著他那副過大的眼鏡，頭髮蓬亂，而梅琳達則穿著中性色系，兩個人都微笑著。

然而，就在他們見識到桑吉巴（Zanzibar）的貧窮後，當地淡黃色的稀樹草原和水晶般的藍色海水很快就失去了魅力。對於這兩位在中上階級家庭長大的年輕美國人而言，這種貧窮的程度難以想像，尤其是蓋茲，**在此之前，他幾乎沒有注意過微軟以外的世界**。當他們得知發展中國家每年有成千上萬的人因為沒有疫苗，而死於可以輕易預防的疾病，都感到不可思議。在閱讀了一九九三年《世界發展報告》（*World Development Report*）裡關於健康的數據後，他們大感震驚，這些內容包括全球貧窮的統計數據，以及其他有關全世界窮人困境的資料，為他們的所見提供了書面的證據。

另一段基金會的起源故事則記錄在官網上，這是一篇蓋茲在一九九七年寄給父親老蓋茲的PDF文字檔，提到關於經水傳播的疾病，其中附帶他的備註：「爸，或許我們能在這方面做點事。」蓋茲和梅琳達經常談論這些過往的經驗，以及當他們得知像腹瀉和輪狀病毒這些可預防的疾病，在貧窮國家造成許多孩子死亡時，他們開始看到他們的財富可以有所作為的機會。

幾十年來，他們把自己塑造為互補的搭檔——**他是技術專家，而她是直覺的夥伴**。假如蓋茲以統計和數字來陳述，她則傳達出親眼看到赤貧時的情緒衝擊。兩人也會定期在媒體上談論對方，用精心挑選的花絮迷住觀眾。

梅琳達經常聊到她如何堅持要蓋茲和孩子們幫忙洗碗，或是她的前夫如何送孩子上學，為其他父親樹立榜樣。民意調查經常把他們列為全世界最有能力、最鼓舞人心，以及最受敬佩的夫妻之一，因為他們追求慈善事業的行動就像皇室一樣。他們的關係對於基金會，以及更廣域的非營利世界的穩定非常重要，因此他們兩人在媒體前把「夫妻」形象保持得非常完好，直到宣布離婚。

》

二〇二〇年一月一日，梅琳達在 Instagram 貼文：「元旦對我而言永遠都格外特別——既代表嶄新的一年，也是慶祝與 @thisisbillgates 結婚的機會。今天是第二十六週年，我依然讚嘆於心靈可以如此充實。祝這個讓我在生活中舞動的男人結婚週年快樂。」但是當時，她已經在諮詢離婚律師。[2]

即使了解他們離婚一事的人已經知道這段婚姻風雨飄搖，離婚消息仍然在蓋茲基金會造成錯愕，大約一千八百名員工突然開始擔心雇主的未來和自己的生計。過去，與蓋茲工作密切的員工，以及與梅琳達共事的員工，私底下一直都在較勁，而如今「比爾隊」和「梅琳達隊」一陣營，就算沒有體育迷的那股狂熱，至少也有更多較勁的能量。不確定性也波及更廣泛的非營利界，蓋茲基金會在數十個國家的數百個資助對象，都籠罩在恐懼和不確定下，有些人被告知，因為疫情改變了捐款的優先順序，他們的款項已經在審查，但現在資金將被擱置，直到基金會釐清分手的影響。雖然影響只持續了幾個月，卻讓人們感到恐慌，因為有太多受贈者都依賴蓋茲基金會作為主要捐款來源。

前微軟員工邁克・柴契爾（Michael Thatcher）說：「這場離婚在非營利界造成惶惶不安的影響。」他如今經營非營利組織慈善導航（Charity Navigator），幫助評估其他非營利組織，指引人們捐款的方向。

慈善導航幾年來都接受著蓋茲基金會的捐款，離婚消息公布後，基金會的撥款職員聯絡他們，表示暫時無法審核慈善導航的撥款續約提案。主要問題在於蓋茲和梅琳達過去都以合作夥伴的身分共同審核計畫和提案，而一旦他們同意各走各的，就不想要再合作了。因此，在蓋茲夫妻處理離婚手續的過程，基金會不得不建立新的審核機制。在這段動盪的期間，基金會為慈善導航提供了過渡補助金，並在二〇二一年追加了資金。「我們並沒有被拋下不管，」柴契爾表示：「他們照顧著定期的受資助者，只是有一段時間無法做到。」二〇二四年，在兩人離婚的三年後，梅琳達離開了基金會，開啟了基金會的新篇章。

蓋茲和梅琳達在二〇〇〇年成立基金會時，蓋茲已經是全球最著名的企業家之一，相較之下，她則是個謎。媒體對梅琳達有某種好奇，部分原因是她極度保護自己的私生活，要求周圍的人不要談論她的事。[3] 她偶爾會公開露面，不過很少接受採訪。當她發表演講時——通常都是她真正關心的主題，例如女孩教育的重要性——她選擇低調的場合，像是當地俱樂部或社區大學。她曾參與一些當地的外部事務，一九九九年她接下第一個董事職務，當時她被提名為 Drugstore.com 的董事會成員，這是一家早期的網路藥妝店。二〇〇四年到二〇一〇年，她在華盛頓郵報公司的董事會任職，她也一度擔任母校杜克大學校董會成員。

當蓋茲於二〇〇〇年卸任微軟執行長，並把目光更加對準慈善事業時，並沒有為梅琳達規畫太多角色——或者說，至少基金會早期的員工沒有人覺察到這一點。然而，她一直都盼望自己在基金會扮演更重要的角色，隨著三個孩子長大，她開始更常現身，並接受公關活動。然而，無論在基金會內部或公開場合，梅琳達多數時候仍然以丈夫的陪伴者身分出現。他們兩個人雖然呈現出平等夥伴的形象，然而很明顯，蓋茲主導著基金會的方向和重點，也是基金會的主要發言人。

二〇〇四年，梅琳達出現在《早安美國》（*Good Morning America*）節目，這是她第一次以個人出現的媒體之一。根據黛安・索耶（Diane Sawyer）的紀錄，這是她第一次接受電視直播採訪。索耶表示，梅琳達的座右銘是「生活中要常笑、多愛」。

兩年後，在巴菲特決定將大量財產遺贈給蓋茲基金會後，出現旋風式的電視訪問和記者會，梅琳達充滿熱情的談到慈善捐款能夠改善社會。她談到必須賦予婦女權力，運用她們的能力來協助發展，而不是單純替她們做決定。這是她代表基金會的首度公開活動之一，也是她為了更高的媒體知名度所做的努力。她說，其中部分原因是想要成為兩個女兒的榜樣。[4]

在巴菲特捐贈基金會之後那幾年，隨著媒體對基金會的興趣更加濃厚，公關團隊以蓋茲夫妻倆為焦點建立了策略。身為基金會的兩位名人，他們經常被安排在鎂光燈下，有時一起，有時單獨。根據參與制定這些策略的人員說，他們想把蓋茲和梅琳達擺在不同的觀眾面前。蓋茲是傳統商業和科技媒體所熟悉的人物，如今則被定位為一位「思想領袖」。目標是將他與政策制定者、全球領袖和企業決策者並列，為了達到這個目標，基金會的公關團隊推動他出席TED會議、世界經濟論壇、爐邊談話、特定主題的電視專訪，以及撰寫觀點文章和年度公開信。二〇〇八年，他成為首位在世界經濟論壇演講的非政府領袖。

在此同時，基金會職員針對梅琳達制定了雙管齊下的策略。首先，他們把她介紹給主流社會和商業觀眾。二〇〇八年，《財富》雜誌首次對梅琳達進行了大篇幅的報導，並以她為封面人物。策略二是推舉梅琳達為基金會的聯合主席，並由她探討公共衛生或教育在交付機制上的挑戰和成功，這是早期的重點領域。蓋茲過去是——也一直會是——數據專家。而她可以成為公關團隊所謂的「另一種觀點」，透過講述貧困國家人們在取得基本醫療服務時所遇到困難的故事，生動而人性化的展現出基金會的活動。

要從蓋茲的影子底下走出來並不容易，因為她的形象與丈夫的形象、他在全球公共衛生領域的重點關注緊密交織。與當時已經習慣媒體高度關注的蓋茲不同，她還是新手。不過和梅琳達共事、為她建立公眾形象的人認為，她意志堅定而且願意接受建議。她有雄心壯志，並且「非常想要被視為與比爾平等」，一位與她密切合作建立形象的人說。她欣然接受媒體培訓，以及演講和採訪的演練。她要求詳盡的簡報文件，並對資料提出許多問題。

梅琳達試圖建立有別於前夫的身分，包括對內和對外。她在基金會混亂的腹地，逐漸摸索自己的道路，尋找出她的角色，以及一處屬於自己的可能棲息地。在一開始，梅琳達並不想以性別為重點，因為對女性慈善家來說，這已經是顯而易見的選擇。然而由於蓋茲非常專注在公共衛生領域，當她出訪看到世界更多角落，梅琳達意識到性別議題會是一項機會。她不必跟從丈夫的興趣，而是建立她自己的觀點。

一位與她直接共事的基金會前員工表示。她以不同的方式傳達願景；與僅僅倡議女性平權不同，她更強調的是，假如女性有權力，每一個人都可以過得更好。「這顯示了她的精明。」這名員工說。

二〇一〇年左右，梅琳達開始推動基金會建立策略，處理婦女的權利和賦權問題。根據員工和新聞報導所說，她不僅尋求將性別議題作為重點領域，也嘗試在基金會工作範圍納入性別層面。[5] 在基金會工作的人士表示，蓋茲認為女性議題屬於公共衛生的一部分。梅琳達則主張全球發展自成獨立範疇，不應該納入全球衛生之下。儘管如此，婦女權益在該基金會廣泛的計畫目標中，仍然比較屬於被涵蓋於其中的部分。一項研究發現，在二〇一三到二〇一五年之間，捐給開發中國家性別相關議題的三十七億美元撥款中，蓋茲基金會的捐款占了將近一半，是最大的單一捐贈者。不過蓋茲基金會並不在以此類捐贈作為優先事項的前十名組織之列。[6]

最後，梅琳達成為基金會在家庭計畫及性別平等方面的代表。與她合作處理這些議題的人指出，二〇一二年倫敦家庭計畫高峰會（London Summit on Family Planning）是她職業生涯的關鍵時刻，當時她呼籲在二〇二〇年以前，開發中國家的婦女能夠獲得自願性的家庭計畫服務。二〇一六年基金會網站宣布了一項新的性別相關倡議，其中提到梅琳達：「梅琳達．蓋茲承諾在三年內投入八千萬美元，以收集有關婦女在全球生活和工作的數據……這些數據將有助於快速啟動基金會的工作，幫助婦女和女孩們成長。」

基金會將更多資金投入梅琳達直接培育的領域。二〇二〇年，它成立了新的性別平等部門，專注於婦女賦權，並將性別觀點帶入基金會所有工作中，二〇二一年基金會透過該策略捐贈了九千萬美元，而在二〇二二年，基金會撥款於性別平等領域的金額大幅增加，達到七億四千萬美元——部分原因是它將部分計畫轉移到該部門，包括孕婦和新生兒健康等。

梅琳達在基金會內部同樣需要努力建立自己的地位。由於員工已經習慣只向蓋茲報告，她必須不斷主張自己的立場，才能讓員工開始考慮她的參與及偏好。她在基金會內努力贏得角色，意味著蓋茲也要做出調整。他習慣大步走進會議室，召開符合他需要的會議。「不管誰在主持會議，他會走進來說，開始吧，馬上加速到時速一百英里，」前基金會員工說道：「和蓋茲一起開會，沒有前言，沒有太多閒聊，他傾向馬上開場，他喜歡有效率。」如果梅琳達在場，「會議的步調和風格就得調整，以顧慮她的問題。他們兩人都會提問，但是蓋茲在你發言時就會滔滔不絕問問題，而梅琳達通常會等到最後，不會打斷別人。」

有時候，他也會打斷梅琳達，而她不發一語，坐著生悶氣。也有時候，當他開始一項話題，感覺可能要談上好幾個小時，梅琳達會制止他，說：「比爾，我想他們懂了。」蓋茲覺得當下很難接受她的勸告，這種緊張造成場面尷尬。其中一位與會者敘述在一場特別有爭議的會議上，出現了這樣的場景：蓋茲激動的講到口沫橫飛；他的父親當時擔任基金會受託人，在椅子上睡著了；而梅琳達則凝視遠方，嘴唇緊抿，雙臂交叉。

梅琳達在書中描述了前夫對於她要求共同撰寫基金會年度信的反應。蓋茲已經習慣獨自寫信，並相當享受這個過程。當她於二〇一二年提出來年共同撰寫年度信時，他的第一反應是：這過程已經運行很好，為什麼要改變？她堅持自己的立場。接下來那兩年，她撰寫信件的一部分，然後從二〇一五年開始，他們共同撰寫年度信，直到離婚為止。慢慢的，梅琳達站穩了她的立足點，部分原因是她以私下溝通的方式，向前夫堅持她所要的——也是應得的——也就是被視為主要人物。

隨著蓋茲為她騰出空間，她在辦公室成為重要的存在，員工們也開始適應。這對夫妻要求拿到相同的簡報資料，不致造成任何一方的資訊優勢，但他們分別閱讀資料，並把問題發送回去，也確認在所有往來信件都副知對方。蓋茲通常會提出計畫的技術面問題，以及所支持的數據，而梅琳達則會詢問有關計畫的「介面」問題——或者最終用戶使用上有多麼容易、或多麼困難。這種方向上的差異，對於基金會員工很有幫助，因為他們可以用兩種方式解釋事情。

梅琳達也主張她在瀑布資產管理的地位，這是一家管理蓋茲財產和基金會捐贈基金的私人投資公司。在瀑布資產管理公司的股東年會上，員工會分享各種投資組合的績效，據出席者說，通常由蓋茲提出所有問題，梅琳達也出席但很保守。然而隨著她參與更多基金會的事務，她與瀑布資產的互動也增加了，因此投資團隊開始單獨為她準備一份簡略的報告，好讓她了解公司的控股。一名與會者表示，她不會問太多問題，不過「在私下她嘗試理解，這些年來可以看到她的進步，逐漸開始有自己的聲音。」

雖然她堅持而努力，但是與名人丈夫共享平臺應該很辛苦。正如梅琳達在書中所寫：「我一直努力找尋自己的聲音，因為我總是在比爾身旁發言……使我的聲音很難被聽見。」在她書中分享的女性故事中，梅琳達似乎經常能找到自己生活中權力不平衡的影子。她必須在這段關係中為平等而奮戰；她的前夫不會主動交給她。

在書中，她也試圖分享自己曾經（在與比爾交往前）處於一段虐待關係的故事，藉此打動讀者，她說這段關係扼殺了她的自尊，她在出書前從未公開提到這段經歷。「對我來說，那和開發中國家婦女沒有什麼不同，都是失去發言權或決策權。」她在一次關於出書的訪談中說道[7]；這本書的書名來自於「向上提升」的概念，就是火箭升空的當下。她的父親是阿波羅計畫（Project Apollo）的一名航太工程師，在孩提時代，梅琳達和她的兄弟姊妹會去看火箭發射。

二〇一五年，梅琳達創辦了樞紐創投，這家公司總部設在西雅圖，旨在透過投資、慈善和倡議追求婦女賦權。海溫·萊伊（Haven Ley）是蓋茲基金會前員工，目前是樞紐創投主要成員，根據她在接受《巴倫周刊》（*Barron's*）採訪時表示，這項努力起初是作為「慈善的補充工具」，以幫助梅琳達走得更遠更快[8]；然而在接下來幾年裡，隨著她對外宣揚自己是女權的捍衛者，樞紐創投成為梅琳達的發射器。她組成一支以女性為主的團隊，其中包括幾位像萊伊這樣來自基金會她私人辦公室的員工。公關專家被指派任務，塑造、維持並改善她個別而獨特的個人品牌，不僅有別於她的丈夫，也要有別於基金會品牌。

蓋茲從來沒有改變過制服般的穿著，有領的襯衫、毛衣和休閒長褲（他曾經向保羅·艾倫的女友提供時尚建議：「基本上，妳要買所有款式和顏色都相同的衣服，這樣就不用搭配，節省了時間。」艾倫在回憶錄寫道）但梅琳達的穿搭幾十年來逐漸進化。根據諾德斯特龍這家精品百貨的一位買家說，在一九九〇年代，梅琳達經常在這家西雅圖當地的商店買衣服，而且偏好購買古馳（Gucci）和普拉達（Prada）這些經典品牌。當時她的穿搭仍然低調，但是近年來變得有點前衛——儘管沒有蜜雪兒・歐巴馬（Michelle Obama）這樣的氣魄。從她的髮型到穿搭、演講到公眾形象，梅琳達運用一種緩慢但是刻意的方式，推出她的「新」自我和新公司。不過，直到二〇一八年她準備出書時，樞紐創投才完全公開亮相。

二〇一九年她在《時代》雜誌寫了一篇關於婦女及女孩的觀點文章，承諾投入十億美元促進性別平等。[9] 二〇二〇年，她在《紐約時報》撰寫了另一篇觀點文章，紀念國際婦女節，並再次闡述關於婦女賦權的核心理念，呼籲讀者展開性別平等的對話。[10] 在二〇二一年五月宣布離婚的前幾個月，她幾乎無處不在，上電視節目、接受雜誌和報紙採訪，並且為她成為獨立女權慈善家身分創造條件。這是梅琳達「提升的時刻」。

為婚姻付出一切

一九九四年新年當天，比爾・蓋茲與梅琳達在拉奈島（Lanai）高爾夫球場的第十七球洞區結婚。當天大約有一百三十名賓客，包括微軟的同事、親密的朋友和他們的家人都飛到夏威夷島。拉奈島曾經是美國都樂公司（Dole Corporation）鳳梨種植園的所在地，島上只有三間酒店。地上交錯著泥土路，沒有一個號誌燈。那個星期六傍晚，新娘把頭髮放下來，新郎穿著白色的燕尾服，微風輕拂著他沙棕色的蓬髮。當夕陽灑在峭壁上，他們展開二十七年的婚姻旅程。歌手威利．納爾遜（Willie Nelson）為賓客們表演助興。儘管不允許任何一名記者或攝影師參加，但是有些人為了全球首富的婚禮還是來了，企圖拍到幾張照片，捕捉到幾句對話。當部分客人開始抱怨受到侵擾，在場的蓋茲家族好友，同時也是《華盛頓郵報》的發行人凱瑟琳．葛蘭姆則宣告：「新聞自由！」

蓋茲派了一支保全隊伍驅趕他們，並下令禁止擅入。後來，過度熱心的保全人員惹了麻煩，記者指稱他們被驅離小島的公共區域，受到騷擾，甚至還控告了這位億萬富翁。十天之後的一月十日，這對新婚夫妻在西雅圖舉辦了歡迎酒會。微軟發布的新聞稿形容這場宴會為「經典而優雅」。宴會在一間私人宅邸舉辦，包括一頓正式的晚宴，歌手娜塔莉．高（Natalie Cole）為賓客們表演。據《西雅圖郵訊報》（*Seattle Post-Intelligencer*）報導，梅琳達穿了皮草裝飾的洋裝，引起反皮草運動人士的關切。

梅琳達．安．法蘭奇於一九六四年八月十五日出生，她在一個關係緊密的家庭長大，是四個孩子中的老二。她是達拉斯吳甦樂學院（Ursuline Academy of Dallas）的畢業生致詞代表，這是一間天主教大學的預科[1]女子學校，她畢業於一九八二年。從杜克大學取得電腦科學學士和MBA學位後，她於一九八七年進入微軟，不久之後在一場晚宴上坐在蓋茲旁邊而認識了這位上司，幾個月之後，兩人在公司停車場相遇。梅琳達曾經多次講述這段經歷，那是一個星期六下午，他要求她在兩週後的星期五約會，她回答這不夠「即興」。當天稍晚，他打電話問她晚上是否能碰面小酌一杯：「妳覺得這樣夠即興嗎？」

這對伴侶在戀愛前幾年一直守口如瓶。家人和親密的朋友知道他們的關係，不過梅琳達特別在意，作為一名初階主管與公司的共同創辦人和總裁約會可能引發的觀感。她在微軟逐步晉升，擔任產品經理，管理工作團隊開發，像是Word這些軟體，最終成為部門主管，不過她一開始認為很難適應公司以男性主導的環境，這裡的氣氛獎賞戰鬥，並且「每個想法都需要激烈辯論以及批判」梅琳達在她的著作《提升的時刻》寫道。「彷彿每次會議，不管多麼隨意，都是與比爾進行策略審查的彩排。」[11]。在這家公司，大多數女性都待在產品管理及行銷部門，很少女性工程師。在斷斷續續交往五年後，蓋茲和梅琳達於一九九三年春天訂婚，當時她二十八歲，而他三十七歲。倆人訂婚的消息登上《華爾街日報》的頭版，標題是「一場在微軟締結的婚姻：億萬富翁的結合將引領電腦王朝，或是削弱他的雄心？」

當時與蓋茲共事的那些人表示，他們都很清楚，這位微軟共同創辦人為公司竭盡所能，他沒有把婚姻或孩子列為人生的重要考慮。電腦業界有些人很懷疑他會成為怎樣的丈夫和父親。有一段時間，他和科技界早期的女性企業家安．溫布拉德交往。溫布拉德年長蓋茲幾歲，她想安定下來建立家庭。由於希望在蓋茲心中種下婚姻的種子，並且把家庭生活的樂趣介紹給他，她邀請了蓮花軟體公司創辦人米切爾．卡普爾、他當時的妻子，以及他們

1 北美洲一種中等教育機構，通常為私立，專為學生升大學或學院而設立。

兩歲大的孩子一同前往她在北卡羅萊納外灘群島（Outer Banks）的度假小屋。結果蓋茲整個週末都沉浸在亨利·福特的傳記中，雖然他確實也休息了一、兩次——去騎沙丘越野車。

蓋茲的母親瑪麗·蓋茲也催促她唯一的兒子考慮婚姻。他向朋友和主要知己徵詢意見；同事們厭倦了他只專注於工作的偏執，開玩笑說婚姻生活可以讓他放慢步調。在《蓋茲之道：疑難解法》這部二〇一九年九月播出的紀錄片，梅琳達敘述她有一次進入蓋茲的房間，發現他正在白板上條列出結婚的利弊得失。她也在影片中提到，他們的關係已經到了非結婚即分手的地步。

蓋茲最後決定結婚，原因正如他在一九九四年向《花花公子》雜誌所說的，梅琳達讓他感覺到想結婚，儘管他「過去在這個問題上的理性思考」完全不是如此。[12] 他補充說道，他喜歡聰明又獨立的女性。一名當時與蓋茲直接對話的前微軟主管表示，梅琳達代表了負責任、關愛又溫暖的人，「與他母親的特質相映照」——是一個可以讓他安定下來、生兒育女的對象。

從一九九〇年代初期，蓋茲開始在麥地那（Medina）一塊五英畝的土地上，建造一座占地六萬六千平方英尺的多樓層豪宅，麥地那位於西雅圖郊區的華盛頓湖邊，人口約三千人，全美一些最富裕的人聚集在此，他們在茂密的杉樹、楓樹和榿木叢中建造了密集的豪宅，以及十英尺高的樹籬。幾乎每一棟湖畔的房屋都有一艘遊艇，在這裡看到保時捷（Porsche）911 GT3 停在轉角熟食店也是稀鬆平常的事。蓋茲最初構想將這棟房子作為男人地盤，配備了那種我們預期來自科技億萬富翁的高科技、未來派的裝備，另外也可以展示他越來越多名貴的藝文收藏品。一九九四年，蓋茲花了三千零八十萬美元購得他珍愛的達文西手稿，並且因為對攝影的熱愛，他還買下貝特曼檔案館（Bettmann Archive），一個歷史照片的畫廊。

這座豪宅以太平洋小屋的風格建造，有著傾斜的屋頂和數百顆道格拉斯杉木製成的溫暖棕色木材，而獲得「世外桃源二・〇」（Xanadu 2.0）的稱號。這是從《大國民》（*Citizen Kane*）電影的主角查爾斯・福斯特・凱恩（Charles Foster Kane）蓋了誇張的豪宅「世外桃源」（Xanadu）借來的稱呼。豪宅裡有電影院、一間彈跳床的房間，這是對蓋茲過去跳出垃圾桶和跨過扶手椅這項習慣的致意。[13]

梅琳達想到要搬進這間浮華但缺乏靈魂的建築，並且在這裡養育兒女就感到驚嚇，因此她聘請了著名的法國建築師兼室內設計師蒂埃里・德龐（Thierry Despont）為室內增添一些溫暖的元素，並創造出可以包容日常生活雜亂、溫馨而親密的空間。[14]世外桃源二・〇的建造超過六年才完工，當混亂的建造工程一結束，室內裝修師一離開，這對夫妻就帶著他們的寶貝女兒入住了。

二〇〇七年，一名微軟實習生羅勃特・史密斯（Robert Smith）有機會參觀了豪宅，「開進比爾的車道，就像進入侏羅紀公園。」史密斯在部落格貼文寫道。[15]他對圍繞房屋四周的綠地讚不絕口——「那片草坪就像有人用剪刀修剪過」——還有電影院，加上「現正放映」的告示，非常齊全。梅琳達偶爾會帶人參觀房子，介紹道格拉斯杉木的建材，以及利用水下隔板分成室內區和室外區的游泳池。

住宅的一大亮點是建在莊園裡的河口，水源從溪流而來，蛙魚、鱒魚和其他魚類會在此產卵。屋內，一間書房的牆面上掛滿了獎牌和來自全球元首的短箋，全是夫妻倆因為慈善工作而收到的。價值不菲的藝術品和博物館文物被小心放置在屋內各處。德龐曾經委託一位藝術家複製一只花瓶，因為蓋茲在義大利博物館見到真品很想買下，但是博物館不願割愛。這對夫妻也非常喜歡史考特．費茲傑羅（F. Scott Fitzgerald）的《大亨小傳》（*The Great Gatsby*），甚至把他們最喜愛的書中名言印在圖書館的天花板上：「他的夢似乎已近在咫尺，他幾乎不可能落空。」（His dream must have seemed so close that he could hardly fail to grasp it.）[16]

他們交往的時候，梅琳達會在她的微軟辦公室裡亮起一盞綠燈，暗示蓋茲可以去找她——或許，這也是對《大亨小傳》裡作家尼克．卡拉威（Nick Carraway）描述「綠燈」的一種呼應，象徵主角傑．蓋茲比（Jay Gatsby）對黛西．布卡南（Daisy Buchanan）的愛情。蓋茲年輕時曾經在阿布奎基市接過超速罰單，他一直都很喜歡跑車，收集了包括保時捷、賓士（Mercedes-Benz）和其他豪華車款，房屋的地下室挖建了一個可容納約二十輛車的地下停車場。武裝的保全人員嚴密監視著好奇的遊客，乘船遊湖的觀光客若是靠得太近，就會被驅離。

蓋茲終究漸漸進入婚姻生活。他們的三個孩子——大女兒珍妮佛出生於一九九六年，第二個孩子羅里出生於一九九九年，而最小的菲比則出生於二〇〇二年——他們都在麥地那這間屋子長大。在學校，梅琳達用她娘家的姓為孩子們註冊，以維護隱私。西雅圖居民有時會看到梅琳達參加主日彌撒，孩子們緊跟在後，她是虔誠的天主教徒。

在難以想像的奢華中長大的孩子，他們的生活只有億萬富翁階級才能真正理解，他們縱情於追求自我的愛好，並且一直如此。珍妮佛是紐約西奈山醫院伊坎醫學院（Icahn School of Medicine at New York's Mount Sinai Hospital）的醫學生，並且是馬術障礙超越賽選手，她在紐約上州等地擁有育馬廄和養馬場。她與同是馬術愛好者的納耶爾・那薩（Nayel Nassar）結婚，那薩在史丹佛大學完成教育，是一位埃及裔美國人。

她活躍於馬術運動的稀有圈子，當中有許多名人以及億萬富翁的孩子，包括史蒂夫・賈伯斯和羅琳・鮑爾・賈伯斯（Laurene Powell Jobs）的女兒伊芙・賈伯斯（Eve Jobs）、麥克・彭博的女兒喬治娜・彭博（Georgina Bloomberg）、美國搖滾巨星布魯斯・史普林斯汀（Bruce Springsteen）和歌手派蒂・史凱法（Patti Scialfa）的女兒潔西卡・史普林斯汀（Jessica Springsteen），她是奧運馬術選手。

二〇二三年，在珍妮佛生了女兒後，蓋茲和梅琳達成為了祖父母。羅里畢業於芝加哥大學，比起他的姊妹一直低調得多。最小的菲比是史丹佛大學學生，也是剛嶄露頭角的時尚達人，在社群媒體有相當的影響力，她會發布有關父母的訊息，包括父親搞笑的影片，以及母親在女權方面的工作。

》》

許多觀察者認為，蓋茲的婚姻及其破裂，是因為彼此對於婚姻契約的意義有不同的看法。即使梅琳達同意嫁給蓋茲，也完全知道他對婚姻制度有所保留，但兩人非常相愛，她的同情者說，她真心相信結婚會帶來改變，因為她堅信婚姻的神聖性。那些對蓋茲較為包容的人則指出，愛情和婚姻常常是兩回事。這位微軟共同創辦人的一位前同事指出，與某人結婚，以及承諾對這段婚姻專一不同，並將之與巴菲特及第一任妻子蘇珊·巴菲特之間的安排做了比較。蘇珊離開了巴菲特，但為她的丈夫安排了一位伴侶（他們一直維持婚姻關係，並且關係友好，直到蘇珊二〇〇四年過世。）

據那些曾在私人場合觀察過這對前夫妻的人所述，這段婚姻並非毫無激情或樂趣，他們兩個人有許多歡笑和愛意的時刻，梅琳達有時會去牽蓋茲的手；然而，**這些年來蓋茲多次對她不忠。「比爾有雙重性格，」**一位與梅琳達密切共事過的人士表示：「他非常愛梅琳達，我認為他從未想過會失去她。」但是同時，「梅琳達天生信奉嚴格的一夫一妻關係。」

蓋茲年輕時喜歡參加派對和上脫衣舞酒吧，這件事在微軟高層和一九八〇年代當時規模還小的科技圈都知道。《西雅圖郵訊報》兩名調查記者在一九九三年撰寫的蓋茲傳記《硬碟戰將》（*Hard Drive*，暫譯），作者描述了這位年輕的微軟共同創辦人，有一次搭乘直升機，到法國阿爾卑斯山的小木屋參加國際行銷會議，通宵狂歡。清晨五點，一名與會者準備離開時，差點踩到躺在一名女子身上的蓋茲。記者寫道，在結婚前，蓋茲經常被想和他約會的女性「包圍」，而他有時會回應她們的追求。[17]

一九八六年七月二十一日號《財富》雜誌刊登的封面故事，是關於微軟當年如何完成首次公開募股。報導中充滿了公司與銀行家及律師之間高風險談判的細節，記者大衛·柯克派崔克（David Kirkpatrick）輕描淡寫的提到：「蓋茲，一個動作不協調、蒼白的金髮男，坦承自己是個『書呆子』，一心一意只專注在電腦事業，雖然他掌握各種知識的能力驚人。奇怪的是，蓋茲也有點像花花公子，而且瘋狂的愛開快車，即使他為了克制自己而買了跑不快的賓士柴油引擎車來開，仍然接過好幾次超速罰單。」[18]

一名知悉蓋茲與女性互動情形的人士表示，在這位微軟共同創辦人結婚前，有些女性希望引起老闆的注意，而蓋茲享受這些關注。有些女性甚至穿著「娶我吧，比爾」（Marry me, Bill）字樣的T恤參加公司活動。[19] 一名微軟前資深員工回憶，蓋茲辦公室助理曾經形容，假如不加以約束，蓋茲與公司的女生在一起時，就像「糖果店裡的小孩」。在一九九〇年代初期，微軟是高盛集團（Goldman Sachs）最大的客戶之一，高盛負責微軟股票上市，據一位了解高盛內部討論的人士回憶，蓋茲有時會在銀行安排的酒會上與女生調情，甚至包括資深銀行家的眷屬。

根據曾在微軟、蓋茲基金會和管理蓋茲財富的瀑布資產工作過的人士透露，有關蓋茲和他拈花惹草的傳言，早就在這幾個機構內部流傳。即使在婚姻期間，蓋茲也經常與女性調情並追求她們，做出不受歡迎的舉動，例如還在擔任微軟董事長期間，要求一名微軟員工共進晚餐。[20] 二〇〇〇年，蓋茲和一名微軟員工發生了婚外情，將近二十年後，亦即二〇一九年，這名女性向公司董事會通報了這段關係，導致董事會裡的一個委員會，必須在外部律師事務所的幫助下進行調查。據《華爾街日報》報導，這次調查導致蓋茲在二〇二〇年退出微軟董事會。[21] 當時，蓋茲的代表承認有這段風流往事，但表示已經「友好的」結束，董事會的調查與蓋茲的離開毫無關係。

一名知悉蓋茲行為的人士透露，蓋茲偶爾也會對基金會的實習生調情，讓她們感到不自在，因為既要考慮職涯前景，又不想被這位老闆搭訕。這名人士回憶，有一次，她親自把二十二歲實習生帶到蓋茲辦公室，另一名同事責備了她：「她太年輕，又太漂亮。」最近有報導指出，在二〇一〇年，蓋茲這位狂熱的橋牌玩家，也曾與當時年僅二十來歲的俄羅斯橋牌選手米拉·安東諾瓦發生婚外情。[22] 根據知道其中一些情況、曾經親眼目睹，或是看過蓋茲寄的調情電子郵件的人表示，蓋茲的追求態度是純情的，而非掠奪性。

從微軟時代到基金會，至少有三名在蓋茲不同人生階段認識他的人都說，蓋茲不會傷害女性員工，也不會以職務晉升來要求交換性關係。一名對老闆行為有直接了解的微軟前高階主管表示，可能因為蓋茲「有魅力、受人敬重，也很有趣，所以就有了開始。」他表示：

「他不是哈維・溫斯坦（Harvey Weinstein）。」這指的是前電影製作人，因為性侵定罪目前正在服刑。「據我所知的事實，沒有人會因為和比爾上床，就得到任何好處。」同情蓋茲的人說，蓋茲在與女性的互動中表現出某種天真，有時會誤以為投機的對話就是彼此有意，而漸漸追求對方，但如果對方沒有正面回應，他就會放棄。他很享受成為名人受到的崇拜，尤其是在會議和活動中，女性和男性都會簇擁著他，但是他有時候無法分辨恭維或調情的差異。

梅琳達並不總是對事情的發展感到滿意。據兩位知情人士透露，其中一位是直接從蓋茲助理得知，這位微軟億萬富翁的行事曆會保留一些行程，表面上看來是個人會議，但很少人看得到具體內容。三位知情人士表示，十餘年前，蓋茲的私人保全人員進行了一次人事清理，其中一人說，變動的原因是保全人員「協助他前往梅琳達不知情的地方。」另一位知情人士表示，她的擔憂部分來自於家族成員的高知名度，所以她必須隨時掌握家裡每一位成員的行蹤。

有一次，蓋茲的女性友人打電話到蓋茲家中，想告知他，她可能會晚一點出席會議。當管家告訴她蓋茲不在家時，這名友人索求能直接聯繫到蓋茲的電話，管家猶豫了，這名女性友人擔心自己會讓蓋茲久等，催促管家給她電話，管家很勉強的告訴她，梅琳達不喜歡其他女性打電話到家裡，並且禁止透露蓋茲的電話。

蓋茲偶爾會在高度緊湊的行程中尋求自由，他的行程填滿了一個接一個，通常為五到十分鐘的會議。他特別珍惜與巴菲特共處的時光，尤其是造訪奧馬哈時，兩位億萬富翁享受著漫無目的、隨心所欲的交談，這與他和梅琳達井然有序的生活形成鮮明對比。巴菲特曾向一位朋友提到，蓋茲的來訪，似乎是從行程緊湊的生活中得到喘息，包括他的私人時間大部分也是由梅琳達設定與安排，其中也包含家庭時間。當巴菲特問蓋茲，為什麼他不能掌握自己的生活，按照他想要的方式過日子時，蓋茲只是聳了聳肩。巴菲特在一封電子郵件寫道：「比爾喜歡安排行程，但我不是。」眾所周知，巴菲特不喜歡衝突，在蓋茲夫妻離婚後，他離開了基金會裡的惱人情況，這樣就不需要應付任何可能的尷尬局面。有些人將其視作巴菲特對外界散發的訊號，表明他與蓋茲傳奇的友情，在多年後不再熱絡。

梅琳達曾經公開說過，她希望這段婚姻能繼續下去。據一位知悉這些事的人透露，在二〇〇〇年代初期到中期，當小女兒菲比出生時，他們的婚姻經歷了一段特別艱難的時期，當時兩個人甚至做過婚姻諮商。然而蓋茲並不認為他的行為會有什麼後果。她沒有預料到蓋茲的婚外情會被媒體曝光，最終促使她走向分手。宣布離婚之後，隨著一連串的媒體報導，梅琳達分享了婚姻中難堪的部分。在媒體面前，她有時會嚴厲指責前夫，另一方面也展現出自己的脆弱。

她對ＣＢＳ的主播蓋爾・金恩（Gayle King）說，不是只有一件事，而是許多事導致離婚。當到了一個程度，「累積了夠多的事情」，他們的關係不再健康。在訪談中，她幾乎表明，自己長期容忍著蓋茲的某種行為模式，直到她決定不再忍受。「我再也無法相信我們之間的關係了。」她說，並補充道，有些夜晚她躺在地毯上，流著淚水，不知道要怎麼往前走。「我對這段婚姻全心投入，我為這段婚姻付出了一切，所以現在我不會質疑自己。」當被金恩問到，報導指出蓋茲有好幾段婚外情時，她回答：「這些問題是比爾需要回答的。」當記者問她，為什麼蓋茲要繼續與艾普斯坦碰面時，梅琳達回答：「這些問題是比爾需要回答的。」

梅琳達曾多次表示，前夫與艾普斯坦的關係是導致他們離婚的原因之一。她曾於二〇一三年見過艾普斯坦一次，當時正值蓋茲的幕僚正在為基金會根除小兒麻痺的工作爭取諾貝爾和平獎之際。九月二十日，那天是星期五，梅琳達和蓋茲在紐約接受了拉斯克——彭博公共服務獎（Lasker–Bloomberg Public Service Award），以表彰他們「以啟迪人心的慈善事業提升全球衛生」。當晚七點三十分，白天的和煦漸被初秋的微涼所取代，他們前往艾普斯坦的寓所參加晚宴——這是一棟位於曼哈頓上東城（Upper East Side）的七層樓豪宅，就在中央公園附近，以法式新古典風格建造，石灰岩的外牆在城裡那一帶頗為常見。

梅琳達從走進大門開始就感到心神不寧。門廳和接待區占據了兩層樓，有一面牆上掛滿了一排排簽了名的裱框名人照片，包括前總統比爾．柯林頓。大理石的樓梯旁放置著女性雕像，有些穿著挑逗的服飾。一個真人大小的女性玩偶從吊燈懸掛下來。[23]二樓有一幅監獄場景的壁畫，艾普斯坦被描繪在畫的中心。他的藝術品味傾向怪異。根據二〇〇三年《浮華世界》的一篇報導，他的豪宅裡有一面牆展示著一排一排鑲框的眼球，艾普斯坦告訴記者，這些作品是為受傷士兵製作，是從英國進口的。[24] 梅琳達整場晚宴坐立難安，後來她告訴朋友們，對當時丈夫沒有斷絕與艾普斯坦的關係感到氣憤。離婚後，她也公開表示厭惡這位被定罪的性犯罪者，說他「令人憎恨」，是邪惡的化身。

二〇二二年，梅琳達在一場活動上提到，她曾經上過心理治療師埃絲特・沛瑞爾（Esther Perel）關於「關係智商」（relational intelligence）的大師課。[25] 她說，這教會她思考關係中的權力與合作，而權力的動態不一定是既定的，而是由兩個人協商彼此讓步而來，即使其中一人是養家糊口的人。梅琳達表示，這提醒了她，如何處理未來可能會擁有的戀愛關係。「她對自己的婚姻非常坦誠透明，」一名了解梅琳達想法的朋友表示：「梅琳達不做沒有目的性的事，這件事已經醞釀了很久。」

在梅琳達接受蓋爾・金恩採訪後不久，蓋茲也在國家廣播公司（National Broadcasting Company，簡稱ＮＢＣ）接受薩瓦娜・格思里（Savannah Guthrie）的採訪。他沒有明確承認是否有婚外情，不過很堅持自己的說詞，承認自己「犯了錯」，但認為深入討論細節並沒有建設性。當格思里問蓋茲，從離婚經驗，他對自己有什麼新的認識，以及對於處於相同情況的其他人有什麼建議時，蓋茲表示他對科學研究比對個人關係更了解。「在氣候或衛生這些領域我有專業知識，但是對於這樣的個人問題，我不認為自己是專家。我應該對成功非常謙虛，妳知道，成功有其棘手的一面，所以妳曉得的……我沒有好的建議可以提供。」在其他地方，蓋茲堅持認為，從他的角度來看，這段婚姻非常美好，他不會選擇與其他人結婚。

展開人生第二曲線

梅琳達的淨資產約有一百一十億美元，她希望透過美國社會上被忽視的目標賺取收益。二〇一五年由她創立的樞紐創投，是一家投資及倡議公司，不僅追求社會公益，還希望從中獲得回報。這家公司看準了機會，投資的那些新創公司，所從事的是幾乎完全被傳統創投公司忽略的議題。在樞紐創投的投資組合裡，包括提供節育和性健康建議的 Tia、正在開發工具為女性提供金融教育的 Penny Finance，還有專為年長者提供科技支援的 Candoo，幫助他們學習如何使用新的軟體和裝置，像是 iPhone 產品和亞馬遜的智慧系統 Alexa。

這些都是不超過數百萬美元的小額投資，多數是在過去幾年間進行的，是樞紐創投試探性的行動，看看是否能在堅持更廣泛使命，亦即追求在美國推動性別平等及婦女賦權的同時，也能從創投事業獲得收益。這家公司也投資某些知名的私人公司，包括 Ellevest，這是專為女性設計的個人理財網站，由華爾街前銀行家莎莉．克勞切克（Sallie Krawcheck）所創辦；以及致力協助女性科技工作者的 All Raise 公司。一位研究樞紐創投投資策略的顧問指出，這家公司儘管幾乎沒有實績，但是透過推廣梅琳達的名字，以及她與企業創辦人的密切互動，可望建立更高的信用度以及更佳的投資機會。「梅琳達的名字賦予它一定的影響力。」這名顧問說道。[26]

樞紐創投座落於西雅圖郊區，辦公室寬敞明亮，充滿了現代化工作場所的舒適感，有許多「協作」空間，以木質和織物作裝飾，還有個豪華的廚房。樞紐創投是一家有限責任公司，而不是傳統的慈善基金會。後者在法律的規範下每一年必須捐出一定的款項，才能維持免稅的資格，並且它們不能贊助政治活動或進行遊說；而有限責任公司要納稅，但可以靈活採用多種策略以推動創辦人的目標，無論是透過創業投資、政治捐獻、倡議活動或慈善捐款。也就是說，樞紐創投可以投資公司、進行補助、支持倡議，或是結合三種方式，以追求其增加婦女政治權力的目標；而截至二〇二四年，它已經投資了一百五十個相關團體。它甚至有一個出版部門，稱為「提升的時刻」圖書，這是麥米倫出版社（Macmillan）旗下熨斗圖書（Flatiron Books）的品牌，於二〇二一年成立，專門出版提升女孩平等的非小說類書籍。根據一位與該公司合作過的外部顧問表示，有限責任公司的架構在慈善家之間越來越流行，樞紐創投採用這種架構，力求更具有實驗性及創新，同時也把蓋茲基金會的分析力和活力帶入各項專案。

多年來，樞紐創投一直只是個登入頁面，當時為梅琳達工作的人還在研究，試圖確定這個機構應該做什麼。在基金會，她的許多工作都與性別平等和婦女賦權有關，但這些都在全球發展的範疇之下。長期以來，她力求基金會參與國內的議題，例如讓更多女性進入科技和電腦科學領域，以及增加她們在董事會和公共生活中的代表性，然而這些想法沒有獲得太多關注。這至少是她創辦樞紐創投的部分動力。

推動她在基金會專注於性別議題的核心理念，也成為樞紐創投工作的基礎，這個理念就是：資助婦女相關議題的工作，有助於整體發展，並且如果所有女孩都能接受教育，世界會變得更好。在樞紐創投網站有一段影片，她解釋了加速女性改革步伐的必要性。她說：「我對女兒的希望和夢想與我對兒子的相同，我希望他們在世界上可以發揮自己的才能，自由選擇想做的事。當然，想到我的女兒會不會只因為性別，而遇到我兒子不會遇到的障礙時，我就會感到很難過。」

在樞紐創投，梅琳達創造了一家非常符合她個人形象的公司，確立了一種結合了雄心與謙遜的基調，並且透過接受脆弱而強調出賦權。她以同理心、同情心和人際關係為語言，呼籲「同理心領導」以及「價值本位」的工作和生活方式。「令人心碎」一詞是她經常用來形容旅途中的所見。這家公司最初是她的副業，但從二〇一八年開始，樞紐創投變得越來越活躍，其主要目標是讓更多女性進入科技行業以及當選公職，支持有色人種的婦女和女孩，並且提倡給薪的家庭假、醫療假，以及照護服務。

梅琳達希望樞紐創投能與廣泛的參與者合作，包括活動家、倡議者、投資家和創新者，她希望能轉化自己的巨大影響力，讓這些議題得到關注。在二〇一九年，她表示將透過樞紐創投，於十年內投入十億美元推動性別平等。樞紐創投還呼籲拜登政府任命一位「護理沙皇[2]」（caregiving czar），以促進托育改革。

》》

作為一名慈善家，梅琳達長期倡導婦女的節育與生育權，特別是那些貧窮環境下的婦女，她主張女性應該能夠選擇是否或何時生育孩子，並指出意外以及不想要的懷孕，不僅對女性有毀滅性的傷害，也會損害經濟生產力。在親眼目睹非洲及印度村落貧苦婦女的困境後，她得出這個結論：這些婦女的自主權被剝奪了。此立場與她的天主教信仰直接對立，迫使她透過「教會幫助窮人的教義」來倡議家庭計畫，但是也招致了批評。她在書中引用了《路加福音》（*Gospel of Luke*）裡的話來談論這項衝突：「你們律法師也有禍了！因為你們把難擔的擔子放在人身上，自己連一個指頭也不肯動。」[27]

二〇二二年美國最高法院推翻了羅訴韋德案之後，梅琳達就強烈支持墮胎權，將其視為女性權能和自主權的問題，因為很顯然「這些決定是為女性而做，而不是由她們自己決定的。」[28] 二〇二二年秋天，樞紐創投、歐巴馬基金會和克隆尼正義基金會宣布合作，共同推動女性賦權——支持「女性變革者及其賦權」。梅琳達、蜜雪兒·歐巴馬，以及國際人權律師、好萊塢演員喬治·克隆尼（George Clooney）的妻子艾瑪·克隆尼（Amal Clooney）在各項座談會及公開活動上發表演講，作為該項努力的一部分。二〇二三年十一月，這三位女性訪問了馬拉威和南非，作為終止童婚運動的一部分。

梅琳達和她的樞紐創投幕僚運用了與蓋茲基金會一樣的高能見度媒體策略。與許多公眾人物一樣，包括她的前夫，形象塑造是將個人基本特質轉換為一致訊息的整合過程。作為基金會的兩位代表之一，梅琳達早就開始打造與丈夫不同的公眾形象。透過樞紐創投，她的公眾形象被推舉為全球慈善家以及女權倡議者，整合了她在兩個組織的工作。

儘管知名度高也經常公開露面，梅琳達在二〇二四年二月告訴英國廣播公司（British Broadcasting Corporation，簡稱ＢＢＣ）的採訪者，她對這些都不感興趣。「我覺得自己永遠不會習慣這件事。」當被問到為什麼接受訪問時，她說道。「我已經變得更能自在的說出自己的真實想法，也更加自在於表達我在世界各地的所知所見，但你知道，作為一個公眾人物並不是我特別期待的事情。」

每一年，蓋茲基金會都會準備一份年度「目標守衛者」（Goalkeepers）報告，評估全球領袖在達成聯合國二〇一五年所採納的十七個永續發展目標上的表現。在二〇二一年的報告中，疫情是主要的部分，蓋茲和梅琳達各自發表了看法。兩段影片都精心製作，但是在態度和內容上截然不同，充分反映了各自的個性，正是世界對他們的期待。在一部一分鐘的影片裡，梅琳達完全把焦點放在女性的力量，關於她們如何撐起世界，以及疫情期間

---

2 「沙皇」為美國針對重要事件，在特定期間指派的高級管理職位。

不同種族和背景的女性如何做到了這一點。而蓋茲的影片長度五分鐘，內容關於全球衛生和疫情應對的統計數據、地圖和事實陳述。

在離婚之後，蓋茲和梅琳達也各自重新撰寫了捐贈誓言信，重申他們捐贈大部分財富的承諾，但是各自捐贈。二〇一〇年還是夫妻時，她和蓋茲在原始的承諾信宣誓把共同財產的大部分都捐贈給蓋茲基金會。但是在二〇二一年夏天離婚後，梅琳達在她新的承諾信中強調「由下而上」而非「由上而下」慈善方式的重要，以及必須靈活、而不是以意識型態指導捐贈和資助決策，展現她對大型慈善機構所受批評的敏感和反思。她不再承諾將估計約六十億美元的財富捐給基金會。

二〇二一年五月宣布離婚後的幾天內，蓋茲開始把資產轉移給梅琳達，作為這對前夫妻和解協議的一部分。依據彭博社報導的監管文件，這些資產主要包括價值數十億美元的股份，例如全美汽車（AutoNation）、強鹿（Deere）和加拿大國家鐵路（Canadian National）等公司。

二〇二二年，蓋茲將市值二十四億美元的微軟股票轉移給她，截至該年，她所持有其他公司的股票超過十四億美元。瀑布資產不再管理梅琳達的個人財務，但仍為基金會的受託人管理資金，其中包括梅琳達。基金會計畫讓這對前夫妻繼續擔任聯合主席，並協議假如他們無法再共事，梅琳達要在兩年內離開基金會。據她身邊人士透露，梅琳達有時覺得這很具挑戰性。二〇二四年，當她完全切斷與基金會的關係，蓋茲給了她一百二十五億美元——這筆金額將使她在執行使命時擁有巨大的影響力。

到二〇二四年五月，關於這些資金將如何使用，是否會全部透過樞紐創投進行分配，仍在討論中。梅琳達也計畫更新她的捐贈誓言以反映新的現實。

即使梅琳達在發展樞紐創投時，特別關注女性議題，慈善業觀察者並不認為她會完全偏離蓋茲的世界觀。曾經與這對夫妻共事過的人表示，**蓋茲和梅琳達對於慈善在這個世界上的角色，看法是一致的**。他們說，她也同樣信奉市場主導的基本信條，蓋茲基金會就是依此引導決策。只是她想為性別平等和女性權利做更多事，就像蓋茲透過突破能源基金（Breakthrough Energy）處理氣候和能源投資，以及透過蓋茲創投處理他的科技投資一樣。

梅琳達和麥肯琪．史考特難免被拿來一起比較，這兩位女性在差不多的時間離婚，並成為獨立的億萬富翁慈善家，不過比較或許僅止於此。同一時間，史考特依據離婚協議繼承了約一百二十億美元，並一直默默的進行捐贈。她保持低調的公眾形象，從不接受採訪。她的捐獻方式是對非營利組織進行研究，然後開一張支票，供該組織自行決定如何運用。

二〇二二年十二月，史考特創立了一個稱為「Yield Giving」的組織，其網站既不花俏也不大肆宣傳，內容以大量文字為主，視覺效果較少，反映了史考特簡樸、謙虛的捐贈風格。史考特通常把資金交給捐贈者建議基金，並依靠各地的顧問協助她找出捐款的方式與地點。非營利組織可以向 Yield Giving 提案，由該組織內的一個委員會審核並協助撥款。

「我認為她們的相似之處多於相異之處。」印第安納大學禮來家族慈善學院女性慈善研究中心主任吉妮・因凡提・薩格爾表示。「她們的捐贈透明，令人鼓舞。」薩格爾說道；她曾與兩位慈善家合作，並且是 Yield Giving 裡的委員會成員。她補充說，她們兩位的方式都是深思熟慮的，而非草率。樞紐創投的高知名度引起了大眾關注薩格爾所說的，過去十年，由女性為了女性議題而進行的捐贈有增長趨勢。她的研究發現，女性的慈善方式往往不同於男性，她們較傾向集體且全面的捐贈。同理心會激發她們的捐贈，憤怒也會。薩格爾發現，二〇一六年川普當選美國總統後，對女性組織的所謂「憤怒捐款」激增。二〇二二年在最高法院推翻憲法保障的墮胎權後，也有類似的捐款激增。

教授非營利組織領導學的西雅圖大學教授伊莉莎白・戴爾說，樞紐創投的影響力很難評估。「樞紐創投實際上改變了什麼嗎？已經八年了。」戴爾說道。儘管梅琳達星光熠熠，這家組織卻並未獲得相應的關注，她表示，部分原因是它的捐贈還相當有限。「在性別領域以外，我認為沒有多少人聽說過這家公司。」

梅琳達並不氣餒，她利用媒體和其他線上平臺傳播自己的訊息，從撰寫觀點文章到開設「影響力捐贈」的大師課程，堅信穩定的公眾宣傳對於樞紐創投的工作至關重要。她認為自己是個媒介，透過她可以講述其他女性的經驗和事實，同時也是一個強而有力的聲音，告訴女性她們無所不能。二〇一八年她就運用了這個聲音，寫了一篇文章，說明電腦科技教育對女孩和婦女的重要性。這篇文章的標題是：〈下一個比爾・蓋茲，不會和上一個一樣。〉（*The Next Bill Gates Won't Look Like the Last One.*）

第七章

就算做慈善，也要精算每一塊錢

蓋茲稱他的方式為「催化式慈善」，簡單來說，就是尋找他的資金最有可能加速改變的事業，無論是資助創新的科技，或是撥款給非營利組織。

世界歷史上充滿了流行病、疾病和死亡的故事。幾個世紀以來，駭人的瘟疫、傳染病和痘類疾病，削減了大量人口。發燒、體液失調，流行病和傳染病讓一代代的醫學專家束手無策。然而致命疾病的歷史，也正反映出人類智慧的歷史。在一七九六年五月，英國醫生愛德華・詹納（Edward Jenner）對一名健康的八歲男孩接種牛痘，這是一種與致命的天花相關但症狀較輕的病毒。一個月後，男童康復，詹納再次將天花病灶的物質注入男孩體內，發現他並沒有感染天花。[1] 詹納將這個過程命名為「疫苗接種（Vaccination）」，這是源自「牛（Vacca）」這個拉丁字而來，並由此展開人類走向現代疫苗的漫長過程。

疫苗沙皇

如今，疫苗已經被驗證是對抗許多疾病的有效方法。在世界許多地區，例行的疫苗接種保護了孩童免於小兒麻痺、水痘、流行性腮腺炎、麻疹、破傷風、瘧疾、白喉等疾病的侵害。美國疾病管制暨預防中心（Centers for Disease Control and Prevention）在網站上列出十四種這類疾病，標題是「你幾乎遺忘的疾病（幸好有疫苗）。」然而，病毒的本質使它們總是比治療方法早一步，病毒很快就能發現人體的弱點，只要憑藉一點點呼出的氣體或是不經意的接觸，病毒就可以在人與人之間傳播，並在擴散或致病的過程中不斷突變。全球化對病毒來說是件樂事，因為隨著日益密集的貿易、旅行和商務活動流通，使病毒能輕易的搭著順風車，從一個國家傳播到另一個國家。

雖然公共衛生專家長期以來一直關注流行病，但是我們很難在假設情境下敲響警鐘。不可避免的，只有當致命病毒從隱形模式現身後，實戰才開始。二〇二〇年一月三十日當世界衛生組織公告「全球公共衛生緊急事件」時，正是這樣的情況。一個月前，中國武漢首次檢測到新冠病毒；兩週之內，病毒又在泰國出現，接著是日本。到了第三週，美國報告了首例病例，不久之後，病毒開始在全世界出現。世界衛生組織於二〇二〇年三月中宣布COVID-19為全球大流行後，各國進入封鎖模式，不到一個月內，在四月分全球確診病例已經超過一百萬例，增長了十倍以上。

在令人困惑的頭幾個月，世界衛生組織發起了一項全球運動，旨在尋找對抗病毒的疫苗，以及開發診斷測試和治療方法。它力促一百九十四個會員國及私人捐助者，為前線的醫療工作者提供防護裝備，並且與矽谷的公司會面，打擊關於病毒的不實資訊。世衛組織也制定策略，與科學家和研究人員共同合作開發疫苗，同時專注於治療感染者。其捐贈者承諾提供六億七千五百萬美元。以世界衛生組織的角色，協調著全球對付大流行病，這並不足為奇。世衛組織成立於一九四八年，是附屬於聯合國的一個單位，在第二次世界大戰結束後，這個組織一直是負責全球公共衛生的主要機構。根據聯合國的說法，世界衛生組織是「負責運籌帷幄全球衛生事務、制定健康研究議程、設定規範和標準、說明基於證據的政策選項、提供各國技術支援，以及監測並評估健康趨勢。」

在一切的混亂和恐懼中，更令人驚訝的是，出現了一個備受矚目的角色：比爾與梅琳達·蓋茲基金會。**自成立以來的數十年間，基金會已經成為世衛組織的三大捐贈者之一，與美國、德國並列**。它積極投入全球疫情應對的行列，與WHO及其他政府機構並肩，建立了權威地位。基金會的專家們與政府官員合作密切，以制定最佳政策來應付疫情，並找出最理想的候選疫苗。即使只是選擇在鼻腔內旋轉的檢測拭子時，也採納了蓋茲基金會研究人員的意見，為的是使居家診斷檢測更舒適，也方便使用。

蓋茲開始運用他大聲量的話語權提倡COVID-19的疫苗，經常與安東尼·佛奇博士（Dr. Anthony Fauci）一起發聲。佛奇博士當時是美國國家過敏和傳染病研究所（National Institute of Allergy and Infectious Diseases）所長，他成為全美最受信任的抗疫專家。蓋茲並與全球領導人透過視訊進行討論，包括英國前首相鮑里斯·強生（Boris Johnson）以及德國前總理安格拉·梅克爾（Angela Merkel）。在社群媒體上以及受訪時，他詳述最有希望的候選疫苗，對政策發表意見，並且描述了最好和最壞的情況。

這位科技億萬富翁雖非醫療專家，但他對疫苗科學有足夠理解，並且有足夠的影響力，他的意見與專業科學家一樣完全受到採納，尤其當全世界都被不確定和恐懼所淹沒，而對資訊求知若渴時。儘管他小心翼翼的避開政治辯論，但蓋茲對當時美國總統川普的抗疫方式，以及川普政府一開始不願意採納經過科學驗證的檢測方式，及建置疾病監控體系，提出異常強烈的批評。

他對於疫情的急迫感，以及對於川普政府官員的失望顯而易見；他已經習慣總統和政府高層來向他諮詢，因此蓋茲的不信任情緒使之罕見的出現尖銳的責罵。他告訴醫療新聞網站 Stat，川普政府任命了不適任的人處理疫情應對，只是因為他們同意「瘋狂理論」。[2]

截至二〇二三年，蓋茲基金會已經承諾超過二十億美元，用於 COVID-19 的各種應對工作。它投入資金，在全世界部分區域進行檢測、改善衛生基礎設施，並且研究新的治療方法和疫苗，同時提供貸款以支持貧窮和中等收入國家發展疫苗。它向製藥大廠亞培實驗室（Abbott Laboratories）以及診斷檢測製造商 SD Biosensor 保證，開發中國家將會有約當一億美元的低成本快篩試劑需求。它也與其他公司達成類似的交易協議，以加速疫苗的生產。

在其他大型慈善機構中，洛克斐勒基金會於二〇二〇年十月宣布捐贈十億美元支持疫後恢復，最為突出，但是這些捐贈承諾一點也沒有大肆宣傳。蓋茲基金會在疫情應對上的獨特角色，或許令外界感到驚訝，然而在全球發展領域的公共衛生專家、政策制定者和經濟學家們，早已知道它在疫苗領域的影響力，以及它以悄然而謹慎的方式部署資金，建立了緊密控制的網絡。

疫苗是蓋茲特別關心的事，它們是一項科學突破，其影響力可被測量，這些特質正合他的理性思維：疫苗研發和供應得越多，就可以拯救越多生命。**「疫苗有效」是他經常重複的口號**。在一九九〇年代，這位億萬富翁對於全世界赤貧者的困境感到震驚，他親眼目睹人們死於容易預防的疾病，只因為政府無法負擔足夠的疫苗。同時，對於那些已經從已開發國家根除的疾病，大型藥廠則缺乏經濟誘因投入疫苗研究。在這項未被滿足的需求上，蓋茲看見他的資金可以扮演的角色。

在二〇〇〇年，基金會成立後不久，它就與世界衛生組織、聯合國兒童基金會和世界銀行成立了全球疫苗免疫聯盟。這個聯盟簡稱GAVI，對藥廠提供採購保證，鼓勵它們以低成本製造疫苗，好讓窮困國家有能力購買。該聯盟獲得蓋茲基金會超過四十億美元的資金，建立了足夠的市場力量，能夠與輝瑞（Pfizer）、賽諾菲（Sanofi）等大型藥廠議價，在過去二十年，這項策略已經讓全球半數以上的兒童獲得免疫接種。

GAVI也資助一些機構，加速疫苗的研究工作。十多年前，該聯盟與蓋茲基金會強勢加入「全球根除小兒麻痺症計畫」（Global Polio Eradication Initiative，簡稱GPEI），這項行動是一九八八年由世界衛生組織、聯合國兒童基金會、美國疾病管制中心暨預防中心，以及社區服務組織國際扶輪社所創立。蓋茲基金會也是流行病預防創新聯盟（Coalition for Epidemic Preparedness Innovations，簡稱CEPI）的主要合作夥伴，CEPI在包括英國、比利時和衣索比亞等國政府，以及英國的健康照護慈善機構惠康基金會資助下，在疫情爆發期間撥款加速疫苗的開發。二〇一〇年，蓋茲基金會發起了「十年疫苗」計畫，與政府和多邊國際組織包括WHO合作，旨在帶動疫苗的研究並提供給極貧的國家，為了這個目標，基金會承諾捐贈一百億美元。

蓋茲基金會是「全球對抗愛滋病、肺結核和瘧疾基金會」（The Global Fund to Fight AIDS, Tuberculosis and Malaria）這個國際組織最大的私人捐助者，這個全球基金會於二○○二年在聯合國支持下成立。截至二○二二年，蓋茲基金會已經對它承諾捐贈三十六億美元，在一百多個國家對抗這些疾病。它也是美國國家衛生研究院（National Institutes of Health，簡稱NIH）的盟友，NIH是負責美國醫療和公共衛生研究的主要單位。這兩個機構在多項不同專案上進行合作；兩者總計資助了全球五四％貧窮國家流行疾病的研究與發展工作。

十多年來，蓋茲例行在NIH演講並受邀參與活動，討論茲卡病毒（zika virus）、肺結核等公共衛生主題。在疫情期間，蓋茲基金會在這些年資助或培育的聯盟所形成的關係網，對於疫苗研究的方向，以及低收入國家的疫苗供應，產生了實質的影響力。由蓋茲支持的疫苗聯盟GAVI共同領導了另一個名為COVID-19疫苗全球取得機制（COVID-19 Vaccines Global Access，簡稱COVAX）的疫苗聯盟，COVAX旨在彙集對COVID-19疫苗的需求，其他的共同領導者包括CEPI和WHO，以及作為交付合作夥伴的UNICEF。《政客》（*Politico*）和《世界》（*Welt*）新聞網在二○二二年九月發表的一項調查發現，自二○二○年以來，GAVI、CEPI、蓋茲基金會以及惠康基金會，在全球新冠疫情應對措施上，已經支出了將近一百億美元。[3]

COVAX合作夥伴機制引導全球新冠疫苗的接種工作。透過介入並與個別製藥公司協商價格，並利用捐贈者基金保證付款——所謂的「預先市場承諾（advance market commitment）」——它創造了集體購買力，並為貧窮國家的人民採購了超過十億劑疫苗。承諾透過COVAX機制購買疫苗的國家，可享有折扣優惠，而選擇「選擇性購買」協議的國家，則需支付較高價格。

儘管如此，疫情期間的供應瓶頸和其他干擾，意味著疫苗無法快速提供給貧窮國家的人民。這引起許多公共衛生專家呼籲放棄疫苗的專利保護，讓一般的藥廠也能在當地生產。然而製藥公司並不願意免費讓出智慧財產權，而COVAX也認同，並表示專利保護對於創新非常重要，而且疫苗製造是複雜的過程，當地製藥廠可能難以應付。

作為堅信智慧財產權應受保護的支持者，蓋茲在這項討論上處處著力。面對全球公共衛生緊急事件，他沒有放下堅持，而是運用基金會的權力和影響力，向這些公司購買疫苗，並交付到發展中國家的手中，成為解決問題的中間人。批評家指責他是「疫苗殖民主義」。[4]最終，他同意臨時豁免新冠疫苗的智財權。牛津大學在英國政府資助下開發出疫苗，在說服牛津大學把它所研發的疫苗，出售給阿斯特捷利康公司（AstraZeneca），而不是把技術免費分享給開發中國家在當地生產疫苗，蓋茲基金會在這方面也扮演了重要的角色。後來，梅琳達解釋了背後的原因，牛津大學有這項技術，但沒有能力把疫苗推向市場，這就是他們鼓勵這間大學與藥廠合作的原因。[5]

「卵巢樂透」的不合理

世界衛生組織有一項指標，用來計算由於特定疾病在某一人口中的流行，而在全球導致過早死亡或失能所損失的生命年數，被稱為「失能調整生命年」（Disability-Adjusted Life Year，簡稱DALY），是衡量全球整體疾病負擔的有用指標。根據WHO的定義，一個失能調整生命年等同於健康生活損失一年。這些數字以一種個人經驗和報告所辦不到的方式打動了蓋茲，因為它們以數字顯示出，出生在印度北方邦（Uttar Pradesh）的嬰兒，其存活率遠低於出生在美國的嬰兒。

蓋茲基金會早期員工尼爾森回憶道，蓋茲對DALYs感到不安。「真要命的瘋狂，」蓋茲告訴尼爾森，「這不公平。」以蓋茲的理性方法，他無法跨越這種「卵巢樂透」（ovarian lottery）的不合理性，這個名詞是他的好朋友巴菲特所發明，用來描述因出生地不同而導致孩子命運產生差異。「在比爾的大腦中，這全無道理，所以他暗自感到憤怒。」

科學和數學一直是蓋茲與世界連繫的方式，他在不容置疑的事實中感到自在。每一次，都是數字在說故事。他對於指標、資料收集和證據的信心，鞏固了他的道德判斷，指導著他的慈善事業。就像製圖師是以測量員的數據繪製出地圖，蓋茲消化了大量可用的數據，以了解全球衛生領域的特點——富裕的西方世界有鬱鬱蔥蔥的山林，醫療保健資源豐富，而窮國乾涸的沙漠上則一無所有。這些被忽視的地區就是他慈善事業的目標，若以資本主義的說法，就是潛在市場。

在政府無能和企業貪婪的夾縫之間，蓋茲發現了這項未被滿足的需求，而他的數十億資金則可以滿足需求。這項「利潤動機」就是社會公益，在這種情況下，投資回報將以在貧困國家拯救的生命和解決的問題來衡量。蓋茲稱他的方式為「催化式慈善」，簡單來說，就是尋找他的資金最有可能加速改變的事業，無論是資助創新的科技或是撥款給非營利組織。[6]

蓋茲在二〇一三年《連線》雜誌一篇文章寫道，資本主義「是有史以來設計得最好的制度，可以使個人利益轉化成更廣泛的利益。」[7] 而前記者、加拿大政治人物方慧蘭（Chrystia Freeland）在二〇一二年所著的《富豪》（*Plutocrats*，暫譯）一書，描述關於全球新興超級富豪的崛起，她寫道，蓋茲成為「一名理念的傳道者，即資本主義必須行善，而行善者必須更加資本主義化。」[8]

為了確認出最嚴重的問題，以及基金會的捐款能夠在哪些方面產生最大的可量化成果，蓋茲主要依賴科學家、研究學者、經濟學家、政策制定者等受過西方訓練的專家，幫助他建立核心重點領域，也就是醫療保健、農業、教育及金融服務。他的基金會吸引了對技術主義感興趣的人，他們熟悉全球發展圈的術語。

全球公共衛生是基金會的理想起點，至今依然是最大的焦點領域之一，因為既有的數據和科學明確顯示了原因和解決方案，而且各國政府在這方面通常投資不足。然而，數據資料的偏頗有時會產生反效果：**那些沒有數據資料顯示出有未滿足需求的公共衛生領域，就不太可能獲得資助，它更加難以證明有資金的需求。**

基金會的優先事項大致上參考了聯合國於二〇一五年通過的永續發展目標，這些目標是「消除貧窮、保護地球，並確保到二〇三〇年所有人享有和平和繁榮的普遍行動號召。」目前，蓋茲基金會主要在五大領域提供資助：全球衛生、性別平等、全球發展、全球成長與機會，以及全球政策與倡議。第六大領域則專注於基金會在美國的工作。每個重點領域都由一位總裁領導，並由該領域的學者和專家組成。在這些領域之下有不同的計畫策略，根據最近一次統計有四十一項。

農業計畫策略屬於「全球成長」，肺結核和疫苗發展則屬於「全球衛生」，特許學校和「經濟流動性及機會」則屬於美國重點工作的一部分。這些團隊都有雄心勃勃的目標，為了達到目標，他們挑選非營利組織進行撥款，並運用內部指標來追蹤及評估補助項目的成功率。通常，基金會代表會根據非營利組織達到特定目標，或在實現里程碑時，分批發放資金。假如個別計畫不符合基金會的績效標準，可能會被終止，資金也會重新分配。

各國各區的計畫官員是基金會和受補助者之間的中間人，以確保一切都依預期進行。基金會是一個高度結構化的機構，擁有超過一千八百名員工及九個辦事處，包括印度、中國和非洲三個國家；還有多個委員會、顧問、規畫人員和營運經理；結構層級只有內部人員了解。專案通常需要多達十個人核准，最重要的是，基金會有龐大的工作團隊，幾十位助理和其他職員與主管一起工作，管理主管的行程、安排差旅和保全。「他們都不是隨便應付工作的人。」一名基金會前員工說。

慈善的殖民主義

我們很難想像蓋茲基金會在全世界的影響力有多大，尤其是在全球衛生與全球發展領域。這次疫情讓我們窺見這個基金會在公共衛生網絡和研究工作上的雄厚實力，多數人認為這種實力是一些大型多邊組織才可能擁有，像是WHO和聯合國。然而由於蓋茲基金會已經捐出數十億美元，在針對這類機構的捐贈者清單上，它經常與許多國家並列。在布魯金斯研究院（The Brookings Institution）二〇一八年的一份研究發現，針對五十三個多邊組織所進行的捐贈，蓋茲基金會是其中第十七大捐贈者。**它是唯一的私人機構，其餘捐贈者全都是國家**。[9]

該基金會的年度預算達八十三億美元，幾乎與摩納哥的年度GDP相當，或等於家得寶（The Home Depot）共同創辦人伯納德·馬庫斯（Bernard Marcus）的淨資產。如此龐大的資金使得基金會獲得驚人的影響力和知名度，尤其是兩位共同主席如此強而有力、引人注目的成為慈善工作的倡導者。自從巴菲特的資金開始注入後，基金會捐款給越來越多非營利組織、大學、媒體機構、研究中心，以及符合基金會使命的新創事業和其他營利單位。

自成立以來，它已經捐出超過七百億美元，相當於每年平均捐出三十五億美元。在二〇二二年底，其捐贈基金達到六百七十億美元。他們的資金從不匱乏，也無須考慮任何取捨，其慷慨程度令批評者日益不安，因為它使該基金會能夠發揮遠超過資金本身的影響力。蓋茲和梅琳達可以輕易與政府、商界和其他組織領導人會面。基金會透過正式聯盟或非正式網絡所建立的多重關係，以及基金會、政策專家和多邊組織員工之間的「旋轉門[1]」，為基金會提供了巨大的購買力，使之能利用這種購買力推動結果以符合其偏好。

其中一個著名的例子就是拉吉夫．沙赫（Rajiv Shah），在成為洛克斐勒基金會主席之前，他曾被歐巴馬總統任命為美國國際開發署（United States Agency for International Development，簡稱ＵＳＡＩＤ）署長，在此之前，他還擔任過多個政府職務，並在蓋茲基金會的疫苗產業開發上扮演重要角色。總而言之，無論是關於如何提供疫苗，或是使用何種工具提升農作物產量，資金、名人效應以及影響力都能夠而且也影響了ＷＨＯ等非營利組織、研究型大學，甚至是政府的優先順序。

二〇〇八年公布的一份調查發現，早在二〇〇三年預算增幅有限的當時，美國國家衛

1 是指個人來回移動於行政機關與私人企業間，利用服公職期間的資訊、網絡及影響力，而使雇主受益的行為。

生研究院就撥款十億美元資助全球衛生的優先工作，該院依靠稅收資助，主要專注於生物醫學研究，以解決美國人的健康問題。研究人員將此歸因於蓋茲基金會領導的「全球衛生重大挑戰」的計畫。[10]研究結論指出，藉由與科技圈的接觸，以及爭取媒體的正面報導，蓋茲基金會得以將最好的研究人員和資金引導到全球衛生領域，也是該基金會最優先的項目之一。

捐贈給大學是資助的一項重點。根據一份調查，自二〇一〇年以來，蓋茲基金會已經捐贈了至少一百一十六億美元給四百七十一所大學，這些資金被用於資助其三個主要關注領域的研究：產婦及早期兒童健康、農業研究以及愛滋病毒與愛滋病（人類免疫缺乏病毒，Human Immunodeficiency Virus，簡稱ＨＩＶ／後天免疫缺乏症候群，Acquired Immunodeficiency Syndrome，簡稱ＡＩＤＳ）。大部分的資金是捐給美國的大學，也有捐給英國和加拿大。[11]

二〇一七年，基金會捐贈了兩億七千九百萬美元給華盛頓大學的健康指標和評估研究所（Institute for Health Metrics and Evaluation），是該校有史以來最大的私人捐款者。這筆巨額資金使這個獨立機構能夠進行研究，並建立全球衛生狀況的資料庫，包括新冠肺炎、肺結核、瘧疾及其他疾病，成為媒體和各個公共衛生組織引用的首要資料來源。

為了在普惠金融（Financial inclusion）[2]等優先領域建立更多資料庫，該基金會也提供資金給世界銀行等組織。該銀行自二〇一一年開始，每三年會出版《全球金融包容性指數》

（*Global Findex Database*）報告，以追蹤世界各地民眾取得數位金融服務，例如支付功能的情形。把資源引導到諸如資料不完整等被忽略的問題，可能是一件好事。然而同時，批評家則長期不滿基金會只決定資助其認為重要的項目，而不邀請更廣泛的科學家和研究社群參與意見。

這些批評可能過於激烈或誇大，然而本質上他們爭論的是不受約束的權力和責任。這份不安已經存在一段時間，而由於蓋茲基金會對於全球疫苗供應方式的干預，使這種不滿在疫情期間引起更多關注。許多人認為，藉由投入數十億美元於全球疫苗基礎設施，蓋茲似乎掌握了全球公共衛生的所有內容。

學者、政策制定者和新聞記者，尤其是左翼分子和進步主義者，以及競爭對手的基金會、非營利組織和心灰意冷的前員工，對基金會的工作和原則各方面進行了抨擊。有些人質疑基金會依賴市場基礎、技術官僚主義[3]解決問題的態度，使富裕與貧窮國家、捐贈者和受惠者之間長期以來的權力動態更加頑固。另一些人詬病基金會依賴狹隘、由上往下、數據為主和專家主導的方式，忽略了當地和文化上的現實。

還有一些人認為這種不受約束的私人權力，缺乏公共問責，是反民主的。第四類批評

2 是聯合國於二〇〇五年提出的金融服務概念，意指普羅大眾均有平等機會獲得負責任、可持續的金融服務。

3 在決策系統中，決策者是根據其在給定責任領域（尤其是在科學或技術知識方面）的專業知識來選拔。

者表示，基金會嚴格要求資助對象提出需求報告及其官僚作風，對於非營利組織職員造成不必要的負擔，他們可能無法應付這些要求。蓋茲基金會描述慈善工作的方式讓一些批評者不滿，儘管只是某些低調的抱怨。基金會通常會形容它們的工作是在「拯救生命」，而不是「預防死亡」；後者這個說法比較枯燥和技術性，經常被多邊機構使用。這也許只是語意之別，但是蓋茲基金會的措辭藉此傳達出它們有極高的使命，有著比該領域其他參與者更為高尚的目標。然而，究竟什麼時候才算是拯救了一條生命？

》

在同時，蓋茲基金會的捍衛者則指出，光是數據就可以證明該基金會的慈善方式有效。那些批評對於當地生活的人來說並沒有太大意義，因為他們已經看到自己的收入增加了，也獲得更多基本必需品像是食物、水和醫藥，因此改善了他們的健康狀況，農作物的產量也提高了。假如說批評者是理想主義者，他們基於規範的理由質疑基金會的影響力，並強調基礎制度竟然允許一個機構擁有如此巨大的影響力，那麼基金會的捍衛者則是受惠者及現實主義者，他們指出事實，**就算在某些不公平體系之下，只要能改善生活品質，也比完全漠不關心來得好**。

然而，許多觀察者和合作夥伴是以細微觀點看待，一方面肯定基金會在實際層面上的成就，一方面指出基金會迴避關於規模、影響力和缺乏問責等較棘手的問題。在杜克大學任教的公共衛生專家馬諾吉・莫哈南（Manoj Mohanan）表示，基金會應該更清楚的揭露決策方式和成效評估，並對所執行的專案成敗進行獨立驗證。莫哈南的工作接受了該基金會的資助，他說許多大型捐助機構會邀請有競爭性的提案來申請捐款並分配資金。但在蓋茲基金會，尋求資金的學者和非營利組織，最後經常得求助於人際網絡，尋求引薦可能會考慮他們專案的基金會員工。

該基金會的指令是來自於兩位最高層的受託人，而不是較為民主的徵集更大規模的提案。其控制程度之大就像你可能正在會議室討論某筆捐贈，就會收到蓋茲或梅琳達的電子郵件詢問計畫的進度。莫哈南推測，這顯示出這對前夫妻想要像控制小型組織一樣，繼續保有控制權。「我不想這麼說，因為我是過程中的受惠者，但是在這個設定下，人脈變得比純粹透明的過程重要得多。」

基金會在成立的最初十年，幾乎沒有受到外界的批評。[12] 其實在千禧年之初，西方世界多數地區仍然處於自由市場的熱潮中，而透過商業為主的方法解決全球問題，似乎是財富創造的自然產物。《經濟學人》的兩名作者甚至創造了「慈善資本主義」一詞，描述個人和公司如何利用市場基本原則以獲得社會回報。[13] 在二〇〇八年的世界經濟論壇上，蓋茲發表了一篇備受讚揚的演說，他談到「創意資本主義」，主張企業、非營利組織和政府可以集體利用市場力量，使人們致力於減少不平等時，也能兼顧獲利。

然而近年來關於不平等現象惡化，以及億萬富翁影響力上升的討論，已經在包括政治獻金和慈善事業各方面都引發新的疑問。[14] 對於蓋茲基金會最早期也最嚴厲的批評之一來自琳賽·麥考伊（Linsey McGoey），她是一位加拿大裔的社會學家，任教於英國的薩塞克斯大學（University of Sussex）。在她的著作《沒有所謂的免費禮物》（*No Such Thing As a Free Gift*，暫譯）一書，麥考伊把矛頭指向慈善資本主義，尤其是蓋茲的角色，批評他「在近數十年中改變了全球對慈善的論述」。麥考伊寫道，透過像是捐贈誓言計畫，蓋茲提供了一種「強而有力的解方」來回應全球財富差距擴大的批評，因為他和其他億萬富翁總是能說，他們正將財富捐贈出去。[15]

在《贏家全拿》（*Winners Take All*）這本書中，記者阿南德·葛德哈拉德斯（Anand Giridharadas）批評了所有大型的慈善機構，包括蓋茲基金會，說他們試圖透過科技來「解決」個別的棘手問題，而不是從根本上爭取社會和經濟的正義或是變革。葛德哈拉德斯等人指出大型慈善事業的諷刺之處，在於**它試圖解決極端財富創造所引發的問題，但是對於一開始就造成這些問題的根本原因卻沒有作為**。這些億萬富翁製造或加劇了世界上的問題，或從片面的制度上獲益，並獲得特權，在很少或完全不受監督的情況下充當改變的媒介，這公平嗎？[16]

梅莉莎·博曼過去在洛克斐勒慈善顧問公司協助有錢人思考如何讓捐贈更有效。她是慈善事業角色的熱情捍衛者，同時也對這些批評保持敏銳。博曼之前的公司曾經接受蓋茲基金會的資助，對她而言，蓋茲基金會並非獨一無二。她表示，這是現存體系下的產物，該體系將西方價值觀強加給發展中國家，而沒有顧慮當地的回饋。單獨批評該基金會等於忽視了根本的體系問題，然而解決這項問題並非基金會的責任。

其他支持大型慈善機構的人則指出，私人基金會的資金應該可以自由的追求創新，以及承擔政府辦不到而企業不想做的實驗性工作，並期待在計畫成功後，公共資金能夠跟進。像蓋茲基金會這樣的組織，有能力承擔風險並接受失敗的可能性，正是因為它的資金不必對股東或政府負責。支持者讚許蓋茲基金會和其他大慈善家，願意放棄某項沒有成果的慈善專案，因為縮短專案以及承認失敗，總比把錢留在無效的事物上好。

批評者肯定，能夠做不同嘗試並運用慈善資金冒險是一件好事。然而他們認為，以撤銷某項專案來限制錯誤的成本，並沒有考慮到這項決策對於非營利組織等最終受益者，所造成的巨大傷害，當初這些組織因為資金湧入而改變了路線，如今因為某位大慈善家認為其指標未達成目標，而又必須反轉方向。

該基金會在美國教育方面備受爭議的工作，就是一個重要的例子。疫情期間蓋茲採取行動成為新冠疫苗的公共倡議者，在此之前該基金會在美國的工作主要在於嘗試改革教育。蓋茲和梅琳達兩個人都堅信，接受教育是讓每一個孩子站在平等立足點的最好方法。在早期，基金會便以提升教育品質為國內的優先項目，藉由推動小班教學，認為可降低退學比率。根據一項估計，該基金會在同意建立小型高中的學區，撥款超過二十億美元。[17] 作為這項計畫的一部分，該基金會還將資金指定用於特許學校，這類學校是私人經營但由公共資金資助。包括前紐約市長麥克·彭博、避險基金經理人比爾·艾克曼（Bill Ackman）、網飛創辦人里德·海斯汀，以及臉書的祖克柏等，一大票億萬富翁都加入了蓋茲的行列，捐款給這類學校，推測他們可以在傳統的學校系統之外，提供更好的選項。然而，經過二十年的實驗後，資料顯示褒貶參雜，特許學校學生的平均表現並沒有優於公立學校的學生。

基金會也投入數億美元於一項計畫，將教師的評鑑至少部分與學生的表現和考試成績掛鉤，並有當地政府的參與。然而指標最終並沒有顯示出可為之處，因此基金會撤回了資金，造成許多學區的額外成本。另一項工作是投入數億美元推動「共同核心標準」（common core standard），在這個計畫下美國各州對於英語及數學等科目採用相同的評估指標。然而，教師們在一開始對於教導這套課程的培訓不足，隨著學童成績下滑，各州遂放棄採用共同核心標準。此時基金會才理解培訓以及調整教學內容，對當地實際情況的重要，然而為時已晚。此後基金會不再強調該計畫，並承認全國標準並沒有為個別學校提供足夠的彈性。

紐約大學前教育研究教授黛安·拉維奇（Diane Ravitch）是蓋茲基金會的公開批評者，她曾經稱這位億萬富翁是全國未經選舉產生的學校總監。拉維奇在她的部落格指出，在二〇二二年以前，沒有人預料到在大量資金投入的情況下，特許學校的平均表現並不優於公立學校，某些情況下，甚至不如公立學校。[18] 在得知這項資料後，蓋茲和梅琳達也在年度信中坦承，他們所努力的教育改革並不如預期順利，不過他們計畫繼續資助創新的想法。

到了二〇二〇年，該基金會已經將重點轉向美國學校裡的數學教育，在其網站上，也不再提到小班教學和共同核心標準的工作。

》》

另有一些批評者是哲學家和政治學家，他們認為私人慈善事業是由納稅人所補貼，因為慈善稅減免基本上造成稅收損失，像蓋茲基金會這類大型慈善事業是反民主的，因為它們只向自己報告；沒有選民或股東要求它們負公共責任，因此很可能會忽視其他觀點，並依照自己的偏好來指導結果。史丹佛大學政治學者羅伯·萊許在他的著作《正義的捐贈》一書提出論述，蓋茲所從事的這類大規模慈善事業與民主根本不相容，它賦予實踐者巨大的權力，允許最富有的人毋需經過選舉，就能對國家事務有話語權，同時建立美德形象和獲得市民的感激之意。[19] 政治學者愛瑪·桑德絲海斯汀（Emma Saunders-Hastings）也曾撰文指出，政治學者必須研究慈善事業，因為「菁英影響力即使是出於熱心公益的動機，或者繞過了正式的政治體制，也很可能不民主。」[20]

梅莉莎·博曼反駁慈善事業反民主這種說法。她表示，**社會應該去遊說稅收政策的改革，而不是攻擊慈善事業**。假如稅收更具有再分配性，人們就能對私人資金的最佳用途提出看法。「慈善事業的本質是自願，」博曼說道：「假如不是自願，那才叫稅收。」

杜克大學的喬爾・弗雷斯曼教授長期撥出部分薪資做慈善用途，他強烈反對任何限制個人自由支配資金的機制。「我對慈善批評者的批評之一是，他們不喜歡有大量財富的人依據自己的意願進行捐贈。」弗雷斯曼教授說道。「當人們開始以自己的判斷取代或強加於他人的私人資金運用時，就會出問題。」他贊同批評者的觀點，基礎系統應該被糾正，但是「不要把你的挫折感發洩在慈善事業。我認為慈善是在做好事。」

基金會本身也意識到越來越多的批評，並且對此非常敏感。二〇二三年一月，基金會與郵件訂閱者進行了一次交流，基金會執行長馬克・蘇茲曼在信中談到這個話題。信件標題是「基金會的影響力過大嗎？」蘇茲曼並不否認基金會擁有強大的影響力，畢竟它比其他慈善機構握有更多資金。「確實，我們的資金、發言權和號召力，讓我們擁有許多人無法企及的機會和影響力。」蘇茲曼寫道。

他將問題轉向基金會如何及為何要運用影響力。蘇茲曼表示，基金會的影響力可以讓人們關注原本被忽略或輕視的問題，而它的傳聲筒功能也可以用來做好事。他堅稱基金會並沒有設定自己的議題，只是在執行聯合國二〇一五年提出的永續發展目標。無論基金會的意圖如何，關於投入數十億美元在他們所相信的事業上，是否就能有效形成政策，或是破壞現行的做事方式，這個問題則被婉轉的說明了。

即使絕對金額非常龐大，但與大政府的預算相比，基金會的捐款只是九牛一毛。基金會的主管包括梅琳達曾在不同的場合承認基金會的影響力，但也將其與美國政府在社會項目上的總支出進行比較，並指出仍有數百萬人的生活未獲改變，藉此淡化自己的影響力。

該基金會不只一次被指責為「新殖民主義」，這種主義通常被定義為利用社會、經濟和文化勢力，對他國尤其是以前的殖民地維持支配和控制，甚者直接影響結果的方式。這個名詞長期被用來批評戰後的多邊機構，如國際貨幣基金（International Monetary Fund，簡稱ＩＭＦ）和世界銀行，這些機構努力利用西方專業來「解決」貧窮，卻適得其反，充其量也不過結果好壞參半。

蓋茲基金會似乎自由又廣泛的採用了全球發展的方法，他們使用了像是「夥伴關係」、「利害關係人」、「進步」、「繁榮」、「公平」、「轉型」、「解決方案」和「永續性」等名詞，傳達出合作的傾向及崇高的目標，名稱也利用首字母意圖使語音易讀，像是ＡＣＴ、ＲＥＡＣＴ和ＡＧＲＡ，但這些對於減少批評都沒有幫助；基金會和這些機構之間的旋轉門現象，對於減少批評更是沒有幫助。

蓋茲基金會也引起印度環保活動人士范達娜．席娃（Vandana Shiva）的注意，她致力於保護生物多樣性、原住民知識和小農的生計。她有不少批評者，《紐約客》雜誌二〇一四年一篇關於她的報導中，環保專家馬克．林納斯（Mark Lynas）告訴作者，席娃「被意識型態和她的政治信念蒙蔽了，」這使她「既有成效，又很危險」，不過她在歐洲等地激進的左翼分子當中獲得堅實的支持。[21]

大約十年前，她開始鎖定蓋茲和他的基金會，痛斥其自以為是、扮演上帝的方式。她指責基金會把農業和衛生偏好強加在發展中國家，卻不考慮當地的知識和習俗，這是複製了殖民主義的權力動態。「蓋茲已經建立了全球聯盟，以由上而下的方式強行對衛生問題進行分析和提出處方。」席娃在她的著作《一體對抗一%：打破幻象，播種自由》（*Oneness vs the 1%: Shattering illusions, Seeding Freedom*，暫譯）一書寫道：「他透過金錢定義問題，然後利用影響力和資金強行推行解決方案。」[22]

二〇一三年，音樂作曲家、慈善家、巴菲特之子彼德·巴菲特提出類似的觀點。在《紐約時報》的一篇評論，他斥責「慈善殖民主義」這個新興產業，富豪們以提升生活品質之名的捐獻行為，只會使本質上不平等的制度永遠存在。彼德·巴菲特寫道，像是小額貸款和提升金融素養的慈善事業，不但無法推動系統性的改革，反而是使人陷入債務、利息和還款的循環。[23] 在後來的討論中，包括與推動「有效利他主義」運動的哲學大師威廉·麥克阿斯克爾（William MacAskill）討論時，彼德·巴菲特似乎都直接批判了慈善界當紅的「數據主導」方式，他主張要基於更多直覺的方式，而不僅憑數據。

此外，蓋茲基金會從不懷疑以科技力量解決問題，這個信念也招致了批評。批評者指出，對科技的偏執，伴隨而來的是基金會非常依賴專家決定行動方案，即使這些專家通常在西方接受過訓練，但在發展中國家卻不一定直接適用或可行。曾經與基金會合作過的人回想，一位曾受過哈佛訓練、研究公共衛生的學者稱這是「權威崇拜」，依靠頂尖大學內狹隘圈子的專家，以及「說話時顯得毫不猶豫」的全球顧問。

在這方面，某些最嚴厲的批評來自農業和發展經濟學家，以及其他關注蓋茲基金會在非洲工作的慈善家。二〇〇六年，基金會推出一項計畫，稱為「非洲綠色革命聯盟」（Alliance for a Green Revolution in Africa），或稱ＡＧＲＡ，這是以印度一九六〇年代的「綠色革命」為藍本，利用科學創新提高農作物的產量，使印度在糧食上自給自足，但是ＡＧＲＡ計畫卻受到批評，因為它以西方的技術方法，一心一意專注於提升農作物產量，想藉此讓數百萬人脫離貧窮。他們表示，儘管這個目標令人欽佩，卻不完整。批評者以印度的經驗作為例子，指出當地的參與是必要的——綠色革命最終並非萬靈藥，因為它減少了生物多樣性，而高貧窮率依然存在；然而到目前為止，該基金會似乎忽略了把當地知識融入非洲國家工作這項呼籲。

不像許多其他的私人基金會，通常由非營利組織向他們尋求資金，或是麥肯琪·史考特的方式，找到非營利組織後，提供資金讓它們自行運用；蓋茲基金會則是編劇、導演，也是製片。它對於如何進行改變提出想法和策略，然後找合作夥伴來實現。假如基金會的主管們認為遠距醫療是在貧窮國家建立公共衛生系統的最佳方案，他們的下一步就是尋找能協助執行這項計畫的合作夥伴。作為積極的參與者，表示基金會要與非營利組織、政府、多邊組織和頂尖研究人員合作，共同思考處理問題的正確方法。這種合作方式讓基金會得以借助他人的知識，同時提供財務支援，並降低其資助計畫可能完全失敗的風險。

然而，基金會的補助方式以及密切監控這些基金如何使用、計畫成功與否，很可能讓非營利組織感到害怕。特定計畫的補助通常與階段里程以及量化指標掛鉤，以評估其進展。其目標必須與合作夥伴達成共識，好讓雙方預先知道什麼樣的成果才算是成功。作為資金的交換條件，基金會的高階主管要求一定程度的報告、文件紀錄和個別處理，對於小型非營利組織而言可能是負擔，它們也許沒有如此成熟的系統提供回饋。

儘管基金會的規模龐大，影響力不斷擴增，但蓋茲和梅琳達一直掌控大權，重大決策都需要他們的核准。直到二〇二一年這對夫妻離婚之前，他們是基金會僅有三名受託人當中的兩位，第三位就是巴菲特。這三個人每年五月以正式身分開會一次，審核預算和長期計畫。這種不尋常的董事會結構經常引來慈善專家的批評，他們認為在如此龐大而有影響力的基金會，權力過於集中令人擔憂，這也凸顯了治理改革的必要性。

相較之下，與之規模和影響力相當的基金會，其組織結構要專業得多。英國惠康基金會成立於一九三六年，專注在醫療保健領域，其捐贈基金規模和員工人數與蓋茲基金會相當，卻有九名董事會成員。洛克斐勒基金會和福特基金會的董事會成員更多。當然，這些基金會的創辦者早已過世，他們的繼任者得以建立完全以專業人員管理的機構。

「身為在世的捐贈者，比爾和梅琳達·蓋茲做出所有關鍵的策略性決策，而該組織的影響力不僅依賴資金，也依賴於兩位共同主席的聲譽和道德權威。」作家艾力克斯・費德曼（Alex Friedman）和茱莉・桑得蘭（Julie Sunderland）在《評論彙編》（*Project Syndicate*）的評論文章寫道，他們兩位都曾經在基金會擔任高階主管。費德曼是蓋茲基金會的前財務長，受聘於二〇〇七年，協助該機構在巴菲特的捐贈後有所成長並做出更好的財務管理。桑得蘭則領導基金會與私人部門的投資合作，直到二〇一六年為止。兩位作者指出：「對於所有在世捐贈者的私人基金來說，將個人和機構混為一體都是一個嚴重的問題。」他們接著提出改革建議，以修正基金會由上而下的運作方式。[24] 他們呼籲加強治理機制，以及更透明的申報資料。

在專業化治理結構的呼籲之中，尤其在蓋茲夫妻離婚後，該基金會成立了較為正式的受託人董事會。基金會執行長蘇茲曼接下巴菲特於二〇二一年卸任後的遺缺。基金會新增了住在倫敦的辛巴威億萬富商兼慈善家史崔福・馬西伊瓦（Strive Masiyiwa）、全球發展專家暨哥倫比亞大學前校長米露・夏曼克（Minouche Shafik）、以及慈善顧問公司布利吉斯潘集團（Bridgespan Group）共同創辦人湯姆・提爾尼（Tom Tierney）進入董事會。二〇二二年初，又增加了兩位董事會成員：專注於印度非營利組織孵化器的前私募基金投資家阿西什・德旺（Ashish Dhawan），以及史培爾曼學院（Spelman College）[4] 校長海蓮・蓋爾

4 譯註：美國史上第一所專為黑人婦女設立的高等教育機構。

博士（Dr. Helene D. Gayle）。

這一年，蘇茲曼承認長期以來基金會的架構都是特殊的，並對新的批評做出回應；批評者認為新的董事會成員無法代表多元觀點，因為他們與基金會多數職員來自同樣的學術和專業背景。蘇茲曼則表示，新的受託人擁有「令人驚嘆的專業和背景，確實能夠協助我們做出更佳的策略性決策，增加基金會的價值。」然而，蘇茲曼明確指出，蓋茲基金會「無庸置疑」是一個家族基金會，不會改變它的使命和優先工作。[25]

二〇二一年六月，基金會曾經表示，假如兩位共同主席到二〇二三年夏天還無法解決分歧，梅琳達將辭去職務，蓋茲將給她一筆個人資金，追求她自己的事業。她最終留任到二〇二四年中，並帶走一百二十五億美元。

蘇茲曼在給員工的備忘錄中說到：「基金會將更名為『蓋茲基金會』以紀念老蓋茲及梅琳達的貢獻。比爾將成為基金會唯一的主席。」蓋茲的父親在塑造他兒子的慈善事業方面發揮了關鍵作用，他也是該基金會的第三位聯合主席，直至二〇二〇年因阿茲海默症而去世。

儘管有種種批評，基金會並未因此動搖。長期研究慈善模式的波士頓學院（Boston College）教授保羅・史維斯（Paul Schervish）**將蓋茲基金會比擬為一隻大象，而批評者則是蚊子。「蚊子不會擊倒大象，而大象除了甩甩尾巴，大概也不會做些什麼。」**

廁所大躍進

二〇一七年，就在聯合國宣布十七項永續發展目標（會員國同意應努力於二〇三〇年達成）的兩年後，蓋茲基金會統整出一份自己的計畫，稱為「目標守衛者」。這個計畫召集了基金會所稱的「協作性和多元化改革者組成的全球集合體」，包括一群公共部門的官員和私人部門的創新者，其任務是加速實現聯合國的永續發展目標。從那時候開始，基金會每年會頒發「目標守衛者全球目標獎」，以表彰那些「採取行動，幫助於二〇三〇年以前達成全球目標的傑出個人」。

二〇一九年，其中一名獲獎人為印度總理納倫德拉・莫迪（Narendra Modi），以表彰他致力於改善印度的衛生環境。印度有超過十四億人口，其中將近三分之二居住於農村地區，露天便溺、不良的個人衛生以及缺乏安全處理糞便問題，成為這個國家最嚴峻的挑戰之一。數百萬民眾在田野、露天糞坑、小巷和河川裡便溺。印度教信仰認為，在恆河（Ganges River）中沐浴可以洗淨所有的罪孽；然而，印度信仰裡最神聖的這條河流，一直含有來自人類和動物的糞便、汙水、塑膠碎片，以及工業廢水的有毒物質。儘管莫迪政府數十年來都在努力清理這條河流，並且取得一些成功，它依然是世界上汙染最嚴重的河流之一。

莫迪上臺後，改善衛生條件是他的優先工作之一。二〇一四年，莫迪政府發起了「清潔印度運動」（Swachh Bharat Abhiyan）。到了二〇一九年，政府宣稱已經建造了超過一億間廁所。當年，與印度政府合作密切的蓋茲基金會在紐約的聯合國總部把獎項頒發給莫迪。

這一舉動引起許多學者、民權領袖，甚至諾貝爾得主的抨擊，認為基金會對於莫迪政權的爭議性充耳不聞。自從掌權後，莫迪進行了排他性政治，並被指控鎮壓異己、壓迫少數族群，並強化與其政黨有關聯的團體，以追求將印度轉變為印度教多數派國家的目標（在此同時，莫迪受到數百萬印度人的崇拜，他們讚揚他努力提升經濟成長，帶領印度登上全球舞臺。）

多位批評家指出，把獎項頒給一位有反人權紀錄的領導人，這與基金會的信條「所有生命都有同樣的價值」相左，形成諷刺。至少有一名印度籍員工因此離職，她在一篇專欄表達了抗議。[26] 這名前員工薩巴・哈米德（Sabah Hamid）寫道，她直到後期才被諮詢，當時西雅圖的主管們已經做出決定。「這種對莫迪先生的肯定，對基金會一點好處都沒有，而這件事似乎沒有人討論過。」哈米德寫道。針對爭議，基金會回應表示，這個獎項僅限於表揚莫迪改善衛生條件的成就。然而，基金會並未公開其決策過程，也沒有說明是否檢驗過印度政府的相關聲明。

雖然有這些批評，蓋茲在印度仍是個英雄，備受尊崇。在微軟的美國辦公室有很多印度裔軟體開發人員，導致「印度籍」甚至不再符合這家軟體巨擘在某些工作招募時的多元化標準。微軟執行長薩蒂亞．納德拉就來自印度，在他的領導之下，微軟企業已經達到三兆美元的市場價值。

微軟在美國境外最大的資料中心位於印度城市海德拉巴（Hyderabad），這座建造在南亞國家的ＩＴ（Information Technology，資訊科技）園區僱用了約八千名員工。數十年來，蓋茲曾經訪問印度數十次，他常常說，印度工程人才的品質對微軟很有幫助。在最早一次為了微軟出差訪問印度時，蓋茲曾經對同事表示，他很驚訝這個國家有這麼多人說英語，顯然他沒有想到英國殖民主義在這裡的影響。

英格麗．斯利那司（Ingrid Srinath）是阿育王大學（Ashoka University）社會影響與慈善事業中心（Centre for Social Impact and Philanthropy）的負責人，這是一所位於德里（Delhi）郊區的私人捐助學校，她認同蓋茲之所以成為英雄，不只因為微軟和印度都對科技普遍偏愛，也因為蓋茲基金會的影響力十足，儘管印度政府對國內非營利組織接受外國資金捐助有諸多限制，使基金會的行動受限。

蓋茲也是印度新興億萬富翁階級的榜樣，他們的財富激發了慈善的雄心壯志。印度的億萬富翁像是南丹．尼萊卡尼（Nandan Nilekani）也簽下捐贈誓言，他是ＩＴ巨頭印孚瑟斯（Infosys）的共同創辦人，曾協助政府建置了稱為Aadhaar的生物辨識身分系統。斯利那司表示，雖然私人慈善逐漸成為更為專業的事業，但是對於蓋茲大規模慈善作為的批評還沒有傳到這個國家。**在印度，「慈善是純粹的善行。」**

一九九〇年代後期，在微軟不愉快的與美國政府交手反托拉斯爭鬥期間，該公司的公關團隊定期進行民意調查，以監控蓋茲在全球的形象。但在每一次全球民意調查時，他們得先將來自印度的回應打個折扣，再解讀調查結果，原因是蓋茲在印度太受崇拜，以致印度受訪者的回答使調查結果產生偏差。即使在小城鎮和村落裡的印度民眾，他們可能沒有聽過微軟或蓋茲基金會，也無法辨識出照片中的蓋茲，但都知道他的名字。隨著他從微軟職務轉換到慈善事業，蓋茲與印度的互動更為加深。

蓋茲基金會第一個駐外據點就是印度，二〇〇三年在當地設立了辦事處，**也是基金會在美國境外的最大業務**。蓋茲基金會印度總部位於新德里一個綠意盎然的地區，僱用了大約八十名員工。印度有十四億人口，長期以來一直處於全球發展的中心，成為全球公共衛生和農業創新的熔爐。數十年來，尤其在一九四七年印度贏得獨立後，大型多邊機構，例如聯合國兒童基金會和世界銀行都參與此區，提供援助和支持南亞國家，不過最近西方專家的重心已經轉移到撒哈拉沙漠以南的非洲。

因此蓋茲基金會早期對印度的興趣，並不令人意外。這個國家之所以吸引蓋茲，是因為它面臨著全球衛生和發展方面的挑戰，這些是**蓋茲最為關心的：農業生產力、兒童營養與死亡率、健康以及衛生**。印度一直是蓋茲基金會捐款的第二大受惠國，僅次於美國。在二〇一五年到二〇一八年間，蓋茲基金會是印度最大的私人資助來源，金額高達十一億美元——是第二大捐贈者印孚瑟斯公司的兩倍。[27]至少截至二〇一八年，印度是該基金會最關注的國家；其次是奈及利亞。截至當年度，該基金會指定用於性別平等議題的資金，大部分都流向了印度，特別是生殖健康與家庭計畫。

蓋茲基金會在印度的工作始於二〇〇三年一項打擊HIV/AIDS的計畫，稱為「阿瓦漢」（Avahan），這個詞在印地語（Hindi）大致翻譯為「打擊」。該病毒在印度南部的省邦，尤其是性工作者、卡車司機與男同性戀者特別容易受到感染，並且也在東北部地區透過毒品注射而傳播。由於推測病毒的擴散是因為人們無法取得保險套，也不了解其傳播途徑，該基金會開始發送免費保險套給女性性工作者，並且設置診所。然而該基金會的前員工和研究該項計畫的人指出，這項計畫的效果只能算普通，部分原因在於職員們並未預期到，當地的文化信仰和性別規範會阻礙他們的工作，例如在面對男性顧客拒絕使用保險套時，女性性工作者缺乏自主權。

到二〇〇九年，該基金會已經在這個計畫挹注三億三千八百萬美元，根據基金會自己的評估，該計畫的效益未明，不過基金會表示，根據他們運用自己的模型所收集到的資料，則顯示出令人振奮的跡象。最終，其模型並無法持續也無法轉移到其他地區，包括印度的東北部，那裡的傳播方式是共用針頭。

在某些非洲國家，年輕人口感染HIV/AIDS的比例甚至遠高於性工作者，而感染源和傳染方式也有所不同，例如新生兒感染，這意味著基金會必須建立不同的策略。該基金會也參與了印度政府根除小兒麻痺的運動，這是一項由志願者和社區衛生工作者合作的壯舉，一部分就是由西雅圖該組織贊助，深入印度農村最偏遠的角落，為人們施行口服小兒麻痺的疫苗。二〇一四年，印度被宣告已根除小兒麻痺病毒。

即使在印度有長期參與歷史的基金會，像是福特和洛克斐勒基金會，幾乎已經完全停止運作，蓋茲基金會仍然在印度維持高知名度，並且與印度政府互動密切。這些年來，蓋茲的造訪都被大肆宣傳，他受到的關注就跟搖滾巨星一樣。各產業的領袖、各邦首長以及高階政府官員經常排隊來見他。在接受印度頂尖媒體的記者採訪時，他小心翼翼的保持外交風度，並且強調基金會只是與印度政府並肩合作，並非獨立於政府之外。

在二〇二三年，他在部落格寫著自己與莫迪成功會談的經驗。長期以來，這位億萬富翁了解印度政府密切監控著國內非營利組織接受國外資金的情況，因此他經常表示，基金會的決策和優先工作都是由政府設定，而他的慈善資金和私人部門的參與，則可以資助這些領域的創新和研究工作。

≫

莫迪政府可以對基金會說教。由於印度面臨營養不良的長期問題，對於勞工造成長期影響，包括生產力和死亡率，因此在二〇一八年，政府發起了「全國營養使命」（National Nutrition Mission）計畫，蓋茲基金會與其他機構以及政府一起合作執行這項計畫。然而，他們設計的營養均衡飲食圖示出現雞蛋的圖樣——一種廉價且豐富的蛋白質來源。政府指示該基金會等機構移除雞蛋圖示，這件事在印度成為爆點，因為許多印度教徒認為雞蛋是動物類產品[5]。該基金會不得不遵命重製海報。

在同時，對莫迪來說，與蓋茲的密切關係成為他的合法勢力，他有一個野心勃勃的意圖，就是把印度提升為中等收入國家的地位。為了達到目的，印度必須先改善無數赤貧人民的生活、提供醫療保健服務、消除疾病、改善衛生條件、提供疫苗、增加數位金融服務，以及利用新科技改善教育，而考慮氣候變遷，所有這些作為都要以永續方式推動。藉由引進其科技思維和技術專長，該基金會能夠協助印度政府實現這些目標。

曼賈里・馬哈揚（Manjari Mahajan）在社會研究新學院（New School for Social Research）研究公共衛生、慈善資本主義以及數位治理，她密切注意蓋茲基金會在印度的工作。在馬哈揚看來，莫迪政府和蓋茲基金會各自明白在這場微妙共舞中的角色。二〇一五年，蓋茲和梅琳達接受印度最崇高的公民榮譽獎之一「蓮花裝勳章」（Padma Bhushan），是四位海外獲獎人當中的其中兩位，以表彰他們在衛生和發展方面的努力。

5 印度教中，高種姓的婆羅門（祭司）和吠舍（商人與平民）吃素。

馬哈揚認為，除了蓋茲基金會在 HIV/AIDS 以及衛生方面的作為，這個獎項背後還有更為重要的理由。在她看來，印度政府與蓋茲之間的緊密關係，不單是為了公共衛生的工作，也是認同這位微軟共同創辦人所代表的更廣泛意義：「在他們眼中，就算沒有明示，全球衛生慈善事業至少也被默認為更廣泛全球組合的一部分，不僅包括病毒、疫苗和出於善意的基金會，還包括跨國科技公司、H1B 專業職業工作簽證以及軟體工程師。」她在二〇一七年的一篇報導寫道。

「對他們而言，蓮花裝勳章並不表示政府對蓋茲基金會或微軟的依賴，而更像是對蓋茲夫婦的務實認可。」在同時，馬哈揚也寫道，基金會則認為印度政府不是「弱小的受害者，而是在全球交流中占有一席之地的參與者。」[28]

該基金會在捍衛頒發給莫迪的「目標守衛者」獎項時，同樣採用了陝隘而垂直的思維，在印度也引發了其他挑戰。其中一個例子是基金會在印度比哈爾邦推行的遠距醫療計畫。二〇二一年，基金會與比哈爾邦首席部長尼蒂什·庫瑪爾簽署了協議，推動一項遠距醫療健康計畫，透過遠距醫療和當地特許經營的結合，運用現代科技的力量改變該邦衛生醫療的服務方式，尤其是針對鄉村民眾，此舉將可解決該邦最急迫的某些疾病和環境，包括肺結核、利什曼原蟲症（Leishmaniasis）、腹瀉和瘧疾。

該基金會承諾投入超過兩千三百萬美元的經費，而這個計畫可能從一開始就註定要失敗。蓋茲基金會的員工坐在西雅圖，規畫了整個運作方式，並招募了一家非營利組織來管理遠程醫療計畫。但後來的幾項研究發現，對於透過不穩定網路連線進行診斷的需求量、可參與該計畫的加盟商數量，及其激勵機制的假設，都限制了這項計畫的發展。[29]

然而，公共衛生專家馬諾吉．莫哈南說，因為基金會專注於治療個別疾病，而不是全面解決公共衛生，這個計畫很快就難以為繼。在這項遠距醫療的專案裡，基金會專注於各項疾病的每支團隊都應該彼此合作，但是肺結核團隊在實施半途就決定退出，他們發現這個模式對他們行不通，因為肺結核是盛行在都會區。以這種疾病為焦點的觀點認為，「當基金會專注於特定疾病的垂直化投入時，就不能期望進行廣泛的系統性改革。」莫哈南表示；他是基金會所委託獨立專家團隊的一員，審視比哈爾邦的計畫，該計畫超過兩千三百萬美元的經費。在三年之後並沒有達到期望的效益。[30]

基金會鎖定印度特定地區也造成不平衡，因為衛生問題並不受邊界的限制。他們所瞄準的省邦其薪資、資源和機會增加了，但這表示鄰近地區人才會流失，更廣泛來說——這個情形並非印度獨有——基金會的優先順序和資金分配，決定了哪一個非營利組織能得到資助。

比方說，一個試圖解決瘧疾問題的組織，與基金會的重點一致，可能會比關心其他蚊媒疾病或者腹瀉的組織獲得更多資金。一位曾經與蓋茲基金會合作過的越南公共衛生專家，把這現象稱為「蓋茲效應」。

貧窮是可以「解決」的

長期以來，億萬富翁們都會捐贈大學教授席位、資助醫院，支持宗教或人道主義事業，或捐款修復博物館及紀念碑。這些活動通常都很引人注目，受到媒體報導。二〇一七年避險基金經理人肯・格里芬捐贈芝加哥大學一億兩千五百萬美元後，該校將著名的經濟學系以他命名。隔年，金融資訊巨頭彭博有限合夥公司（Bloomberg LP）共同創辦人、也是前紐約市長麥克・彭博，捐贈母校約翰霍普金斯大學（Johns Hopkins University）十八億美元作為學費補助，根據《富比士》報導，截至二〇二三年，這筆資金仍然是對學院或學校的最大單筆捐贈。另外也有低調的捐贈者，例如查克・費尼以經營免稅店致富，他創辦了大西洋慈善基金會，宣傳「生前捐獻」的理念。

而**蓋茲是首批（至少是最有知名度的）把慈善事業當作專門事業的億萬富豪**，把整個慈善領域導向策略性捐贈，並且帶入商業資本主義及科技的思維，**從這個角度確認每一美元的「投資」能產生最大的社會收益**。慈善事業因此成為許多億萬富翁可利用的工具，因為他們對於收益、市場和資本主義這些語言非常嫻熟。

蓋茲強調，像貧窮這樣的議題是可以「解決」的，獲得科技億萬富翁的共鳴。蓋茲抓緊了億萬富翁們普遍的觀點，即政府沒有效率、公共部門行動遲緩，但慈善事業可以靈活應對。在這個不平等日益嚴重，人們對制度的公平性提出無數質疑的時代，蓋茲藉著與巴菲特一起創造的捐贈誓言運動，為超級富豪們提供了機會，對於捐出財富做出公開和道德的承諾——毋需任何真正的問責。

印第安納大學禮來家族慈善學院於二〇一三年成立，標榜自己是第一所致力於研究和教授慈善事業的機構，其院長阿米爾．帕西奇（Amir Pasic）表示：「一美元的社會回報多少，已成為一個重要的範例。」帕西奇說，蓋茲基金會因為其規模和捐贈方式而迅速產生影響。蓋茲基金會的捐贈金額使洛克菲勒基金會和福特基金會相形見絀，這兩家基金會數十年來一直在全球慈善事業中占有領先地位，並長期主導慈善議題設定。

麥克．科卓爾（Michael Kurdziel）與家族辦公室合作，這類私人公司被稱為替億萬富翁管理投資的公司。他表示蓋茲基金會對富豪思考慈善事業的方式產生了很大的影響。科卓爾表示，在與億萬富豪的交談中，「『我已經獲得了財富，現在我想出點力捐出這些財富，並透過這些捐款產生影響力』這種觀念非常明顯，尤其是在美國。」他說，相比之下，富豪們從政治性較強的慈善組織獲得的啟發不同，例如由億萬富翁投資人喬治．索羅斯（George Soros）於一九九三年創立的開放社會基金會（Open Society Foundations）。即使為彭博執行捐贈的彭博慈善基金會（Bloomberg Philanthropies）捐助了從教育到對抗氣候變遷等多種事業，也被視為一個以政治為重心的組織，旨在支持他的意圖。[31] 儘管他是最活躍的慈善家之一，已捐出超過一百七十億美元，鑑於麥克．彭博於二〇二〇年參加了民主黨的美國總統初選，這也就不足為奇了。

尼爾森是蓋茲基金會早期的一名員工，他以慈善策略為核心，建立了一整套業務。在基金會的資助下，他創立了全球慈善公司（Global Philanthropy），與四十位左右的慈善家合作建立他們的策略。

「我對慈善家們說，我為比爾・蓋茲做了這些，我也可以為你們做這些，」尼爾森說道。他和合夥人將自己定位為顧問，可以讓頂尖的專業人士到慈善基金會工作。他們首先會為慈善家制定一份策略計畫，這份計畫往往在基金會成立之前提出。接下來，他們會進行研究並找出潛在的慈善合作夥伴、設置諮詢委員會、僱用員工，並完成裝備讓基金會開始運作。尼爾森利用他在蓋茲基金會短暫但具發展性的經驗告訴其他人：「如果你想為慈善事業建立策略，蓋茲是值得效法的典範。」

≫

在矽谷，隨著財富創造的爆炸性成長——二〇二一年灣區有八十五位億萬富翁和超過十六萬三千位百萬富翁家庭——私人基金會的數量和慈善方法的多樣性也在增加。根據二〇一六年的一項研究，該地區資產超過一千萬美元的基金會數量，自二〇〇〇年以來已經翻倍，其中二八%在過去十年內成立。[32]該研究指出，矽谷的推動力是尋找具有最大影響力的「顛覆性」解決方案。儘管慈善的名目從公益創投到有效利他主義不一而足，但其概念基礎並沒有偏離蓋茲以投資回報哲學為主的慈善方式。

傳統上，慈善家會成立基金會來處理他們的慈善捐款，只要每年捐出五％的資金給慈善機構，就可以維持免稅的地位。但矽谷許多億萬富翁卻採取不同的方式，他們透過成立有限責任公司（Limited Liability Company，簡稱ＬＬＣ），將營利和非營利的投資結合起來。這種組織無法獲得慈善基金會的全部稅務優惠，但可以讓持有者更靈活的決定他們的財富應該用在哪裡以及如何使用，包括可以用在政治競選或遊說活動。與傳統基金會相比，其報告要求也較少。

「陳與祖克柏基金會」（Chan Zuckerberg Initiative）就是一個突出的例子。儘管這對夫婦在決定他們的慈善事業應採取何種形式時，曾諮詢蓋茲並尋求他的建議，但最後成為ＬＬＣ模式的早期採用者之一；該機構成立於二〇一五年，自稱是一種新型的慈善組織，其使命是「大規模的推動變革」。二〇二三年，該機構裁減了數十人，因為他們認為自己在教育相關事業上的做法行不通，並且其策略需要被更新以及更明確。[33]

二〇二一年疫情肆虐期間，推特（現名X）和支付應用軟體Square的創辦人傑克．多西（Jack Dorsey）宣布，他將透過一家名為「#startsmall」的有限責任公司撥出十億美元用於新冠疫情紓困。此後，該組織向致力於女孩健康和教育的非營利組織捐款，多西還將數千萬美元的資金捐給了好萊塢名人經營的慈善機構，包括蕾哈娜（Rihanna）和他的好友西恩・潘（Sean Penn）。[34] 為了透明化，他建立了一份公開的谷歌文件，供任何人查閱他的捐款。

eBay 創辦人皮埃爾・歐米迪亞（Pierre Omidyar）也在一家名為 Omidyar Network 的公司，結合了營利和非營利投資，他認為基於商業模式是實現「讓世界變得更美好」慈善目標的最佳方式。[35] 該機構的重心之一是：重新構想資本主義。在二〇一一年的《哈佛商業評論》（*Harvard Business Review*）文章中，歐米迪亞提出 LLC 結構比傳統基金會允許更多風險承擔，並將其與創投業務進行了比較。

愛默生集團（Emerson Collective）是由史蒂夫・賈伯斯的遺孀羅琳・鮑爾・賈伯斯所創立的有限責任公司，融合了慈善捐款、創業投資，甚至是藝術，在它所選擇的領域中發揮影響力，包括移民、健康、教育、新聞和環境。鮑爾・賈伯斯的淨資產估計有一百二十億美元，她的公司名稱取自拉爾夫・沃爾多・愛默生（《湖濱散記》作者），汲取了這位十九世紀散文家與哲學家領頭的超越主義（Transcendentalist）運動的核心訊息——個人可以超越肉體的束縛，找到與神的合一。梅琳達的公司樞紐創投和麥肯琪・史考特的主要慈善機構 Yield Giving 也是有限責任公司，但後者主要是向非營利組織提供撥款。

指定用於慈善的資金可以存放在捐贈基金或捐贈者建議基金中，這些基金型式在矽谷的富豪中變得非常流行。二〇一八年，在運動相機製造商 GoPro 股票上市之後，該公司創辦人兼執行長尼克・伍德曼（Nicholas Woodman）捐出了五億美元給一個名為「矽谷社群基金會」（Silicon Valley Community Foundation）的非營利機構所監管的捐贈者建議基金。此舉被許多人認為是一種玩世不恭的伎倆，目的是為了節省伍德曼因首次公開募股而產生的稅金。[36]

其他的慈善方式包括 LinkedIn 創辦人里德．霍夫曼所提倡的創投為主模式。他與妻子在捐贈誓言信中寫道：「這些慈善投資的模式是什麼？創業投資模式：一位精挑細選且獨特的企業家，一份往往帶有智慧風險的大膽計畫，執行計畫所需的潛在資產和技能，以及有利的市場條件。」以建築業致富的伊萊．布羅德（Eli Broad）則在二〇一〇年的捐贈誓言信中說他的模式為「公益創投」。在數位廣告領域致富的傑夫．格林（Jeff T. Green），淨資產估計有三十六億美元，他自稱慈善方式為「數據慈善」（Dataphilanthropy），致力於資助和評估那些「成功可透過數據驗證的」計畫。

近年來在矽谷，尤其是年輕億萬富豪之間風靡的主要慈善理念之一是「有效利他主義」（effective altruism），它運用指標和證據來判斷一塊錢在哪裡能發揮最大的效用。在垮臺之前，加密貨幣交易所ＦＴＸ的創辦人山姆．班克曼弗里德是其中一位比較高調的所謂有效利他主義者，他經常在公開場合談論他的理念，並利用慈善活動來建立ＦＴＸ的聲譽。這個運動起源於哲學家彼得．辛格（Peter Singer），採用一種不感性、功利的方式來進行慈善捐款，基本上就是將量化標準應用在主觀目標上。威廉．麥克阿斯克爾更新了這些觀點，他是一位三十多歲，在牛津大學受教育的哲學家，現在已成為科技族群的導師。

再次重申，這些概念與驅使蓋茲和他的基金會的實質差異不大，其企圖心的崇高性也沒什麼不同。在有效利他主義最受矚目的實踐者當中，包括臉書的共同創辦人達斯汀・莫斯科維茨（Dustin Moskovitz）和他的妻子、曾任《華爾街日報》記者的卡莉・圖娜（Cari Tuna）。他們的組織是一家名為 Good Ventures 的有限責任公司，其使命是「幫助人類繁榮發展」。

第八章

全美擁有最多私人農地的人

將農地視為一種有價值但有限的資源，為投資者提供了一種避險股市波動和通貨膨脹的方式。

那是一個星期四的晚上，佛羅里達坦帕市（Tampa）的四月空氣悶熱灰濛。沿著城市中心的海濱區稍微有點熱鬧，用餐的人晒得黝黑、一派輕鬆，自在的閒晃著，男人們穿著工裝褲，女士們則穿著無袖洋裝，在落日餘暉下啜飲著啤酒。幾位有毅力的路跑者穿梭在一群一群的遊客之間，遊客們漫無目的的走在環繞水域的兩英里小徑。坦帕灣閃電（Tampa Bay Lightning）冰上曲棍球隊的主場——愛馬力體育館（Amalie Arena）就在幾步之遙，「加油，閃電！」的標語不容錯過。這個口號被畫在小徑和低空飛過的直升機後方飄揚的旗幟上。在這座炎熱潮溼的城市，居然有冰上曲棍球場，很難讓人不注意到這種反諷；也許這就是坦帕居民避暑的地方。

善盡職責的財富大管家

往內陸幾碼，大約有十幾棟新蓋的高樓，外牆光潔晶亮。裝潢高檔的餐廳準備迎接夜晚，餐廳經理帶著期待的微笑等候著。坦帕市第一家五星級酒店艾迪遜酒店（Edition）以令人熟悉的招牌香味表明其存在，茶和佛手柑的混和香味，瀰漫在這家連鎖酒店的每間大廳。周遭都是混合用途的複合建築，包括住宅、辦公室、旅館、酒吧、餐廳和健身房，以一種全球化的平淡奢華美學風格設計，這種風格在曼哈頓新的哈德遜城市廣場（Hudson

Yards）、東京的高樓大廈、新德里郊區等城市越來越受歡迎。

這片位於市中心濱水區周圍的十六個街區，是坦帕市近年來規模最大的房地產開發計畫，稱為「坦帕水街」（Water Street Tampa），預計於二〇二七年完工，也就是動工十年後。這個計畫看準的是坦帕將成為科技公司的目的地，吸引年輕的都市工作者，為佛羅里達中部這座經常被忽視的城市帶來商業和潮流。

「坦帕市長期以來都是美國其他城市的智力資本輸出城市。」鮑伯・巴克宏（Bob Buckhorn）於二〇一一年至二〇一九年擔任過坦帕兩屆市長，他在一棟新建大樓的律師事務所，透過電話說道；從大樓望出去的景色每天都提醒著他最得意的一項成就。身為一名民主黨員，巴克宏的競選口號是：「我不會讓我的孩子們離開家鄉，搬到北卡羅萊納的夏洛特。」

大約在巴克宏二〇一一年當選市長的同時，避險基金經理人兼波士頓紅襪隊（Boston Red Sox）前小股東傑佛瑞・維尼克（Jeffrey Vinik）幾乎是心血來潮的決定買下坦帕灣閃電隊，並遷居到這座約三十九萬人口的城市。在這裡，身價約五億美元的維尼克開始收購曲棍球場附近的空地，包括廢棄的停車場、廢棄的建築物，他認為這些都是對坦帕市未來的好投資。他找到了巴克宏這位願意合作的夥伴，但他們還需要一位大投資者。

維尼克的朋友、同時也是對沖基金投資者聘請的坦帕灣閃電隊母公司執行長托德・雷韋克（Tod Leiweke），提出了一個想法。多年來，雷維克一直向麥可・拉森（Michael

Larson）推薦坦帕的發展潛力。拉森是一位頗有實力的資金管理人，負責經營一家鮮為人知的投資公司——瀑布資產管理公司。有了維尼克的興趣和該城市的支持，拉森會有興趣合作嗎？

巴克宏推銷這個計畫為「有機會創造一個可步行、可居住、可工作、可投資的地區，不同於以往我們在坦帕之所見，而且能推廣到其他城市。」他說，瀑布資產同意接受，「某種程度上是因為他們想以坦帕計畫作為試驗，以檢驗這個概念是否可行，以及能否複製在其他地區。」

二〇一六年，瀑布資產和維尼克成立了一家名為「策略地產夥伴」（Strategic Property Partners）的房地產合資企業，計畫在坦帕水街投資三十億美元。維尼克是這項開發計畫的代表，而大部分資金由瀑布資產提供。第一階段耗資二十億美元建造，已於二〇二二年完工。包括艾迪遜酒店在內，區域內共有三家旅館、一千三百間公寓，以及各類餐廳和設施。當計畫完成時，總成本可能高達四十億美元。二〇二三年五月發表的一份獨立報告顯示，坦帕水街至今已創造近六千個工作機會，其經濟影響達到五億兩千萬美元。

比爾·蓋茲就是坦帕市最大重建計畫的金主。瀑布資產是一家歷史三十年的投資公司，為蓋茲所擁有，其目標有兩項：一是監管蓋茲的巨額財產，並謹慎投資蓋茲基金會裡的捐贈基金。根據最近一次統計，蓋茲擁有大約一千兩百四十億美元的淨資產，金額不輸許多華爾街公司所管理的資產，而基金會則擁有大約七百億美元的捐贈基金，拉森就是受託管理一切的人。

坦帕計畫是蓋茲投資王國的最新前哨站，他的版圖不斷擴展，但大多不為人所知。數十年來，拉森將蓋茲的財富從微軟分散到股票、債券、旅館、農地、私募股權、房地產等各類資產，同時盡量避免老闆的名字出現在新聞中。截至二〇二三年，蓋茲持有微軟約一．四％的股份，價值約兩百億美元。

「由於麥可所做的一切，梅琳達和我得以自由的追求我們的願景，就是建立一個更健康、受過更好教育的世界。」蓋茲曾於二〇一四年慶祝拉森服務二十週年，在晚宴上對賓客說。他特別在豪宅客廳安裝了粉紅色的燈光，這是拉森最喜歡的顏色。他補充說道，他對他的理財經理人「完全信任和信賴」。[1]

蓋茲在一九九四年聘用了只比他年輕幾歲的拉森，當時拉森在百能投資公司（Purnam Investments）擔任債券基金經理。拉森是工程師之子，在北達科他州長大，十六歲高中畢業後，就讀於加州克萊蒙特的文科學校克萊蒙特．麥肯納學院（Claremont McKenna College），取得經濟學學位。二十一歲時，他已從芝加哥大學獲得ＭＢＡ學位。最初他在併購銀行業工作，之後進入百能投資公司。美國律師協會（American Bar Association）前執行董事、經營獵人頭公司的伯特．厄爾利（Bert Early）為兩人牽上線。

拉森並不是蓋茲第一位理財經理。一九八六年微軟上市後不久，蓋茲成為億萬富翁，他聘請了好朋友安迪．埃文斯（Andy Evans）和他的妻子安．盧維林（Ann Llewellyn）為他投資一些資金。這對夫婦於一九八〇年創立了一家名為 Evans Llewellyn Securities 的證券公司，主要買賣高科技類股票。一九九三年，《華爾街日報》披露，這對夫婦是重罪犯，曾因銀行詐欺罪入獄服刑。[2] 該篇報導描述了埃文斯曾因涉嫌違反證券法規，遭監管機構糾舉。

在認罪之後，夫妻兩人被判處六個月監禁。根據《華爾街日報》這篇報導，蓋茲甚至去獄中探望了他兩位朋友。一連串負面消息，迫使埃文斯辭去蓋茲理財經理的職務，這位微軟共同創辦人顯然決定，他的財務應該在幾乎完全保密的情況下進行。他需要一位能夠為他不斷增加的財富進行投資，同時管理基金會資產的人，而他的任何交易不會引人注意，也不會玷汙他的名聲。

從一開始，拉森就明白這份工作的特質。他甚至挑了「瀑布」這個名字，因為這是他在西北太平洋地區所能找到的最普通名字，一九九九年他罕見的接受採訪時，這麼告訴《財富》雜誌的記者。[3] 根據曾在瀑布資產工作過的人士透露，**拉森的一大任務就是以適當的投資方式，讓公眾將注意力放在蓋茲的慈善事業上，而不是他的投資事務**。拉森避免做出高調的舉動。他極其謹慎的追求機會，經常創建空殼公司來持有瀑布資產的投資。「避免一切頭條新聞，這就是瀑布資產的企業文化。」一位曾在該公司工作了十多年的前員工這麼說道。

瀑布資產位於華盛頓州柯克蘭市一棟不起眼的辦公大樓內，距離蓋茲基金會西雅圖總部以東大約十英里，公司大約有一百五十名員工，負責執行由拉森制定的各種投資策略。**瀑布資產非常強調保密文化，蓋茲的名字甚至不曾出現在員工的名片和辦公室裡**。當與潛在的投資夥伴或賣家會面時，員工被指示只能說公司是柯克蘭一家小型的資金管理公司。這種模糊性有其必要，**以避免賣家因為買方是蓋茲而試圖提高資產價格**。拉森本人盡可能避開媒體，網路上幾乎找不到他的照片。

他們的保密工作非常嚴實，瀑布資產曾經聘請微軟的小型業務部門協助處理技術，而該部門中的大多數人都不知道他們所服務的這個機構由誰所擁有。瀑布資產的員工以及合作者都必須簽署保密協定，內容通常很嚴格而且範圍很廣。這位前員工表示：「大多數受僱者都是剛從大學畢業的年輕人，所以他們會害怕，如果你談論了這些事，蓋茲可能會告你。」

有時候，蓋茲的龐大資產會以意想不到的方式被公眾發現。根據彭博社的報導[4]，二〇一五年喬治亞州史丹利農場（Stanley Farms）一位洋蔥種植者陷入麻煩，因為競爭對手指控他，將普通的黃洋蔥冒充為唯有在該州特定地區才能種植的特殊洋蔥品種——維達麗雅洋蔥（Vidalias）。該農場就位於蓋茲擁有的土地上，在欺詐事件曝光後被處以緩刑，儘管未受罰款，卻在州政府調查期間因產品變質腐壞而損失了十萬美元。

拉森加入時，蓋茲所有與微軟無關的資產，包括他指定捐贈給慈善事業的資金，都集中在一家稱為「比爾蓋茲投資公司」的組織，後來更名為「比爾與梅琳達．蓋茲投資公司」（Bill and Melinda Gates Investments，簡稱 BMGI），以反映她日益參與的角色。

拉森將這筆資金分成兩個資源庫管理，並選擇瀑布資產作為前夫妻私人財富的資產管理公司名稱。二〇〇〇年，蓋茲卸下微軟執行長一職後，他在一九九〇年代成立的兩個基金會合併為「比爾與梅琳達．蓋茲基金會」，他開始將價值數十億美元的股份投入其中。二〇二一年六月，在蓋茲與梅琳達離婚後，「BMGI」名稱被取消，而由一個現在稱為「瀑布資產管理公司」的傘形組織，負責管理蓋茲的個人資產和基金會的捐贈基金。

從許多方面來看，拉森一直是蓋茲財富的成功管理者。由於公開數據有限，難以評估他的投資組合表現。然而，基金會捐贈基金的表現提供了一些線索，因為拉森為基金會管理的股票組合，與他為蓋茲個人財富投資的股票相差不大。熟悉拉森的人指出，蓋茲財富不斷增加，以及他在二〇二二年決定加碼捐贈兩百億美元給基金會，都顯示這位資金管理者掌管數十億資產的績效良好。

瀑布資產這種類型的公司過去幾十年來在富豪之間變得流行。這類公司稱為家族辦公室，是不受監管的機構，專門為億萬富翁的財富進行投資。傳統上，許多富豪都會使用銀行和其他公司等外部的理財經理人為他們管理資金。但隨著財富增加，以及新財富的出現，許多億萬富翁開始建立家族辦公室來管理投資，有時也管理慈善事業。

根據所有者的財富和企圖心，家族辦公室可能是只有幾名員工的小公司，也可能像瀑布資產一樣，在本質上已經像華爾街專業成熟的公司一樣運作，使用對沖技術保護投資、結合多類資產的短期和長期策略、直接投資或與他人共同投資。拉森最初管理大約一百一十億美元的資產。將蓋茲的個人財產和基金會的捐贈基金加在一起，拉森如今管理著接近兩千億美元的投資。儘管與管理數兆美元的貝萊德（BlackRock）和道富（State Street）等巨型資產管理公司相比，瀑布資產相對小得多，但論其規模已經可以列入業界任何一種百大排名。

拉森採用了一種較為保守的投資策略，這種策略普遍見於家族辦公室，因為資金的保本被視為首要任務。家族通常不希望資金承擔太多風險，因此願意滿足於穩定的回報。拉森採用了巴菲特的投資風格，這種方法稱為價值投資。價值投資者會購買那些相較於其內在價值被低估的股票，並長期持有。他購買了一些不熱門但穩健的公司股票，從垃圾清運公司到鐵路公司，再到農業設備製造商，這類公司正是巴菲特長期推崇的。

瀑布資產持有大量實體公司的股份，例如加拿大國家鐵路公司、垃圾清運服務公司共和服務公司（Republic Services）和設備製造商強鹿。還有一些其他投資，包括小型能源持股，像是不受監管的德州電力公司，和位於明尼蘇達的燃煤電廠 Otter Tail Power。二〇二一年，瀑布資產與黑石集團，及全球基礎建設合作夥伴公司（Global Infrastructure

Partners）聯手，以四十七億美元收購了Signature Aviation，一家提供飛機維修和機庫服務的公司。

瀑布資產在二〇〇九年首次投資於Signature航空公司，交易當時擁有該公司二〇%的股權。隨著瀑布資產的規模擴大，它需要尋找更大的機會來運用蓋茲的資金，參與像是坦帕市這類複合式房地產開發的交易，不過蓋茲的個人投資中仍有一半以上是股票。在離婚後，瀑布資產將包括可口可樂芬莎（Coca-Cola Femsa）、特萊維薩集團（Grupo Televisa），及加拿大國家鐵路公司等數十億美元的公司股票轉讓給梅琳達，現在她的財富由其他投資人管理。

瀑布資產並非私募股權的大投資者，私募股權通常被視為風險較高的投資類別，儘管回報可能豐厚，但投資者也可能面臨重大損失或回報不佳的困境。然而，該公司曾與銀湖集團（Silver Lake）共同投資，因為這家科技投資公司的創辦人羅傑・麥克納米（Roger McNamee）認識蓋茲。麥克納米過去曾稱拉森為「蓋茲的守門員」（Gateskeeper）。

二〇一七年，就在投資坦帕開發案前後，瀑布資產在亞利桑那州鳳凰城（Phoenix）西部買下了約兩萬英畝的土地。這筆八千萬美元的交易是與房地產投資公司Belmont Partners達成的，有潛力開發成類似坦帕的綜合用途房地產。瀑布資產歷史最悠久、最受矚目的投資之一，是擁有四季酒店（Four Seasons）幕後經營公司的七五%股權，該酒店品牌是奢華的代名詞。

這家由伊薩多・夏普（Isadore Sharp）創立的酒店公司，於一九六一年在多倫多市中心開設了第一家四季酒店，並採用創新的經營模式。雖然酒店可以由個人或公司擁有，但四季酒店會根據嚴格的標準來經營與管理酒店，讓旅客在世界各地的四季酒店都能享有一致的奢華體驗。瀑布資產是在一九九七年進行首次投資，當時四季酒店還是上市公司。十年後，瀑布資產與沙烏地阿拉伯阿瓦利德王子（Al Waleed bin Talal）的投資公司「王國控股公司」（Kingdom Holding Company）合作，以三十八億美元的價格買下酒店大部分的經營權，夏普保留了五％的股份。

不久之後，由於二〇〇七年到二〇〇九年金融危機引發經濟衰退，擠壓了對豪華酒店的消費，股市暴跌。儘管合作關係平等，但雙方從一開始就因策略問題而爭拗，關係不穩定。[5] 瀑布資產希望削減成本以提高獲利，例如採取不每天更換床單等措施，但夏普認為這會稀釋品牌價值。最後他們達成折衷方案：客人可以在床上放一個松果，表示他們不想每天更換床單。夏普在二〇一〇年卸任執行長一職後，瀑布資產和王國控股也曾為誰應該領導四季酒店爭執不下。

蓋茲通常不會介入涉及資金的談判，但他為王國控股破例，二〇一三年蓋茲與同為億萬富翁的阿瓦利德王子進行會議，以解決雙方對四季酒店發展方向的爭議，兩人也曾經合作進行慈善計畫。而四季酒店最終恢復了成長。

二〇二一年，瀑布資產宣布將收購王國控股手中四季酒店四七・五％股份的一半，估值達一百億美元，以取得經營公司的控制權。它現在擁有超過七〇%的股份；夏普則繼續持有五%。由於蓋茲持有四季酒店的股權，為避免出現任何不當行為，基金會的員工通常不得入住旗下的任何酒店。

瀑布資產偶爾會與克雷格・麥考（Craig McCaw）進行業務往來。麥考是西雅圖的電信大亨，以提供無線網路和有線電視服務累積了財富，也是蓋茲的億萬富翁好友之一。過去，蓋茲曾經借給麥考大筆資金。二〇二一年，一家名為 Astra 的太空企業透過與 Holicity 合併而上市，Holicity 是由麥考領導的上市空殼公司，擁有資金但沒有實際經營的業務。這類公司被稱為特殊目的收購公司（Special Purpose Acquisition Company，簡稱 SPAC）[1]，曾經流行了幾年，但隨著市場環境的變化逐漸失去吸引力。Holicity 籌集的部分資金來自瀑布資產，瀑布資產則透過一家名為 Pendrell Corporation 的公司進行投資。

二〇二一年，《土地報告》（*The Land Report*）對蓋茲擁有的所有土地進行統計，明確指出他是美國最大的私人農地所有者。這份刊物自稱是「美國地主的雜誌」，它們所提出的報告讓人大為吃驚，因為實在出乎意料。這篇文章的標題是「農民比爾」（Farmer Bill），統計出這位科技億萬富翁累積持有大約二十七萬英畝的農地。[6]

與瀑布資產關係密切的人士辯稱，蓋茲擁有的土地只是全美九億英畝總農地的一小部分，還有其他私人所有者擁有的農地比瀑布資產還多，包括摩門教會。（並且，蓋茲並不是唯一將土地視為有價值投資的億萬富翁。媒體大亨約翰・馬隆〔John Malone〕是美國最大的私人土地所有者，擁有兩百萬英畝的土地，其中包括牧場。另有十多位億萬富翁及其家族也擁有牧場和農場。）[7]

蓋茲已經明確表示，農地投資不是他氣候變遷工作的一部分，而是由投資團隊做出的決定。拉森將農地視為一種有價值但有限的資源，為投資者提供了一種避險股市波動和通貨膨脹的方式。瀑布資產也是美國抗通膨債券（Treasury Inflation-Protected Securities，簡稱TIPS）的主要買家。該公司從二〇〇〇年代初開始購買土地，並透過多層子公司和空殼公司擁有這些資產。一位知情人士說，這種所有權結構有點像俄羅斯娃娃，不僅是為了保有隱私，而且是為了保護蓋茲免於直接擁有權。由於農民從聯邦政府獲得高額補貼，拉森小心翼翼的安排購買程序，以免讓人覺得蓋茲好像從政府補貼中受益。通常，瀑布資產會從農民手中同時購買土地和租約，然後將農地回租給農民。這樣，政府補貼就流向了租戶，但收入則與地主共享。

有時候瀑布資產的農業團隊會向其他大型投資者購買農地組合。該名人士表示，該公司也會直接向農民購買農場，尤其是那些需要升級曳引機等新設備的農場，並與農民合作改善技術、引進永續耕作法、提高生產力。蓋茲擁有的土地種植了各式各樣的農作物，包括大豆、紅蘿蔔、玉米，甚至麥當勞薯條使用的馬鈴薯。[8]

---

1 又稱為空白支票公司。

作為投資策略的一部分，拉森已經培養了一個包括基金經理和投資人的網絡，以尋找新的機會，並保持與金融界的聯繫。他會安排各種會議，許多人會造訪瀑布資產與他會面。有時候，蓋茲自己也會提供拉森投資想法，因為他經常與來自不同背景的人接觸，產業橫跨電動車到農耕技術。

他們兩人每一至兩個月至少會面一次，討論瀑布資產投資組合的狀況，但更大的投資團隊每年會與蓋茲（蓋茲結婚後，則包括梅琳達）會面一次，進行一整天的會議。員工們會說明最新的投資資訊，並點出投資組合中的資產配置。有時候，華爾街的大投資人也會到場。私募基金投資人大衛・魯賓斯坦和資產經理比爾・米勒（Bill Miller）過去都曾是座上賓。

壞老闆

七年來，鮑伯・賽多（Bob Sydow）一直為他的資產管理公司的唯一客戶「比爾與梅琳達・蓋茲基金會」，管理大約十六億美元的資產；他的公司 Grandview Capital 將基金會捐贈基金的一小部分投資於高收益債券市場。然而，在二〇〇六年二月的某一天，賽多突然被解僱，公司與基金會的關係在一夜之間被終止。當他努力尋找新客戶時，卻發現自己在資產管理行業成為棄兒。除非知道蓋茲基金會為什麼解僱他，否則沒有人願意與他合作。而當沒有任何解釋出現時，表示 Grandview 可能犯下某些刑事罪行，這個可能性讓潛在客戶充滿警戒，他無法再創立新的業務。用他們的話來說，賽多變成了「碰不得的人」。

賽多在二〇〇六年十一月三日，一封寫給蓋茲和梅琳達、長達六頁的信中描述了自己的煎熬，表示這一年他花了許多時間試圖開拓新業務並挽回自己的聲譽，但毫無進展。他寫這封信的目的是提醒他們注意拉森的行為。

賽多在信中寫道：「我確信你們那位代理人很可能會讓你們，以及基金會感到非常難堪。」這封信雖然是寫給兩個人，但卻寄往不同地址；給蓋茲的信寄到微軟總部，而給梅琳達的信則寄到負責他們家族事務的浮水印資產管理公司（Watermark Estate Management Services）。賽多認為，拉森出於惡意斷絕了與他的關係。他在信中提到，兩人曾是二十四年的好友，自己甚至是拉森孩子的教父。然而，在賽多告訴拉森他必須停止利用權勢傷害他人後，拉森便決定不再使用 Grandview 的服務。拉森的發言人查爾斯・澤倫（Charles V. Zehren）表示，拉森有權利根據外部資金管理人的表現，或是因自身改變投資組合的意願而終止服務。並且，拉森也透過發言人說明，賽多並非他任何孩子的教父。

對於那些曾在拉森手下工作的人來說，這一事件並不令人驚訝。拉森是一位體格魁梧的男子，喜歡穿粉紅色襯衫，曾經模仿強尼・戴普（Johnny Depp）留長髮的造型，他有時專橫、無禮、有著威脅性和報復心。好幾十位在過去數十年曾為他工作的人表示，拉森是一位要求苛刻的老闆，容易暴怒，經常虐待下屬。他有時會以新職位獎賞員工，但又突然隨意撤銷，讓人困惑。他經常欺凌年輕的員工，其中許多人都是從他們大學畢業後直接僱用的。他偶爾會批判女性員工的吸引力，或者對她們說出性別歧視的話。

二〇〇四年有一次，他做空[2]了Infospace的股票，只因為瀑布資產一名年輕員工史黛西·伊芭拉（Stacy Ybarra）告訴他，她將離職並加入該公司。顯然這是出於報復之舉。那一年的選舉日當天，當拉森詢問同事最佳的投票時間時，身為黑人的伊芭拉回答，她當天早上已經投完票，不需要排隊。拉森回應道：「但是妳住在貧民區，大家都知道黑人不投票。[3]」[9]澤倫證實，拉森確實猜測Infospace股價下跌，並從中獲利，但他否認此舉出於惡意，並稱這種說法是「徹頭徹尾的謊言」。澤倫也表示，拉森否認曾發表種族歧視言論，並強調任何關於他涉及種族歧視或性騷擾的指控都是「完全不實的」。拉森對於自己在瀑布資產及其他投資公司中，長期致力於促進平等與多元化的努力感到自豪。

桃樂絲·考伯弗萊西（Dorisse Kalbfleisch）於一九九八年加入瀑布資產，當時公司就像一個「車庫樂團」，她負責監督公司的稅務和會計。她說，拉森有時很直接、很粗暴，有時甚至令人氣憤。他是那種毫不猶豫就按下「全部回覆」，在電子郵件責罵某人的老闆。同時考伯弗萊西也說，她發現他很體貼、很有同情心。拉森是個「關心員工福利和薪酬的人，如果員工遇到個人問題，他會介入，如果有人離職，他也會幫助他們找到工作。」他們兩人成為私交很好的朋友。

由於瀑布資產公司開始將蓋茲的財富從微軟分散出來多元投資，再加上巴菲特對基金會的捐贈開始注入，對員工的需求也隨之增加，因此，拉森招募了數十人。然而，公司的結構大致上仍然維持扁平。在沒有中層經理或人力資源團隊的情況下，拉森缺乏敏銳度、不夠圓滑，且易怒的脾氣表露無遺。

後來，由於其他人對他的行為有各種抱怨，該怎麼妥善處理成為一項問題。其中一項決定是將拉森與其他員工隔離，他被移到瀑布資產大樓的另一層，在那裡單獨一個人辦公。該大樓的訪客和前員工都表示，那是一層很大的樓層，有獨立的設施。「他被分到了一整層樓，而不是被關禁閉。他有自己的小茶水間和會議室。但這並沒有改變他的行為，只是改變了行為發生的地點，」一名前員工說：「這些行為透過電子郵件發生。」員工們稱這些郵件為「拉森炸彈」。

考伯弗萊西記得這些郵件被稱為「電子炸彈」，並補充說，據她所知，辦公空間是為了容納新員工而重新規畫的。

拉森有一些支持者，其中一位在二〇一六年加入瀑布資產公司，在那裡工作了三年，並且在「不容軟弱的文化」中有所成長，她說這種文化與西雅圖許多工作場合常見的「請和謝謝文化」截然不同。

---

2 投資者預測未來資產價格會下跌，透過先賣後買的方式從中獲取利潤。
3 此處諷刺非裔美國人的經濟狀況，且仍不具有投票權。

拉森透過電子郵件承認，他曾經魯莽而嚴格，但表示這從來都不是針對個人。他寫道：「多年前，在我的職涯中使用過嚴厲的語言，如今不會再使用，」他也表示，自此「做了很多努力來改變」。

二〇二一年《紐約時報》報導[10]，至少有六起針對拉森的訴訟，指控他種族歧視或性騷擾。瀑布資產向六名員工支付和解金，並禁止他們談論在公司的工作經歷。根據前員工們的說法，這種保密協議幾乎是家常便飯，因為太多人對拉森的行為，也對公司這種只由一個人完全控制、幾乎沒有妥當程序，整體無情的性質感到沮喪或失望，因而離職。

其他保密協議的範圍之廣，甚至禁止員工和外部經理人談論拉森、蓋茲、梅琳達、基金會和瀑布資產。瀑布資產的律師有時會找上他們認為違反保密協議的人，並威脅要起訴他們。許多前員工在離職時，會向這對前夫婦訴說拉森所製造的有毒文化。**儘管蓋茲知道拉森的行為，但他似乎經常是以「打發掉」的方式處理投訴，而不是試圖改變瀑布資產的文化**，或嚴厲譴責他的財務經理，幾位前員工這麼說。

在某些員工看來，只要拉森能守好財富、妥善管理基金會的資金，並避免負面新聞，他就可以隨心所欲。拉森的發言人表示，大約十五年前，瀑布資產開始引入更傳統的人力資源培訓方案，包括「流程、政策、程序」、績效評估，甚至設立了匿名舉報專線。

考伯弗萊西提到，這些年來，瀑布資產也聘請了許多顧問進行內部調查，「但你不會真的獲得回饋，也聽不到你需要了解的企業文化與環境問題。人們未必會誠實表達自己的想法，因此這些措施並沒有太大幫助。」

發言人澤倫代表拉森發表了大部分言論，他反駁並指出，拉森只是將瀑布資產打造成一個友善、開放和體貼的地方，鼓勵員工暢所欲言。他說，過去三十年裡，拉森在優秀經理人和人力資源專業人員的協助下，建立了一個「具有強大治理能力的世界級組織」，並將該公司成功的實績歸功於扁平的組織結構，以及沒有僵化的階級架構。

澤倫說：「在瀑布資產這個組織，任何人都可以自由提出想法，使集團及其投資表現更好，無論他們的職位是什麼。」

拉森也強烈反對將他描繪成粗魯和專橫的形象。他透過澤倫提供了幾個人名，這些人可以為他提供不同觀點，包括他提名到共和服務公司董事會的兩個人，該公司是美國最大的廢棄物處理公司之一。瀑布資產擁有共和服務公司三分之一以上的股份，是其最大的股東，拉森也是該公司的董事會成員。

托馬戈・科林斯（Tomago Collins）是其中一位董事，也是拉森的多年好友。他表示，拉森與各行各業無論是球隊經理或是同業投資人，都建立了廣泛且深厚的人際關係，令他感到驚嘆。拉森對於年輕人職業發展的真誠關心，也令科林斯印象深刻，無論對方是常春藤聯盟的MBA畢業生或是餐廳服務生，只要他認為自己能提供幫助，就會給予建議。

「我很少見到那麼成功的人會主動為別人提供建議，」科林斯說。他每年大約與拉森見面六次，並補充說，無論是在社交場合還是職場環境，他從未見過拉森做出「任何傷人或有壞處的舉動」。科林斯目前在體育與娛樂產業擔任高階主管，並以瀑布資產管理公司代表的身分擔任四季酒店董事會成員。瀑布資產是這家頂級豪華酒店公司的最大股東。

「他與眾不同，博學多聞，聰明絕頂，他教了我許多東西，」被提名進入共和服務公司的另一位董事成員珍妮佛・M・柯克（Jennifer M. Kirk）說道。當初，拉森為了提升董事會在性別、種族和思維方式上的多元性，而邀請她加入。

柯克是醫療設備公司美敦力（Medtronic）的高階主管，她將拉森形容為「某種程度的導師」。四十多歲的她發現，拉森能夠理解年輕一代對企業的看法，關注的不僅是盈利。此外，他經常向她詢問關於她年幼子女的問題，例如：「珍，妳的孩子都喝些什麼？他們喜歡那些能量飲料嗎？喝汽水嗎？」柯克與拉森的互動大多與專業領域有關，她認為他直率但從未表現出不尊重。

「他不是個愛長篇大論的人，」她說道，並補充表示，拉森的簡短回覆電子郵件與其說是無禮，不如說是出於效率考量。柯克進一步思考認為，許多人對拉森的直接風格感到不適，但這在某些產業幾乎是一種文化特質，例如在銀行業，從業者通常「比一般人聰明」，並且希望別人能跟上他們的節奏。考伯弗萊西也同意這個觀點。她認為拉森頭腦敏銳，但「缺乏人際技巧，就像許多投資界的人一樣。他根本不會去考慮這些事情。」

對科林斯、柯克和其他人來說，特別是瀑布資產之外的人眼中，拉森可以很有親和力——他率直的個性是其人格特質的一部分，就像他廣博的知識一樣。據說，他的腦海中儲存著從葡萄酒釀造技術到運動隊伍的表現數據等各種廣泛的資訊。

汽車零售商全美汽車（AutoNation）的前執行長麥克・傑克森（Mike Jackson）是拉森的粉絲，也是他的老朋友。傑克森形容他「和藹可親、友善、隨和、謙虛」。在二〇一四年的一次訪問中，傑克森表示：「他就是自己的行動維基百科（Wikipedia）和LinkedIn。他不停的旅行，瘋狂的工作，然後非常有原則的結束一天的工作。你想談論體育，他可以談論體育；你想談論農業，他可以談論農業，又或者匯率。他唯一不談的就是科技。他說：『那是比爾的事。』我無法告訴你這個人對任何事物有多麼好奇，他一整天都是如此。」

更廣闊的蓋茲世界

養育一個孩子需要一個村莊，支持億萬富翁的利益和活動也需要一個村莊。超過兩千人直接或間接依賴蓋茲的財富工作及生活。大多數人是在蓋茲基金會工作，他們的薪水和福利由蓋茲慈善捐款支付（根據稅法，億萬富翁不能收回這些捐款）。二〇一九年，該基金會為員工的薪資和福利支出兩億八千萬美元。大約有兩百人在「蓋茲家族辦公室」（Gates Family Office，以前稱為浮水印資產管理公司）管理他的家族房產、馬場、餐飲、保險、私人飛機、旅行和生活方式。另外有大約一百五十人受僱於瀑布資產。這位億萬富翁的私人辦公室和投資公司蓋茲創投則至少有八十人。還有一些人為突破能源基金工作，這也是由蓋茲創立的創業投資公司，專注於永續能源解決方案。

許多在蓋茲周圍工作的人會在這位億萬富翁旗下的各種機構間流動。基金會的前兩任執行長來自微軟；傑弗瑞·雷克斯（Jeffrey Raikes）曾在二〇〇八年至二〇一四年擔任基金會執行長，同時也是蓋茲的好朋友。蓋茲創投的執行長賴瑞·科恩（Larry Cohen）也是微軟的前高階主管。微軟的首任技術長納森·米佛德是蓋茲的老朋友和盟友，蓋茲投資了他創辦的專利公司高智發明（Intellectual Ventures）。

全球的超級富豪身邊都有一大群工作人員，這並不足為奇。從慈善顧問到私人廚師，整個產業的存在都是為了富豪的慷慨之舉，和為了他們的心血來潮提供服務。蓋茲的活動像宇宙般穩步擴展，也就需要更多員工和控股公司支持。儘管瀑布資產仍是蓋茲財務運作的核心，但多年來這位億萬富翁也透過蓋茲創投進行個人投資。

蓋茲創投在本質上是蓋茲對實驗性新科技發揮熱情的平臺，進行類似創投的小額投資，比方合成肉和阿茲海默症研究等領域。透過蓋茲創投，他為 Ambri 提供種子資金，這是一家由ＭＩＴ教授創辦的液態電池金屬製造商，該教授的線上課程曾引起蓋茲的興趣。該公司也持有蓋茲在米佛德公司的股份，並與突破能源基金有往來。

突破能源是蓋茲在能源相關領域的投資單位，後來拆分成一家獨立公司，它也負責運作其他對能源有興趣的富豪資金。蓋茲也透過這些布局進行個人捐贈，例如他捐贈給麻省理工學院媒體實驗室（Media Lab）的兩百萬美元，就來自蓋茲創投的前身 bgC3，該筆捐贈在調查艾普斯坦的死因時才為人所知。

蓋茲也是專利授權公司的支持者，這類公司有時候被稱為「專利流氓」。他堅信智慧財產權必須受到保護並且收取費用——這種信念使他以軟體收費，並將 Microsoft Windows 授權給硬體製造商；也是基於同樣的信念使他在新冠疫情期間堅決捍衛疫苗專利——因此，他支持 Pendrell 公司。Pendrell 通常會購買智慧財產權，並透過授權這些專利技術來收取專利使用費。這類公司在本質上傾向於訴訟，近年來，Pendrell 曾因專利侵權起訴蘋果等公司。

Intellectual Ventures 由米佛德於二〇〇〇年創立，米佛德同時也是科學家、烹飪書作者和業餘恐龍歷史學家。該公司有創新的商業模式，主要購買專利，並透過授權智慧財產而產生收益，同時與專利發明人共享利潤。該公司擁有超過三萬五千項智慧財產權資產，已產生超過二十億美元的授權收入，其中包括給發明人的四億美元。米佛德自己就擁有九百項專利，其中有一些技術從 Intellectual Ventures 分拆出來，成為獨立公司所有。

截至二〇二二年，該公司已分拆出包括核子技術公司泰拉能源（TerraPower）在內的十五家公司。Intellectual Ventures 還有一個稱為 Global Good 的基金，由蓋茲出資，米佛德負責經營，致力於開發解決「人類最艱鉅問題」的技術。該基金與商業、科研和政府端合作，將新技術帶向市場。

突破能源這家由蓋茲於二〇一五年創立的能源公司「致力於幫助人類避免氣候災難」，投資於努力發展潔淨技術的公司，目標是減少溫室氣體，實現淨零排放。自二〇一七年以來，該公司已投資了一百多家公司。突破能源已募集了至少兩支基金，總計持有超過二十億美元。還有一支規模較小的、專注於歐洲的基金。

蓋茲目前是突破能源最大的投資者，其他投資者還有三十多位，主要是來自世界各地的商界人士，包括許多美國人可能沒聽說過的人士，例如南非的億萬富翁礦業大亨帕特里斯・莫查佩（Patrice Motsepe）。投資突破能源基金的人必須是億萬富翁；一位對基金設立有深入了解的人說，這些基金不適合追求投資報酬和其他特定績效目標的次富裕人士。這又是另一個例子，**這位億萬富翁利用他的明星力量和影響力，推動他認為對整體和社會有益的事情**。

再來談談蓋茲家庭生活的擴展，以及為維持生活方式所需的各種服務和努力。與許多億萬富翁一樣，蓋茲在美國各地擁有多處房產，總價值約為三億美元。在二十七年的婚姻期間，這對前夫妻的主要住所，也就是養育珍妮佛、羅里和菲比這三個孩子的地方，是一座位於麥地那市華盛頓湖岸邊的高科技豪宅，被匿稱為世外桃源二・〇。該豪宅原本是蓋茲在結婚前建造的高科技住所，耗時六年建成，最新估值為一億三千萬美元。蓋茲在離婚協議中保留了這棟豪宅。

這對前夫妻擁有或曾經擁有的其他房產包括：位於加州聖地牙哥北邊的德爾馬（Del Mar）海濱豪宅，價值至少四千萬美元；位於加州印第安威爾斯（Indian Wells）Vintage Club的一座六臥房住宅，價值為一千兩百五十萬美元；以及位於佛羅里達州威靈頓（Wellington）一個五．五英畝的馬場，該地區是馬術活動的勝地，二〇二二年以兩千六百萬美元售出。[11]此外，蓋茲家族還在華盛頓州胡德運河地區擁有一個度假園區，其中包含多棟住宅。

蓋茲很愛開快車，一九七七年曾因超速駕駛被罰款。多年來，他沉迷於豪華跑車，從保時捷Taycan 911到法拉利（Ferrari）、賓士，再到特斯拉。他至少擁有兩架客製化飛機，包括一架灣流，據悉兩架飛機造價至少數億美元。還有用於短途飛行的直升機和水上飛機。

一九九四年，蓋茲以三千零八十萬美元買下達文西手稿，這一直是拍賣會上購買文件的最高紀錄，直到二〇二一年避險基金億萬富翁肯．格里芬以四千三百二十萬美元購買一份罕見的美國憲章早期印刷本，這項紀錄才被打破。[12]蓋茲的藝術收藏還包括美國藝術家的作品，其中包括溫斯洛．霍默（Winslow Homer）一八八五年的油畫，據報導蓋茲是以三千萬美元買下這幅畫。

多年來，負責管理蓋茲家族個人資產的浮水印資產管理公司，在不同的時間點有各種員工編制，專案經理、財務規畫師、「贈禮」協調員、招募人員，以及房地產經理、旅遊與物流專家等專業人員。有一位擁有反間諜與特殊調查背景的「保全行動」主管；保全人員不僅要時刻跟隨蓋茲家族成員，還要保護造訪蓋茲豪宅的貴賓。現任或過去的員工還包括活動策劃、一位「室內裝潢」專家、園藝計畫經理、造型師、私人購物員、音訊與視訊專家，甚至是商業禮儀培訓的專業人員。截至二〇二二年秋季，家族辦公室還聘請了一位經過專業訓練的私人廚師，他擁有在遊艇、島嶼和莊園工作的經驗，精通各種風格的美食和飲食偏好。

雖然蓋茲家族辦公室不再處理梅琳達的個人事務，但過去曾經管理她的穿搭、化妝、髮型，為她做造型。辦公室的工作人員還包括一位稀有書籍專家，負責為他們的收藏編目，以及「無化學品」家居清潔、網球、高爾夫、划船、按摩、瑜伽、冥想靜修和乘坐式高爾夫（在蓋茲的私人島嶼上）的專家。家族辦公室也是蓋茲為了長女珍妮佛而持有馬術資產的主要機構，她是專業的馬術障礙超越賽選手以及醫學生。該項投資組合還包括牧場和馬廄，並涵蓋其在佛羅里達州威靈頓的剩餘資產，該地區被譽為馬術之鄉，擁有數英里的騎馬小徑，距離美國馬術節（U.S. Dressage Festival）多年來的場地 Equestrian Village 和棕櫚灘的馬術場不遠。有一度，與蓋茲有關的某個機構透過家族辦公室在威靈頓買下了整條街上的房產，總面積十六·五英畝，以確保隱私和安全。[13]

考伯弗萊西除了在瀑布資產工作之外，還負責管理蓋茲的家庭預算，她冷靜的指出，

超富有的人擁有的越多，他們所需要的就越多。她說：「一開始只有一處住宅，然後你會買第二處、甚至多處房產，接著你會想確保每個住所都具備你需要的一切，這就需要預算和人員。」她繼續說：「孩子出生後，你需要更多人員。起初只有一架飛機、一位機師和一位後備機師，但後來又添置了第二架飛機。你需要有人專門遛狗、處理個人事務，例如房屋稅、慈善捐款，還要顧及家人的安危和保全工作，確保一切順利運作。」

第九章

疫苗陰謀論

如果我要聽某人談論新冠肺炎，應該會選擇醫生或流行病學家，為什麼是微軟的人在發聲？

當巴菲特、比爾・蓋茲和梅琳達在二〇一〇年六月宣示捐贈誓言，公開承諾在有生之年或遺囑中捐出至少一半的財富回饋社會，並呼籲其他億萬富豪也響應，傑佛瑞・艾普斯坦看到了賺錢的機會。兩年前（二〇〇八年），這位有案的性犯罪者於二〇〇六年被捕後，承認唆使賣淫的罪行，其中包括未成年少女。在佛羅里達州監獄服完輕微的羈押與工作假釋[1]之後，他重操過去十多年來的舊業：培養出一個人際網絡，其中包括科學家、音樂家、銀行家、諾貝爾獎得主、政客、億萬富商、學者、電影製片人等，任何有影響力的人都可入列，只要能透過這層關係為他提供合法的掩飾、有價值的引介、可以私藏在口袋的資訊，好讓他用來換取好處。他在高檔的 Frédéric Fekkai 美髮沙龍和按摩預訂行程之間，排滿無數的會議、視訊通話、私人飛機旅行、晚餐和雞尾酒會。

艾普斯坦極為喜愛與名人攀關係抬高身價，他非常清楚，他炫耀的名字越多、與名人的聯繫越廣泛，在那些稀有的圈子就越會被接納，因為**在那裡，最好的審查機制就是透過朋友的朋友介紹**。艾普斯坦在紐約、棕櫚灘和美屬維京群島（U.S. Virgin Islands）的小聖詹姆斯島（Little St. James）等多處住所裡經營事業，受到他所巴結的人歡迎，而他骯髒的過去則被簡化為小小的註腳。

捐贈誓言引起了巨大轟動。兩位最富有、最有分量的億萬富翁展現的明星力量，使這項努力難以被忽視。巴菲特承諾將大部分財產捐給蓋茲基金會，而蓋茲和梅琳達透過基金會解決人類最棘手的問題，這給了他們道德權威，得以要求其他億萬富翁跟進。截至二〇一〇年八月，已經有四十位億萬富翁和億萬富翁夫婦簽署了這份誓言。到了年底，又有另外十七位億萬富翁加入這一行列。

與此同時，一些已簽署捐贈誓言的富豪開始思考：要如何分配這些錢？許多億萬富翁都有私人基金會，但通常規模不大，屬於家族事務。建立一個基金會撥出巨額資金，類似一種啟動新業務的重大事業。因此，有些億萬富翁尋求蓋茲的意見，因為他的龐大資金已經在運作，他們想知道是否能以某種方式與蓋茲的基金會合作，或由蓋茲的基金會處理他們的資金。由於艾普斯坦與科學家、億萬富豪以及蓋茲信任的助理都有聯繫，他得知捐贈誓言為基金會帶來的意外結果，於是開始設法進入這位慈善家的軌道。

艾普斯坦的毒性

一九九二年，他在紐約的廣場酒店（Plaza Hotel）遇見了一名年輕女子名叫梅蘭妮・沃克（Melanie Walker），他走向她並建議她可以當模特兒。沃克當時拒絕，但他們一直保有聯繫。到了二〇一〇年，沃克已經是一位神經外科醫生，嫁給蓋茲的盟友、微軟高階主管

1 是一種監禁判決，允許犯人在服刑期間離開監獄去工作，但在工作完成後必須返回監獄。

史蒂芬・辛諾夫斯基（Steven Sinofsky），辛諾夫斯基同時也在蓋茲基金會工作。蓋茲的前科技首席顧問鮑里斯・尼科里奇（Boris Nikolić）以及納森・米佛德這位科學家、也是蓋茲最親密的顧問之一，兩人都認識艾普斯坦。米佛德之所以認識艾普斯坦，是因為兩人經常在TED會議上碰面，也因為艾普斯坦資助過科學研究。由於他所信賴的一些盟友與艾普斯坦有所往來，蓋茲決定與這位聲名狼藉的金融家見面，儘管部分基金會員工感到愕然。

二〇一一年一月的某晚，紐約剛剛遭受暴風雪侵襲後不久，艾普斯坦在他位於上東城的豪宅內宴請蓋茲，向部分受邀者宣稱這是一場輕鬆的聚會，將有一群有影響力的人士出席。這樣的聚會型式正是艾普斯坦最擅長的，娛樂與刺激兼具，社交閒聊與商業對話無縫結合。蓋茲似乎對這個夜晚頗為滿意。

五月，艾普斯坦再次為這位慈善家舉辦了一次聚會，與會者包括前美國財政部長兼哈佛大學榮譽校長勞倫斯・薩默斯（Larry Summers）、摩根大通銀行（JPMorgan Chase）前高階主管詹姆斯・斯塔利（James E. Staley）以及尼科里奇。當晚這五名男士一起合影，這張照片[2]後來出現在二〇一九年《紐約時報》的報導中。

艾普斯坦利用這個機會向蓋茲提出一個構想，甚至以簡報展示他的想法：是否可以將一些億萬富翁承諾的慈善捐款集中起來，成立一個專為蓋茲基金會所設置的慈善基金？這種捐贈者建議基金，是由銀行和其他大型資產管理公司創建的工具，富裕的個人可以將最終打算捐給慈善機構的錢存入其中。捐贈者可以決定他們希望將慈善基金用於何種慈善事業，但在他們決定之前，資金管理人會收取監督費用。

蓋茲接受了這個想法，這讓艾普斯坦放膽開始逐步推進他的提案。他自己是全美最大銀行摩根大通的客戶，說服了摩根大通為蓋茲基金會設立一個捐贈者建議基金，此配置將可「強化現有的捐贈資金」。艾普斯坦和人稱傑斯（Jes）的詹姆斯·斯塔利是認識很久的朋友，斯塔利當時是摩根大通執行長傑米·戴蒙（Jamie Dimon）的高階副手之一。艾普斯坦向摩根大通的高層發了數百封充滿拼寫錯誤的電子郵件，對象包括負責銀行私人財富和資產管理業務的瑪麗·卡拉漢·歐朵思（Mary Callahan Erdoes），他闡述了對於該捐贈者建議基金的宏大構想。這將是一個「備受矚目」的俱樂部，捐款門檻為一億美元。

和其他捐贈者建議基金一樣，這個基金也會預先為捐贈者提供稅務優惠。這筆基金在架構上包含幾個「筒倉」，也就是蓋茲基金會所專注的領域，包括小兒麻痺、孕產婦健康、疫苗和農業等。捐贈者可以選擇將資金投入自己關心的領域。這個捐贈者俱樂部的會員身分會被公開，但捐贈者可以選擇不公開資金的具體流向。艾普斯坦在寫給歐朵思和斯塔利的信中表示，這是因為許多與蓋茲談過的可能捐款者並不希望公開捐款。

摩根大通將負責管理這個捐贈者建議基金，艾普斯坦建議銀行從基金中收取稽核、投資管理、受託人等相關費用，並作為該基金的受託人；而他自己將從這些費用中抽取數百

---

2 指作者在前言中提及的照片。

萬美元。如果運作得宜，他向摩根大通的銀行家保證，該基金的資金量將在運作的第四年，從數十億美元增長到數百億美元。艾普斯坦與歐朵思及斯塔利之間一些往來電子郵件，也副知了蓋茲的顧問尼科里奇。

「基本上，這個捐贈者建議基金將讓比爾可以接觸到品質更好的人才」，投資」，分配」，治理，而不會干擾他的婚姻或基金會現有員工的敏感神精[3]，」艾普斯坦在其中一封標點和拼字錯誤連連的電子郵件中寫道。

他多次警告銀行家們不要與太多「低層級」基金會員工接觸，聲稱他們糊里糊塗而且缺乏目標。這些郵件並沒有解釋，為什麼這個捐贈者建議基金會對蓋茲的婚姻產生影響。這個基金以輕鬆的方式做慈善，將向億萬富翁推廣。當歐朵思詢問可否在推廣資料中分享知識和專業，作為行銷素材時，艾普斯坦回覆說，這一點很容易做，只要在適當之處給基金會「情感上的認可」。「它們是一群非常敏感的人，花費了數十億美元」，除了小兒麻痺症以外」。幾乎沒有什麼巨大成功可以被拿來誇耀，甚至小兒麻痺症工作也還沒有完成。」艾普斯坦接著寫道，對拼寫、文法和標點規則不甚講究。

當時，蓋茲基金會正在進行根除小兒麻痺症的高調宣傳活動。這已經成為蓋茲的個人使命；基金會在這個項目已經投入了數億美元，他期待其他億萬富翁也會看到此事的急迫性。艾普斯坦寫道，蓋茲「非常沮喪」，並希望能專注於基金會的成功之處，而非失敗。因此，他補充說，在提案簡報中必須強調那些已經奏效的努力，展現出捐贈者建議基金可為疫苗帶來更多資金。

截至二〇一一年十月，歐朵思和艾普斯坦仍就條款來回討論，艾普斯坦對交易進度緩慢越來越不滿，催促銀行家完成提案。他堅持這項提案應只為蓋茲量身訂製，並要求由斯塔利與這位億萬富翁直接協商，以避免基金會內部的政治鬥爭。到二〇一二年一月，他們仍在嘗試讓專案順利推動，但努力最終戛然而止。「動機不一致，」一位參與討論的人士表示：「摩根大通希望管理基金，比爾想要錢（用於疫苗），而艾普斯坦則覬覦人脈。」這件事之所以不了了之，這位人士補充說：「因為沒有資金，也沒有更多資金投入。一旦清楚艾普斯坦顯然提供不了什麼，談話就停止了。」

》》

艾普斯坦似乎在二〇一四年初與蓋茲有聯繫。他在一月十二日行事曆裡的一筆紀錄提到，他為蓋茲和其他四人訂購了運動衫，其中包括「Boris and Joi」（推測為尼科里奇「Boris Nikolić」和伊藤穰一「Joichi Ito」，伊藤當時為麻省理工學院的研究單位媒體實驗室的主任）。艾普斯坦一月二十八日原本還要參加與蓋茲的 Skype 會議，這次通話是由這位億萬

3 譯註：底線斜體字為信中拼寫及標點錯誤。

富翁長期的得力助手兼蓋茲創投公司執行長科恩安排。二〇一四年九月八日一整天，艾普斯坦安排了與蓋茲和其他億萬富翁的好幾場會議。他告訴一位同事，到那年年底，蓋茲已經不再和他對話。

若不是艾普斯坦於二〇一九年八月十日早上六點半，在曼哈頓下城的大都會懲教中心（Metropolitan Correctional Center，該中心是一座低矮、外觀粗獷、紙板色調的建築）牢房中，被發現疑似自殺身亡，這一切可能不會浮出水面。就在一個月前，艾普斯坦因被控聯邦性交易罪在紐約被捕，在此之前，《邁阿密先鋒報》（*Miami Herald*）曾刊出一系列報導，質疑艾普斯坦在二〇〇八年，與當時在邁阿密擔任美國檢察官的亞歷山大・阿科斯塔（Alexander Acosta）所達成的從寬認罪協議。

二〇一九年七月艾普斯坦被捕後四天，時任總統川普[4]政府勞工部部長的阿科斯坦便辭去他的內閣職務。記者嗅到重磅新聞的開端，開始深入調查。在接下來的兩年內，他們發現艾普斯坦所建立的深層網絡，當中都是高知名度以及有影響力的男性。究竟是什麼吸引了如此多顯赫人物，進入這位已被定罪的性犯罪者的圈子？隨著更多骯髒祕密曝光，這些醜聞徹底摧毀了多位權貴的聲譽。

第一位受到波及的是億萬富翁萊斯利・韋克斯納（Leslie Wexner），他當時是維多利亞的祕密（Victoria's Secret）母公司 L Brands 的執行長，韋克斯納是艾普斯坦的最早關係人之一，他曾將住過的一幢位於曼哈頓的別墅當作禮物送給艾普斯坦。數十年來，英國的安德魯王子（Prince Andrew）與艾普斯坦的友誼一直是小報的題材，他因此被剝奪了王室特權。

私募股權投資人萊昂．布萊克（Leon Black）被揭露曾向艾普斯坦支付一億五千八百萬美元的費用徵詢稅務建議後，不得不從阿波羅全球管理公司（Apollo Global Management）退休，這家公司是他於一九九〇年與人共同創辦。布萊克是一位很知名的藝術收藏家，他的收藏品估計價值達十億美元，此事也使他被迫卸下現代藝術博物館（Museum of Modern Art）主席的職務，退出紐約的慈善與社交圈。二〇二三年，在他與艾普斯坦的關係被揭露四年後，布萊克仍在應付與艾普斯坦有關的女性對他的強姦指控。

斯塔利是摩根大通的銀行家，後來成為英國巴克萊銀行（Barclays）的執行長，不但因此失去數百萬美元的獎金，最後也丟了英國銀行的工作。他與艾普斯坦的長期關係，以及涉嫌參與其部分罪行，再加上摩根大通與這位性犯罪者的財務關聯，最終陷入了多起訴訟。

安德魯王子的律師表示，王子否認任何不當行為，並懊悔自己與艾普斯坦有所牽連。曾描述自己與艾普斯坦之間，有著「深厚」友誼的斯塔利一再表示，對於這些針對朋友的指控，他所知甚少，且否認任何不當行為。韋克斯納則宣稱自己對艾普斯坦的行為一無所知，並於二〇〇七年就與其斷絕關係。在這場充滿清白、無知與懊悔的「交響樂」中，只

---

4 此處指的是川普第一任總統任期。

進一步凸顯了一個事實——世界上一些最聰明、精明、富有的男人們，似乎都在同一個人身上做出了一模一樣的錯誤判斷，而這個人如今已無法再為自己辯駁。

接著是蓋茲。二〇一九年九月，也就是艾普斯坦身亡一個月後，《紐約客》雜誌刊登了一篇羅南・法羅（Ronan Farrow）的文章，詳細描述了麻省理工學院媒體實驗室與艾普斯坦之間密切的籌款關係。媒體實驗室是MIT裡的一個研究單位，研究藝術、科學、設計和媒體的互動領域。法羅在報導中指出，該實驗室主任伊藤接受了艾普斯坦的捐贈，儘管在大學資料庫中，艾普斯坦被列為「不合格的」捐贈者，伊藤甚至想盡辦法隱瞞艾普斯坦的身分。由於某些MIT職員反應對艾普斯坦的到訪感到不舒服，因為他身邊帶著二十多歲的「助理們」，因此伊藤改在校外與艾普斯坦會面。[1]

約翰・泰（John Tye）是一位律師，也是「吹哨者援助組織」（Whistleblower Aid）的創辦人，他幫助前麻省理工學院協調員西格妮・斯旺森（Signe Swenson）公開指控艾普斯坦和麻省理工學院媒體實驗室，他告訴法羅，這是艾普斯坦透過慈善事業洗白名聲的方式。此外，根據法羅的報導，艾普斯坦還「指使」其他人捐贈，包括蓋茲，他向媒體實驗室捐贈了兩百萬美元。但在大學內部，這筆捐款被列為蓋茲朋友的捐款。

由於蓋茲不希望對外公開，因此這筆捐贈並未列入任何公開資料中。《紐約時報》報導指出，蓋茲於二〇一一年至二〇一四年間曾與艾普斯坦見面數十次，接著在二〇一九年八月CNBC的報導表示，兩人曾會面討論如何「增加慈善捐款」。[2] 這些報導顯示，兩人互動的時間開始於艾普斯坦被判性犯罪應入獄服刑的三年後。與《紐約時報》這篇報導一起刊登的是艾普斯坦與蓋茲、尼科里奇、斯塔利和薩默斯的合照。

二〇一九年的新聞報導引發了MIT對其教授是否參與不當行為的調查。二〇二〇年，麻省理工學院執行委員會聘請了兩家律師事務所，調查學校與艾普斯坦的關係。董事會成員尤其擔心，麻省理工學院與艾普斯坦的關聯可能有損其專業形象，因此審查主要限於檢查大學的風險曝露。蓋茲拒絕接受調查訪談，但他的律師表示，這位慈善家經常匿名捐贈，而他向麻省理工學院捐贈的兩百萬美元與艾普斯坦無關。[3] 這筆捐贈並非來自他的基金會，而是來自蓋茲創投公司。儘管這筆捐贈可能是、也可能不是在艾普斯坦的建議下進行，但伊藤穰利用它來尋求其他捐款，他藉此說服潛在捐贈者，如果蓋茲是在艾普斯坦的指示下進行捐贈，那麼這會是合法的。「事情最終僅止於各說各話。」一位熟悉律師事務所調查內容的人說。

但兩名熟悉這起調查的人士表示，律師審閱艾普斯坦與MIT員工的數千封電子郵件中，蓋茲經常被提及。他們提到蓋茲曾到訪艾普斯坦的住所，艾普斯坦還安排了「大麥克」（Big Macs），其中一人說這指的是艾普斯坦對年輕女孩的興趣，也指他有時在曼哈頓別墅用銀盤招待客人的食物。雖然蓋茲曾前往佛羅里達州拜訪艾普斯坦，但他並未造訪這位性犯罪者的私人島嶼。蓋茲也曾搭乘艾普斯坦的私人飛機，儘管他自己至少也有兩架私人飛機；蓋茲一位前友人覺得很奇怪，記得這位億萬富翁曾宣稱他絕不會搭乘其他人的私人飛機。當時一名代表表示，蓋茲並不知道那是艾普斯坦的飛機。

》》

二〇一九年，蓋茲與艾普斯坦的關係首次被曝光後，蓋茲的媒體團隊像其他公關專家一樣，採取了高曝光率的策略進行應對，包括多次電視訪問、利用媒體影響力，就像當年微軟審判後的處理方式。蓋茲一直堅稱，他之所以與艾普斯坦見面，是因為有人告訴他這位金融家能夠介紹許多有錢的捐贈者，為他的慈善事業籌募更多資金。他在接受CNN的安德森·庫珀（Anderson Cooper）訪問時說：「我和他共進過幾次晚餐，期望他所說的能實現，他說可以透過擁有的人脈為全球衛生慈善事業籌集數十億資金，但當我發現這可能不是事實時，這段關係就結束了，」他補充，「與他往來是一個巨大的錯誤，我們的會面令他的可信度增加了。」

被問到關於艾普斯坦的事時，蓋茲的窘迫顯而易見。每回在公開場合被問及此事，蓋茲除了表達遺憾和歉意，別無他言，他稱這件事為一項錯誤，並歸咎於判斷失誤。二〇二一年接受美國公共電視《PBS新聞一小時》（*PBS NewsHour*）主持人茱蒂·伍德拉夫（Judy Woodruff）採訪時，蓋茲顯得格外不安和緊張，說話支支吾吾、坐立難安，除了一再重複表示遺憾和判斷失誤外，沒有提供一丁點新的訊息。而當談話轉向慈善事業時，他顯得自在許多。在最近的媒體露面中，蓋茲對於不斷被問到艾普斯坦的問題也表現出厭煩。

但是，蓋茲的媒體團隊並沒有代表蓋茲提供詳細、誠實的說明，解釋蓋茲是如何、為什麼多次與一名被定罪的性犯罪者見面，以及他們的會面次數、會面主題，還有這些會面為何結束。相反的，**他們發布了措辭強硬的聲明，旨在混淆視聽**。根據兩位參與討論的人士透露，最初的策略是封鎖這些報導，而不是利用與記者交涉來平息消息。這種做法部分來自蓋茲本人；其中一人描述這是這位億萬富翁的典型心態，也就是以證據為導向，如果記者提出的質問沒有證據支持，他的傾向就是否認。

隨著蓋茲與艾普斯坦關係的報導，在廣度和內容上不斷浮現，並且有了支持證據，蓋茲的團隊被迫回溯，承認了部分事件，而這反而增加了持續的猜測，也引發了更多懷疑，認為蓋茲隱瞞了些什麼。二〇二三年《華爾街日報》報導指出，艾普斯坦似乎勒索過蓋茲，以這位億萬富翁二〇一〇年與橋牌選手米拉．安東諾瓦的婚外情來勒索他。安東諾瓦是幾位偶爾住在艾普斯坦曼哈頓豪宅的年輕女子之一，她是由蓋茲的顧問尼科里奇介紹給艾普斯坦的。就在去世前，艾普斯坦更新了他的遺囑，如果兩位指定的遺產執行人無法履行職責，尼科里奇被列為執行人，尼科里奇對此感到訝異。

為什麼蓋茲會與艾普斯坦混在一起，可能永遠是個謎。根據各方面的說法，艾普斯坦和他異乎常人的行為對蓋茲來說是一場冒險，蓋茲在一封電子郵件中告訴同事，他對此「感到好奇」，但這不適合他。早在艾普斯坦的性犯罪行為廣為人知之前，小報媒體就不止一次將艾普斯坦和《大亨小傳》裡的傑·蓋茲比（Jay Gatsby）相提並論。蓋茲比是蓋茲最喜歡的虛構人物之一，在費茲傑羅的小說中，蓋茲比是一個神祕的人物，一個想躋身上流社會的人，擁有數百萬美元來歷不明的財富，他在長島的豪宅裡舉辦奢華的派對。

姑且先不懷疑蓋茲，也許有人會說是因為沃克和尼科里奇等員工及長期夥伴告訴他，艾普斯坦是個值得結識的人，尤其考慮到他的使命，是為了促使富豪們進行更多慈善捐贈。儘管如此，蓋茲的判斷失誤仍令人驚訝，儘管前妻已警告他，仍持續與艾普斯坦見面長達四年，更何況在介紹他們兩人認識時，針對艾普斯坦的指控早已眾所皆知。更令人驚訝的是，既然蓋茲基金會和蓋茲創投有強大的公關團隊，他們受僱維護這位慈善家高尚的公眾形象，就應該向他報告所有會晤者的背景和專業領域。

某些基金會資深主管知悉蓋茲與艾普斯坦之間的互動，也知道他們的老闆好幾次前往這位聲名狼藉的金融家家中與他見面，但他們並不知道這些會面的主題。也有些人則是在蓋茲的授意下造訪艾普斯坦的豪宅，討論潛在的捐贈者建議基金，並且共進午餐。蓋茲至少有一次稱艾普斯坦為「我的夥伴」。蓋茲創投某些員工曾向蓋茲提醒，與艾普斯坦交往的潛在風險，但這位億萬富翁不是選擇不理會，就是做出取捨，認為艾普斯坦能提供某些價值，足以讓他忽視形象風險。

這些員工也完全知道這些會面行程，因為有些行程會列在蓋茲的行事曆上，也讓某些員工質疑為什麼要和艾普斯坦有業務往來。二〇一九年當蓋茲與艾普斯坦往來的報導首次被揭露，並附帶出現那張照片，能夠完全掌握上司行事曆與通訊的賴瑞．科恩與蓋茲創投的同仁召開會議，表示這是科恩本身的判斷失誤。

只要在任何新聞檔案資料庫搜尋艾普斯坦，或者僅僅利用谷歌搜尋，就能找到許多關於他可疑行為和習性的報導，足以產生警覺心。二〇〇三年，《浮華世界》雜誌一篇關於艾普斯坦的報導中，記者薇琪．沃德（Vicky Ward）寫道：「他的優勢在於，沒有人真正完全了解他或他的過往，也不知道他的彈藥庫裡實際有些什麼。他精心策劃了這一切，使自己成為紐約財富圈當中少數令人非常困惑的謎團之一。人們知道一些片段，但很少有人知道全貌。」該報導提到，艾普斯坦是在受到懷疑之下，離開他起步的投資銀行貝爾斯登（Bear Stearns）。然而，沃德也指出，像凱悅酒店集團（Hyatt Hotels）董事長湯瑪斯．普立茲克（Thomas Pritzker）、房地產大亨莫特．祖克曼（Mort Zuckerman）、商人羅納德．佩雷爾曼（Ron Perelman）和萊昂．布萊克這些億萬富翁，經常到艾普斯坦的家裡共進晚餐。

≫

艾普斯坦偶爾會出現在八卦新聞版面，並經常被稱為億萬富翁（儘管他並不是），說他是懂女性的行家、擁有一小群億萬富翁客戶的金融家、房地產開發商，或是韋克斯納的員工。他的生活中總是有許多關於年輕女性的八卦故事，特別是來自東歐的女性。二○○○年代中期，艾普斯坦因為他的生活方式、以及收購媒體產業失敗而成為新聞話題。在二○○五年一篇關於華爾街行政助理的文章中，《紐約時報》描述他在紐約設有辦公室，卻在美屬維京群島的私人島嶼上生活和工作，擁有「三名女性組成的行政團隊，管理著他忙碌的生活，進行環球旅行，並與柯林頓前總統等人交談共飲。」

那一年，他與祖克曼合作買下《雷達》（*Radar*）雜誌而成為新聞，該雜誌於二○○三年創立，由於資金不足而停刊，於二○○五年復刊，但僅發行三期後再次倒閉，最後在新的所有權下重新推出，成為一家純數位內容的媒體。報導中也提到艾普斯坦是與泰德·福斯特曼（Theodore Forstmann）一起購買ＩＭＧ（International Management Group，國際管理集團）的財團成員之一，並且與祖克曼、哈維·溫斯坦等人合夥購買《紐約》（*New York*）雜誌。

在那個時候，像是勞倫斯·薩默斯和艾倫·德修維茲（Alan Dershowitz）這些名人都在他的圈子裡；薩默斯擔任哈佛大學校長時，他因承諾向該校捐款開辦「演化動力學」計畫，而被記載在文件上。哈佛大學在二○二○年停止了該計畫，並且在內部審查後修改了捐贈者政策。[4]

在同時，艾普斯坦也面臨幾起訴訟，其中包括與花旗銀行（Citibank）的一起案件，該銀行指控他拖欠其私人銀行提供的兩千萬美元貸款。二○○六年，多名未成年少女指控他性侵，他在佛羅里達州被逮捕時，包括美聯社、《紐約時報》、《衛報》（*The Guardian*）等主要媒體，以及多家佛羅里達州的報紙均有報導。而在二〇〇八年，當他承認唆使賣淫及誘使未成年少女賣淫時，再次引起媒體大量報導。

艾普斯坦的醜聞摧毀了那些曾經位高權重男性的聲譽，迫使他們匆忙躲進各自的避風港，而蓋茲雖然也受牽連，卻能設法維持屹立不倒。他從微軟卸任時，就公開從盛氣凌人的霸道形象轉變為全球公共衛生的守護神，也是發展中國家的救星。因此，從二〇一九年夏天開始的兩年間，隨著關於他與艾普斯坦多次會面，以及關於他個人行為和不忠的新聞報導披露，一直至二〇二一年傳出離婚消息，這一切都格外令人震驚，因為他一直都處於道德的制高點上。一位前微軟員工在聽到這些消息時表示，這感覺就像上帝墜落世間。**突然之間，蓋茲既是慈善家，又成為花花公子；既是支持女性權益的基金會創辦人，又成為玩弄女性的玩咖**。

蓋茲基金會已經對由上而下的結構和規模招致批評這件事非常敏感，因此利用這個機會改變治理結構。在二〇二二年一月，基金會宣布成立新的董事會，負責為基金會提供意見、指導和信託監督，明確規定這些受託人不得來自蓋茲和巴菲特家族。此舉旨在向世界傳達，這是一個治理明確、觀點多元、有公信力的機構。據一位參與這項變革諮詢的人士表示，他們的想法是，基金會管理機構的聲譽至為重要，如果蓋茲對基金會的控制太過，可能會成為它在非營利世界工作的負擔，這與蓋茲二十年前離開微軟的情況如出一轍。

微軟的清算

二〇一五年，凱蒂．穆蘇里斯（Katie Moussouris）對微軟提起訴訟，指控該公司存在薪酬差別待遇，詳細描述了微軟內部的性別歧視文化，女性員工遭到公開性騷擾。作為訴訟文件的一部分，二〇一八年公布的文件顯示，至少有兩百三十八起由女性提出的投訴，涉及微軟內部文化問題，包括性騷擾、升遷受阻或薪酬低於男性同事。同年，微軟女性員工還提起了一項集體訴訟，**指控公司並未解決超過兩百三十起關於騷擾、歧視和報復的投訴**，這些投訴大部分發生在二〇一〇年至二〇一六年間。

訴訟指出，微軟對於女性薪酬和升遷的做法，存在著系統性的問題，並且基於性別對員工有差別待遇。訴狀還聲稱，微軟的企業文化充斥著一種「男孩俱樂部」的氛圍，充滿騷擾和歧視。例如，剛休完產假的女性員工受到質問「妳的假期過得怎麼樣」；在工作活動中，男性員工會對女性同事進行猥褻和騷擾行為，而向人力資源部門的投訴，往往無人理會。[5]

二〇一九年，新聞網站石英財經網（Quartz）報導了一封微軟女性員工之間的電子郵件討論串，內容是抱怨性騷擾和性別歧視。[6] 根據這些郵件內容，女性員工認為她們被系統性的低估了價值和薪酬。次年，有關蓋茲在微軟任職時行為的新聞報導，其中包括至少一次與員工有曖昧關係，進一步引發對公司文化和價值觀的質疑，即使在二〇二二年五月，仍出現男性員工不當行為的報導。例如，有報導指出微軟虛擬實境部門主管亞歷克斯·基普曼（Alex Kipman）有不當性行為，他被指控在下屬面前使用虛擬實境觀看色情內容，而於二〇二二年六月離職。

娜塔莎·蘭姆（Natasha Lamb）是影響力投資公司 Arjuna Capital 的創辦合夥人，她一直在關注微軟的性騷擾、性別與薪資歧視指控。Arjuna 的名字取自印度史詩《摩訶婆羅多》（*Mahabharata*）中的戰士英雄，該公司投資企業時，會關注企業在環境、社會與治理（Environmental, Social, Governance，簡稱 ESG）問題上的表現。

Arjuna Capital 的座右銘是「啟迪人心的投資」，管理的資產約兩億美元，在巨型資產管理公司的世界，它的規模很小。儘管如此，該公司經常試圖透過股東提案——投資者在股東年會提出這些提案，以推動公司或董事們就某個議題採取行動——要求企業在性別和薪資公平方面負責，但幾乎沒有什麼成效。像貝萊德和先鋒投資集團（Vanguard）等大股東，代表了養老基金和其他人管理著數兆美元的資金，他們通常會投管理階層一票。

Arjuna Capital 敦促企業公開性別和種族薪酬差距的中位數，並在這方面取得一些成功。二〇一八年，華爾街某些最大的銀行同意公開分享縮小性別薪酬差距的進展，這主要歸功於娜塔莎·蘭姆的努力。然而，她的公司也經常遭遇阻力。二〇一八年 Arjuna 向康卡斯特公司（Comcast）提交了一項股東提案，要求其董事會對職場性騷擾指控進行獨立調查，但該公司拒絕了，其他股東也未支持他們的提案。

二〇一九年，Arjuna 還與「Time's Up」組織合作，催促微軟全面披露種族和性別薪酬差距。然而，Time's Up 這家致力於為女性創造更安全、更平等職場環境的非營利組織，在大約同一時間從梅琳達的樞紐創投獲得一筆資助，隨後退出了這場運動。

二〇二一年，關於蓋茲曾對微軟員工做出性挑逗等不當行為的報導出現，以及他退出共同創立之公司董事會的決定，某部分是由於董事會裡的委員會對他被指控性騷擾的調查。蘭姆看到了要求微軟的新機會。[7] 當年十一月，微軟的年度股東大會由於疫情而以視訊會議形式舉行，蘭姆提交了一份提案，要求微軟「透過獨立調查和報告，透明的處理性騷擾指控」。她在會中宣讀聲明表示，因為微軟未能適當處理性騷擾指控和投訴，而使公司受到嚴厲的公眾審查。她說，蓋茲的新聞加劇了大家的擔憂，認為公司存在著「系統性的性騷擾文化」。蘭姆呼籲進行獨立調查，並引用哈佛大學的一項研究指出，不良的職場文化可能有損投資者回報。她還要求為了透明，應將調查結果公開。

微軟駁回這項提案，並要求其他投資者也採取同樣立場。然而，該提案隨後進入投票。當結果公布時，娜塔莎・蘭姆既震驚又欣喜（她代表的公司只擁有微軟股票約兩千萬美元）。超過四分之三的微軟股東，包括一些全球最大的資產管理公司，合計持有近兩兆美元的微軟股份，也投票支持了她的提案。

蘭姆作為ＥＳＧ投資人已有二十年經驗，她受益於 #MeToo 運動引發的社會風氣轉變。

二〇一七年隨著新聞揭露電影製作人哈維・溫斯坦性侵女性的行為，主流文化開始檢討權勢男性逍遙法外的情況。在溫斯坦事件曝光後的數月內，女性對於遭受名人、政治家、企業家、媒體主管、運動員、表演者等性侵和性騷擾的指控，如潮水般湧來。除了針對性別和種族薪酬差距、公共生活中的系統性種族歧視，以及對氣候變遷的漠視態度，許多機構內部缺乏問責機制、人力資源部門形同虛設，也成為人們批評的焦點。

隨著社會議題開始影響消費者的選擇，美國企業被迫重新審視多元化和包容性的語言，並提升他們愛護地球的形象，大型投資者突然開始關注這些問題。將ＥＳＧ因素納入投資決策逐漸成為熱門趨勢，而蘭姆也因此成為一位「影響力人士」。股東對其提案的壓倒性支持，迫使微軟同意進行獨立調查，並採取更多措施縮小種族和性別薪酬差距。這份報告原訂於次年（二〇二二年）春季發布，後來於當年十一月公布。負責調查的律師事務所建議微軟，檢視性騷擾和性別歧視的政策與程序，並採取措施加強相關機制。

「使投資者支持這項提案的催化劑，是當時他們經歷了一個頓悟時刻，這不僅關於艾普斯坦，還涉及蓋茲與員工的關係。對於是否有更多祕密、董事會如何處理這些指控，還有蓋茲的離職是否自願，都產生了疑問。」蘭姆回憶道。「正是對蓋茲的高調指控，加上公司多年來確實未解決性騷擾的問題，促成了投資者的支持。」

根據曾經近距離觀察過蓋茲的人表示，解讀蓋茲行為的一種方式，是從他成長的工作環境來看。早期的科技公司文化主要由男性員工組成，性別隔離非常明顯。女性員工稀少的現象非常顯眼，她們往往是擔任男性主管的助手或其他支援性質的職位。程式設計師和工程師大多為男性，他們不見得會因為猥褻或性別歧視的行為而受到譴責。在馬不停蹄的程式設計工作或趕工完成後，多半為男性的工作團隊經常會在酒吧或脫衣舞俱樂部消遣。

在一九八〇年代和一九九〇年代，微軟以聘請穿著暴露的表演者和伴遊者聞名，在公司派對或產業活動上，她們會穿梭於賓客之間。蓋茲經常在舞池裡與女性共舞，直到深夜。甚至在二〇一六年三月，微軟的 Xbox 部門在遊戲開發商的會議上舉辦「電玩遊戲中的女性」午餐會，同一天，還僱用夜店舞者在講臺上表演。該部門負責人於次日公開道歉。

瑪利亞．克拉維（Maria Klawe）於一九八七年在一次產業會議上首次見到蓋茲，並在二〇〇八年加入微軟董事會後更加了解他。克拉維七十多歲，是位於加州克萊蒙特的小型學院哈維穆德學院（Harvey Mudd）的校長，該校專注於科學和工程。克拉維是一名電腦科學家，擁有數學博士學位和來自祖國加拿大二十多所大學的名譽博士學位，在以男性主導的領域中，她是少數的知名女性。她長期以來一直以倡導更多女性進入 STEM 領域為優先工作。她在加入微軟董事會後不久，當董事會議上談到微軟的繼任計畫時，克拉維詢問為什麼名單上的五十多人當中沒有女性。

「『妳真該死的想毀掉這家公司嗎？』蓋茲大聲回嗆。」根據克拉維的說法，她回憶自己對蓋茲的反應感到震驚。「這是我對比爾的看法。」克拉維說，自此以後她開始公開批評蓋茲。

「如此成功創建微軟，其中一個後果就是，他真的相信自己是世界上最聰明的人。**對他來說，當一位學術界的電腦科學家問到『有關女性接班人的問題』，就表示我根本不了解如何在微軟取得成功。**」克拉維表示，在她擔任微軟董事會成員期間，從未提到過艾普斯坦，因為蓋茲與艾普斯坦的接觸是與基金會的工作有關，她也從未聽說過有關性騷擾指控的討論。但她提到，有員工抱怨「比爾對員工又吼又叫。」

二〇一四年，微軟任命薩蒂亞．納德拉為執行長，在這家近四十年歷史的公司，納德拉僅為第三任執行長，比起他的前任，他更了解周遭不斷變化的社會風氣。他承諾要讓微軟變得更溫和、更友善。然而，在納德拉上任初期，克拉維在她主持的一場公開活動中問他，女性應該怎麼做才能在職業中獲得更高的薪資？納德拉回答，女性應該相信體制，並且她們的勞力將會得到回報。

這一失言的回答成為公關災難，納德拉隨後為自己的言論道歉。不久後，董事會要求克拉維辭職。她表示自己對此感到受傷，並花了一段時間才能公開談論這件事。「我感覺非常糟糕，假如我談論這件事，可能再也無法進入任何一家上市公司的董事會，」她說：「事實證明，確實如此。」

疫苗有「貓膩」

崔維斯・查普曼（Travis Chapman）並不認為自己是個陰謀論者。他形容自己是位父親，住在華盛頓州斯波坎市（Spokane），一個經營屋頂工程公司的普通人。幾年前，他開始著迷於繪畫，並開始向美國公共電視網PBS節目《歡樂畫室》（*The Joy of Painting*）裡的鮑伯・羅斯（Bob Ross）學習繪畫技巧，羅斯是美國深受歡迎的繪畫導師，他透過電視教授繪畫技巧。羅斯以舒緩而輕柔的語調，搭配一頭蓬鬆的球形捲髮，在這裡上一點赭色，在那裡用刮刀製造一些紋理，向美國人展示繪畫是多麼的容易。查普曼偏愛諷刺藝術，並開始在Etsy網站出售他的畫作。有一、兩家當地餐廳也委託他創作。取得一些成功後，他開始花更多時間在工作室裡。

蓋茲並不是查普曼會時常想到的人。「他就是那種知名人士，如果你想開億萬富翁的玩笑，他會是當然人選，超級書呆子的形象。」但在新冠疫情期間，蓋茲突然變成不可或缺的人物，談論著疫苗和公共衛生。「我不是陰謀論者，也不是反疫苗人士。」查普曼說。但蓋茲的無處不在讓他很反感，覺得這像是一種疫情演出。他的動機是什麼？為什麼在疫苗的療效和副作用還存有疑問的時候，他卻在推動疫苗？「**如果我要聽某人談論新冠肺炎，應該會選擇醫生或流行病學家，**」查普曼說：「為什麼是微軟的人在發聲？」

查普曼的朋友們，其中包括一個他形容為完全的陰謀論者，也有同樣的不安感。當查普曼開始仔細審視蓋茲時，他認為這位穿著V領毛衣和有領襯衫的慈善家，似乎刻意模仿著羅傑斯先生。「他從不穿一萬美元的西裝，他明明完全負擔得起，」查普曼說：「他總是穿得很低調，讓人覺得很親切。但這感覺像是穿著戲服。」為什麼？

「這完全就是羅傑斯先生嘛。他被全世界喜愛，而比爾・蓋茲根本就試圖成為羅傑斯先生，但蓋茲的目的卻是陰險的。」查普曼大膽推測。如果說蓋茲曾是朋友之間用來開億萬富翁玩笑的代表，那麼他對疫苗的積極推動讓查普曼不禁懷疑，為什麼蓋茲如此堅持。「我不相信你的任何事，」查普曼形容他對蓋茲的看法，「你所展現出的形象，我無法信任。」於是，他決定將自己的懷疑轉化為藝術。

在一幅十六英吋乘二十英吋的壓克力顏料畫作上，查普曼描繪了蓋茲身穿紅色毛衣，穿戴了羅傑斯先生所有裝備。畫的右上角有一支注射器。這幅畫採取漫畫風格，蓋茲的頭部比例特別大，與身體不相稱。查普曼將這幅畫作上架在他的Etsy頁面上出售，定價八百美元，但目前還沒有買家。這幅畫本身是一回事，但激發查普曼創作的想法，顯示蓋茲形象的演變。不僅是在主流社會中，也包括分支領域，蓋茲的形象就在這些充斥著半真半假、不信任和錯誤訊息的潮流中浮浮沉沉。

陰謀論，廣義上定義成一種信念，認為菁英和機構，包括媒體、政府和有權勢的個人，集體運用權力達到惡意目的。陰謀論有悠久和深厚的歷史，類似於神話，都在為無法解釋的事提供解釋。但不同的是，神話存在於顯而易見之處，並融入人類更廣大的故事軸，陰謀論則通常涉及「我們」和「他們」的敘事，運用虛構的手法煽動對權力和權威的不信任。陰謀論具有巨大的持久力，尤其是在因政治兩極化、不平等、種族和宗教分歧而嚴重分裂的社會中；由於某項快速擴散的危機，或是社會和政治團體間的信任崩潰，造成漸漸擴大的鴻溝，這時陰謀論就會填補上述情況造成的資訊空白。

紐約大學視覺藝術教授瑪莉塔·史特肯（Marita Sturken）研究過偏執狂文化，偏執狂常常會帶動陰謀論。她表示，陰謀論可以為人們提供一種方式，理解隨機事件。「**我們很難接受生活是隨機的這一事實**，以及生活中發生的事，除了運氣不好或悲劇之外，常常沒有其他原因。」史特肯說。因此，**陰謀論對人們來說是一種安慰**，可以讓人感到踏實。特別是對於心懷不滿的群體，他們往往更容易接受有股匿名力量在精心策劃此一想法，例如一個有目的的深層政府，一個幕後操縱的億萬富翁集團等，而不是無奈接受混亂的社會、工作文化的劇烈變化，以及混亂的政府這些現實面。[8]

有一項針對一八九〇年至二〇一〇年間刊登在《紐約時報》和《芝加哥論壇報》（*The Chicago Tribune*）上的信件所做的研究，發現陰謀論十分盛行，並且在不平等情況加劇，以及對機構信任度降低的時期，陰謀論會增加。[9]

二十世紀初，工業革命引發了巨大的社會不平等，當時就流傳著大量的陰謀論。研究也發現，第二次世界大戰剛結束的那段時期，陰謀論也有所增長。冷戰時期，威斯康辛州參議員約瑟夫・麥卡錫（Joseph McCarthy）對美國機構中的共產主義者進行長達多年的政治迫害，被稱為麥卡錫主義（McCarthyism），是最受關注的陰謀論之一。陰謀論者還散布謠言稱，美國總統約翰・甘迺迪（John F. Kennedy）是被中央情報局（Central Intelligence Agency）暗殺的。一九九五年奧克拉荷馬市（Oklahoma）爆炸案，更是在網路上掀起陰謀論熱潮，甚至出現某些荒誕的說法，例如嫌疑人之一蒂莫西・麥克維（Timothy McVeigh）是被政府控制的「殭屍」。

一九九〇年代，陰謀論者煽動關於前總統比爾・柯林頓及妻子希拉蕊・柯林頓（Hillary Clinton）的虛假敘述。他們將左翼億萬富翁喬治・索羅斯和右翼的科赫兄弟（Koch brothers）妖魔化。更近期流傳的謊言聲稱，前總統歐巴馬於二〇一八年當選，是因為一群民主黨銀行家的努力。[10] 在他的總統競選期間以及白宮兩屆任期內，歐巴馬還遭受關於宗教信仰和出生地的陰謀論困擾，這些陰謀論被大肆報導，這是因為他的繼任者川普，不斷在社群媒體和公開場合提出這些理論。

在川普入主白宮的首任四年任期內，另類右翼極端分子推動的陰謀論變得更加主流。網際網路和社群媒體的興起，為陰謀論者提供了一個廣闊的平臺散播虛假訊息。右翼極端分子如《資訊戰》（*InfoWars*）網站創始人艾力克斯・瓊斯（Alex Jones）以散播假訊息、錯誤資訊和激烈的反政府論，而創造了數百萬美元的業務。二〇二二年底，瓊斯被判向二〇一二年康乃狄克州新鎮（Newtown）桑迪胡克小學（Sandy Hook Elementary School）槍擊案受害者家屬支付十四億美元賠償金，因為他多年來聲稱這起大規模槍擊案是騙局。此外，瓊斯還鼓動川普的支持者，於二〇二一年一月六日衝進美國國會大廈。

以網際網路為中心的陰謀論社群當中，最有影響力之一的就是匿名者Q（QAnon）。它的起源不明，但近年來已成為各種陰謀論神話的平臺，這個龐大、突變的虛假訊息怪物吸引了形形色色的追隨者，包括熱衷瑜珈者、右翼極端分子和華爾街高階主管。然而，它的核心信念主張是，有一個戀童癖集團控制著世界，控制著媒體和機構。在二〇二〇年十二月益普索民調公司（Ipsos）為全國公共廣播電臺（National Public Radio，簡稱NPR）進行的民調中，只有四七％的受訪者認為以下陳述不屬實：「一群崇拜撒旦的菁英經營著一個戀童癖集團，他們正試圖控制我們的政治和媒體。」超過三分之一的受訪者回答不確定，一七％的受訪者表示這是真的。

新冠疫情似乎是突然發生的，傳播速度之快、疫情之猛，讓政府、醫生和公共衛生專家措手不及，為左右派的陰謀論者提供了完美的素材。蓋茲在這場疫情中的高曝光率，很容易成為眾矢之的。身為慈善家，蓋茲長期以全球公共衛生的倡議者自居。

二〇一五年，他在溫哥華發表了一段八分鐘的TED演講，題目是「下一場危機？我們還沒準備好。」他晒得黝黑，身著粉紅色毛衣，推著一個木桶上臺，他說小時候家中就有這種木桶，因為當時最大的威脅就是核戰。如果發生核戰，他們會躲到地下室，靠儲藏在桶中的物資過活。蓋茲說，過了五十年後，最大的威脅不是飛彈，而是微生物。他告訴臺下聚精會神的觀眾，全世界對於全球大流行病毫無準備，而他預料這將會是人類最大的威脅。作為末日預言者，蓋茲主張以軍事化的方式應對可能發生的疫情。[11]

五年後，當世界深受疫情衝擊，這段 TED 影片迅速爆紅，瀏覽量超過三千七百萬次。蓋茲成為一名預言家，然而對於像查普曼這群人來說，他也代表了某種非常邪惡的東西。蓋茲是如何預知即將發生的事？

由於基金會的工作，蓋茲是疫苗的熱情支持者。當全球充斥著關於疫苗的錯誤資訊時，他不停的談論新冠疫苗的有效性。基本上，蓋茲扮演了全球政府的公益宣傳角色。他撰寫專文，參加史蒂芬．荷伯（Stephen Colbert）、艾倫．狄珍妮（Ellen DeGeneres）所主持的熱門節目，甚至為《新英格蘭醫學期刊》（*The New England Journal of Medicine*）這本通常只刊登醫學研究的刊物，撰寫關於如何協調疫情應變措施的文章。同時，蓋茲基金會也與製藥公司和各國政府密切合作研究疫苗。他的公共形象傳播之廣，以至於像查普曼這樣一位在 Etsy 上出售畫作的畫家、只認識蓋茲是慈善家和微軟共同創辦人的人，竟然也開始質疑他的動機為何。

有一個持續流傳的陰謀論聲稱，蓋茲設計了新冠病毒，並利用它來獲利和控制人口。證據是：他在二〇一五年 TED 演講中的預言影片。另一陰謀論認為，蓋茲推動疫苗接種，是為了把微型晶片植入人體以監控他們。這則理論的起源是蓋茲基金會和 MIT 進行了一項研究，他們在患者皮膚下植入微型晶片，以研究儲存疫苗資料的可行性，類似數位證書。[12] 關於疫苗和微型晶片、疫苗和人口衰減、疫苗和大規模死亡的陰謀論，被左翼和右翼的反疫苗人士所接受，包括小羅伯特・甘迺迪（Robert F. Kennedy Jr.）、政治顧問羅傑・史東（Roger Stone）和廣播主持人蘿拉・英格拉罕（Laura Ingraham）。

隨著這些理論甚囂塵上，《福斯新聞》（*Fox News*）還專題報導了這些陰謀論，進一步增加了它們的合法性。同時，俄羅斯政府竭盡全力在社群媒體網站上散布假訊息，更擴大了整體噪音。疫情期間，美國國家過敏和傳染病研究所所長安東尼・佛奇經常與蓋茲一起公開露面，也成為陰謀論的目標。小羅伯特・甘迺迪寫了一本書《安東尼・佛奇的真面目》（*The Real Anthony Fauci*，暫譯），據稱揭露了佛奇和蓋茲之間的陰謀；不過書中提出的主張並未得到證實。

然而，佛奇並沒有像蓋茲那樣受到陰謀論者的激烈針對，可能正如藝術家查普曼所說的，蓋茲在一個不屬於他的領域大力倡議，似乎很可疑，或者可能是因為他的巨大財富，賦予一個人堪稱無與倫比的權力。蓋茲曾經批評川普對於病毒及治療方法的言論，引用研究報告反駁川普的主張，但並無濟於事。[13]

根據二〇二〇年英國市場研究公司 YouGov 的一項調查，在疫情期間，陰謀論非常猖獗，超過四分之一的美國人都相信蓋茲想透過疫苗植入微型晶片；YouGov 公司的合作對象是政府客戶，但經常就各種主題進行付費的線上調查。也就是同一年，YouGov 的另一項調查發現，蓋茲不再是世界上最受敬佩的人——他從二〇一四年到二〇一九年一直保持著這個稱號。在解釋這一跌落時，民調專家表示，這可能是因為謠言「他以某種方式參與了新冠病毒的傳播」造成的。[14]

蓋茲清楚意識到，由於他缺乏專業知識，當他與佛奇和其他公衛專家一起站在講臺，勸告人們接種疫苗和戴口罩時，他可能會被負面看待。在過去稱為推特的平臺上與全球公共衛生專家黛維．斯里達爾（Devi Sridhar）進行討論時，蓋茲曾試圖對抗錯誤的資訊。蓋茲基金會在網站上公告了一份常見問題解答，解釋其在疫苗研發方面的角色，並反駁有關微型晶片的謠言，回答的問題包括「比爾．蓋茲預先知道疫情即將來臨嗎？」以及「為什麼在非洲進行疫苗試驗？」對於特別針對他的錯誤資訊和陰謀論，蓋茲無法掩飾他的困惑，甚至覺得受傷，他說這些指稱愚昧和怪異，而且荒謬到無法回應。他對《華盛頓郵報》說：「我正經歷生命中最大的指控，有點不確定該如何處理。」[15]

第十章

白手起家的神話

老比爾·蓋茲經常質疑，如果蓋茲出生時未享有他擁有的特權，是否還能達到這種程度的成功和財富？

「如何在二〇二一年成為億萬富翁？」凱薩琳・克瓦斯（Kathryn Kvas）和維格納許・舍沙德里（Vignesh Seshadri）有些想法。具體來說，有十一個想法。建議三：「成為馬斯克的兒子之一。十八歲，從你的信託基金中領出一百億美元，不小心投資失利九〇%的資金。如今你就會是白手起家的億萬富翁！恭喜。」建議六：「不再購買價格過高的拿鐵，一夜之間成為億萬富翁[1]。」

克瓦斯和舍沙德里是一對夫妻檔，偶爾一起創作喜劇。克瓦斯來自加拿大，她在邁阿密的廣告學校遇到印度籍的舍沙德里，被彼此的幽默感吸引。她偏愛諷刺幽默；而他則喜歡黑色幽默。身為外國人，他們兩位希望有朝一日能稱美國為自己的家，他們決心在美國努力闖出一片天地。疫情期間，厭倦了被關在布魯克林狹小的公寓裡，他們搬到了洛杉磯。舍沙德里說，美國是「追求機會與財富的最佳地點」，這個說法對他們很有吸引力。

克瓦斯留著齊肩的深棕色頭髮，舍沙德里則蓄著濃密的黑鬍子，兩人都對自己的工作和周遭環境發表深刻的看法。對於這兩位千禧世代來說，「只要儲蓄、做好預算、努力工作，就能成為極其富有的人」這個信念並不合宜。雖然他們的經濟狀況相對穩定，沒有學生貸款，也都有健康保險。「我們的職涯已經達到一個相對成功的階段，」克瓦斯在一段影片對話中說道：「在這裡確實有機會成為自己定義的成功人士，這並不全然是謊言。」

然而，金字塔頂端人口累積的驚人財富，以及多數人不可能達到那個境界，觸動了他們的神經。他們周遭到處都有人驚奇的談論著億萬富翁，尤其是對億萬富翁無條件的推崇與崇拜，再加上他們在廣告業近距離觀察到，一種助長這種形象的宣傳，令他們感到反感。「從很多方面看來，都有中世紀的感覺，」克瓦斯說：「他們就像國王和霸主。」

當克瓦斯偶然在網路上看到一則關於頂尖億萬富翁的財富圖表時，她對於不平等的嚴重性感到訝異。「你需要花二十分鐘，才能想像出貝佐斯的財富，」她說道：「想想要花幾輩子的時間才能花掉那麼多財富，這太嚇人了。」克瓦斯對二〇二一年迷因股票[2]的狂熱尤其感到驚訝。那一年，數百萬名小交易員在疫情期間被困在家，他們發起了線上購買遊戲驛站（GameStop）股票的行動，遊戲驛站是一家電玩遊戲零售商，在一九九〇年代曾經是商場的主打品牌。

華爾街一家大型避險基金押注遊戲驛站的股價會下跌，因為其商業模式已衰退。而有一群人決定買下該公司的股票，以對抗基金經理，這群人因為透過社群媒體平臺 Reddit 上的訊息進行協調，因此被稱為「Redditor」，這是一種想要打倒財富象徵——避險基金——的奇特表現方式，他們團結起來，渴望瓜分那筆財富。「如果你在遊戲驛站的股票賭上十美元，你也有機會賺大錢。」這個想法令她感到困惑。

他們將觀察所得寫成一篇諷刺文章，發表在《紐約客》雜誌上，列舉了成為億萬富翁

1 美國理財大師大衛・巴哈（David Bach）主張：「每天省下一杯拿鐵的錢，用於投資，四十年後將獲得近千萬。」
2 譯註：受到網路追隨者關注，導致意外上漲的股票。

的方法。[1] 其中第八條建議是：「買四卡車的水，然後發現這並不是『保持資產流動性』的真正含義。第二天，全世界缺水，你成為方圓兩千英里內唯一的供水源。馬斯克知道後發了推文，因此你意外成為下一位救世主。賺了幾十億美元。」這篇投稿發表在《Daily Shouts》部落格，是《紐約客》定期專欄〈眾聲喧嘩〉（*Shouts and Murmurs*）的延伸平臺；這篇文章在嘲弄人們認為可以靠運氣一夜暴富的想法，或是正如他們所寫的，只要停止「購買過於昂貴的拿鐵」，或是「不再額外花錢買酪梨醬」就能致富這類想法。**這種幽默故意顯得荒誕，以強調不斷傳達的美國夢訊息已經多麼不切實際。**

美國夢，你必須睡著才能相信它

美國人似乎對億萬富翁越來越感到不安。雖然大多數人並不認為累積數十億美元的財富是壞事，但近年來許多民調顯示，對於財富頂層人士過度累積財富，以及利用這種財富取得影響力的公眾意識已經升高。獨立非營利組織皮尤研究中心（Pew Research Center）於二〇二一年的一項研究結論：自疫情以來，美國人對億萬富翁的看法更為負面些，由於當時股市上漲，使他們原本巨額的財富又增加了數十億美元。調查發現，二〇二一年七月，大約有十分之三的美國人認為社會上有億萬富翁是一件壞事，相較於二〇二〇年一月約為四分之一，其比例有所增加。此外，三十歲以下的成年人比其他年齡層更容易以批判角度看待億萬富翁。

研究顯示，根據受訪者的政治傾向不同，態度也存在差異：自由派民主黨比溫和派民主黨更可能認為億萬富翁對國家不利，而民主黨和共和黨都認為億萬富翁對經濟有不利影響。某項民調顯示，有四六%的美國選民認為億萬富翁對民主構成威脅，而那些自認為是共和黨的人，認為億萬富翁對民主的威脅程度低於民主黨人。民調也發現，美國人普遍支持對超級富豪徵收更高的稅收。根據研究進步程度的智庫和民調機構進步數據（Data for Progress）於二〇二一年的一項調查發現，超過三分之二的潛在選民，包括五三%的共和黨人，認為億萬富翁應該繳納更多稅款。

二〇二二年六月由RealClear Opinion Research進行的調查發現[2]，大多數美國人（以三比一也就是六六%的比例）認為，億萬富翁不應該擁有無限捐助政治獻金的能力，而二三%的比例則認為可以，剩下的一一%尚未決定。負責這項調查的約翰·德拉·沃爾普（John Della Volpe）在相關文章中解釋：「這並不代表美國人不尊重或仰慕超級富豪，他們只是認為億萬富翁不應該擁有過大的影響力，有辦法破壞理應為所有人服務的政治體系。」這類民調的盛行本身也顯示出，億萬富翁在當今的社會文化和經濟背景中占有重要的地位。

俄亥俄州立大學（Ohio State University）費雪商學院（Fisher College of Business）行銷學助理教授傑西·沃克（Jesse Walker）決定研究一項明顯的矛盾：**人們既喜歡各個億萬富**

翁，卻又不喜歡億萬富翁這個階層。這個想法源自他攻讀博士學位時，與論文指導教授的一次會議。他們兩位從小到大都是網球迷，當聊起羅傑．費德勒，並討論到「為什麼大家好像不會厭倦看到他贏球」。而這與團隊運動的情況不同，人們看到同一支隊伍反覆獲勝，會感到厭倦。

沃克決定驗證他的猜測：比起團體成功方面的不公平，人們對於個人成功呈現的不公平，似乎較能容忍。沃克與他的論文指導教授及另一位學校同事合作，發現美國生活中似乎存在著一個核心矛盾：人們對個人成功故事有正向迴響，但當成功人士聚集成群時，則覺得他們的成功似乎有黑箱作業。「我們真的很喜歡個人成功的故事，」沃克說道：「大家很容易將個別人士的成功歸因於他們個人，因為天賦、勤奮或某種特質，使他們功成名就。」但當團體或團隊成功時，人們會貶低他們，傾向於認為是整個團體為他們帶來成功。

沃克指出，同樣的，當把一群人歸類為一個階層，比如億萬富翁階層，人們更容易相信是體制上出現問題，才會讓少數人累積著大量財富。[3]這份研究做出結論，當人們思考著億萬富翁個人的成功時，他們不太可能支持高稅率，但思考著有錢人這一整個群體時，支持課徵高稅率的可能性大為增加。沃克表示，這個發現對任何提倡增加稅收的政治家來說，是政策方面的重要資訊。[4]

人們對億萬富翁階級越來越不信任，導因於兩件有關聯的事件：過去十年，億萬富翁階級的財富不僅急速膨脹，而且增加的速度遠遠超出許多人眼中的公平或公正，尤其在左派人士看來。根據《富比士》的估算，二〇一〇年金融危機之後，美國有四百零四位億萬富翁，他們的財富總和為一兆四千億美元。十年之後，億萬富翁的人數增加到六百一十四人，而他們的總財富增加了一倍多，達到兩兆九千億美元。儘管很難將估計的財富和收入資料進行直接比較，但以二〇一〇年至二〇二〇年間美國家庭收入的中位數來比較，對於了解整體情況還是很有幫助。根據美國聯準會的數據，按通膨進行調整後，該數字從五萬八千六百二十七美元升至六萬七千五百二十一美元，升幅約為一五%。[5]

二〇一八年，貝佐斯成為第一位突破一千億美元門檻的億萬富翁。疫情期間，億萬富翁的財富只增不減，因為金融市場在最初下跌後就反彈。根據樂施會（Oxfam International）的計算[6]，從二〇二〇年三月到二〇二二年十一月，全球億萬富翁的財富每天增加二十七億美元。

樂施會是一家位於英國的慈善組織，致力於消除全世界的貧困和不平等。該組織也估計，自疫情發生以來新增加的四十二兆美元財富當中，有二十六兆美元流向了最富有的百分之一富豪。

十多年來，對於貧富差距日益擴大的沮喪情緒高漲，大幅加劇了美國社會的分裂，而且裂痕難以修復。隨著人們被錯誤訊息洗腦、被政治家利用、並尋找著罪魁禍首，社會變得越來越兩極化，文明辯論的空間逐漸消失，思想交流的機會也大幅縮減。這是一種擴散而惡化的憤怒——本土主義者認為移民搶走了工作並改變了美國的種族構成；左派與右派互相指責；女性對掌權男性感到憤怒；個人對體制不滿。這些憤怒在一個迅速變化的土地上蔓延，人們不再確定他們是失敗了，還是成功的機會正在減少。

有跡象顯示，社會文化正在進行反思，並開始打破迷思，對行動的要求也變得更加迫切，尤其是在美國新的Z世代找到他們的政治聲音之際。億萬富翁已成為社會某些階層嘲笑和憎恨的對象，特別在不平等日益加劇的今天，他們的財富飆升、影響力也越來越大。努力為女性和有色人種在STEM領域創造更友好的環境，關於這一點，顯示出對天才書呆子神話的容忍度降低。推動企業納入ESG目標，以限制無節制的盈利追求，也表明人們需要更具包容性的企業部門。

如今，大家對於有權勢的男性對待女性的行為，也感到厭惡。越來越多個人和機構斥責系統性種族主義。同時，人們更為關注技術帶來的有害影響，更加迫切的呼籲對氣候變遷採取行動；意識到數十年來的經濟不平等助長了兩極分化，造成了破壞性的後果；並且更加仔細審查億萬富翁對政治的影響，以及稅收政策如何使有錢人受益。

二〇二二年七月，YouGov對美國人進行了關於美國夢是否仍然存在的調查。在接受調查的一千名成年人中，六五%的民主黨人和無黨派人士回答，這個夢想不存在，或者他們不再確定是否存在。在共和黨人當中，這個數字較低，但仍有三八%。或許已故喜劇演員喬治·卡林（George Carlin）總結得最好：「之所以稱之為美國夢，是因為你必須睡著才能相信它。」

不平等的政治

二〇〇八年的全球金融危機使美國經濟陷入第二次世界大戰以來最嚴重的衰退。[7] 連續四年，家庭收入中位數下滑的速度比滾下山坡的石頭還要快。[8] 當失業率從不到五%上升到超過一〇%，民眾對華爾街憤怒不已。銀行和其他金融機構必須為這場危機負直接責任；他們輕率的把錢借給無力償還抵押貸款的借款人，接著銀行將這些次級房貸包裝成證券出售給投資者。當房地產價格達到高峰，然後急劇下跌時，製造這些證券的銀行搖搖欲墜，金融市場也一蹶不振。二〇〇八年，聯邦政府被迫援救部分銀行，並為其他銀行提供信貸，以避免整個金融體系崩潰。當人們受到這項衝擊，對所謂百分之一富豪的憤怒可想而知。

二〇一一年七月，受到開羅解放廣場（Tahrir Square）抗議群眾的啟發，就在幾個月前，那裡的民眾起義推翻了埃及領導人胡斯尼．穆巴拉克（Hosni Mubarak）。加拿大卑詩省溫哥華市的一家小型獨立雜誌《廣告剋星》（*Adbusters*）發電子郵件給訂閱者，慫恿他們「將這項新興的策略，運用於對抗我們民主制度的最大腐敗者：華爾街，這個美國的金融『蛾摩拉』（Gomorrah）[3]。」他們設定了一個日期——二〇一一年九月十七日，並呼籲兩萬人聚集在曼哈頓下城，要求總統歐巴馬成立一個委員會，負責「終止金錢對我們華府代表的影響」。

為了配合抗議活動，該機構創造了一個標籤：#occupywallstreet（占領華爾街）。從二○一一年九月開始的兩個月期間，來自不同背景的人們，包括學者、知識分子、學生、左翼激進分子、活動人士，占領了位於曼哈頓金融區的祖克提公園（Zuccotti Park），展開抗議行動。「占領華爾街」成為怨恨宣洩的總口號，也是數以千計自稱為「九九％」的抗議者對不公義的吶喊。

隨著活動人士各奔東西，群眾回歸日常，這場運動的衝勁最終消散。不過，它成為引爆點，一種逐漸顯露的表達，反映了許多美國人開始對一個偏袒富人而犧牲其他人的體制感到沮喪。在隨後的十年裡，關於收入和財富不平等的討論蔚為主流。以致這些早期的挫折不但未消滅，反而變得更加根深柢固。這些因素驅使人們尋求解釋，學者、政治家、民意調查員、記者和活動分子試圖理解支撐我們經濟的結構和系統，是如何向最富裕階層傾斜。經濟學家、公眾甚至億萬富翁自己之間都在爭論，關於他們利用了多少有利的稅收政策和市場力量，包括離岸外包造成企業與勞工之間的權力失衡，以及他們的社會、文化和種族優勢，才從中獲得財務成功。

關於不平等的討論日益增加，這或許就是法國經濟學者托瑪．皮凱提（Thomas Piketty）的學術巨著《二十一世紀資本論》（*Le Capital au xxie siècle*）在美國收到廣大迴響的原因。這本對於不平等現象的全面分析，為了美國讀者而翻譯成英文，並於二○一四年發行。《二十一世紀資本論》有將近七百頁，書中有許多圖表和數據，很難預料到它會成為一本暢銷書。

然而，這本書登上了《紐約時報》暢銷書排行榜，甚至一度成為亞馬遜的暢銷書冠軍。各種摘要和速讀版本比比皆是。目前為止，該書已被翻譯成多種語言，總銷量達到約兩百萬冊。出版商哈佛大學出版社（Harvard University Press）的主管們既驚訝又欣喜，《二十一世紀資本論》成為該社有史以來最暢銷的書籍。二〇二〇年，網飛還根據皮凱提的核心論點製作了一部紀錄片。

皮凱提提出一項觀點：隨著時間進展，投入資本報酬率將超過收入增長率，因而創造出世襲財富的條件。他將整個資本主義歷史的重心，及資本主義「富者越富」的傾向，歸納為一個簡單的公式：r＞g。其中，「r」代表私人資本的報酬率，而「g」則代表經濟成長率。他主張，實行再分配政策，對資本課徵累進稅率，是減少財富不平等的唯一解方。

具體來說，**皮凱提呼籲全球課徵財富稅。他的論點引起許多人的共鳴**，特別是左派人士。澳洲經濟學家賈斯汀．沃爾夫斯（Justin Wolfers）在《紐約時報》撰文指出，根據谷歌的資料，搜尋「皮凱提」的人大多來自沿海自由派的各州。[9] 換句話說，這本書在預期會受歡迎的地區大為暢銷。不難看出，民主黨的立法者和自由派菁英對此書青睞有加，是因

3 譯註：聖經裡記載的萬惡之城。

為它在一個易於理解的分析框架下詮釋不平等。

這本書的內容也打動了更廣泛的群眾，因為它傳達出許多美國人心中的感受：美國不再是一個純粹的菁英體制。相反的，隨著每一次出現巨額的CEO薪酬、每一次產生新的億萬富翁，美國似乎正走向金權政治，財富的增長集中於少數頂層人士，而中下階層的收入停滯，其財富累積變得更加困難。在比較《二十一世紀資本論》和皮凱提二〇一九年的著作《資本與意識形態》（*Capital and Ideology*）時，一位評論者指出，《二十一世紀資本論》之所以觸動人們的神經，是因為它「完美契合了『占領華爾街』之後的時代浪潮，為高漲的憤怒提供了實證的嚴謹性」。[10]

而或許正是這兩位自由派經濟學家對美國不平等問題的研究，以及他們提出的財富稅建議，在近年來吸引了民主黨人的注意，尤其在針對億萬富豪的討論變得更加尖銳之際，以至於財富稅的概念在二〇二〇年成為民主黨總統初選的核心話題。前一年，經濟學家伊曼紐爾・賽斯（Emmanuel Saez）和加柏列・祖克曼（Gabriel Zucman）出版了《不公不義的勝利》（*The Triumph of Injustice*，暫譯），對美國稅制進行了歷史性研究，強調最富裕階層的稅負減輕，而中等收入和低收入階層卻被迫繳納更多稅。

這兩位加州大學柏克萊分校的教授估計，截至二〇一八年，在收入階梯最頂端的不到二十五萬成年人，擁有全美近五分之一的財富。過去幾十年來，這個比例一直在穩步增加。他們曾與皮凱提在其他研究合作過，也呼籲徵收財富稅。他們的研究結果在推特和評論專欄版面上引發了經濟學家之間的激烈辯論，儘管經濟學家很少會這麼激動。

將近十年前，賽斯和祖克曼發表了一項研究，顯示自一九七〇年代以來，嚴重的不平等現象大幅上升。[11]「事實證明，財富不平等在過去一百年呈現了驚人的U型演變。從一九三〇年代的大蕭條到一九七〇年代後期財富大幅民主化，隨後，趨勢出現逆轉，到二〇一二年，財富金字塔頂端〇・一%家庭所擁有的財富，占全國家庭財富總和的比例從一九七〇年代末的七%上升至二二%。」作者寫道：「二〇一二年，這頂端〇・一%有十六萬個家庭，總淨資產皆超過兩千萬美元。」他們在二〇二〇年再次更新了他們的研究。[12]

民眾對億萬富翁的忿恨升高，為進步派政治家提供了機會，將不平等議題帶入公共討論的中心舞臺，並美化了他們的民粹人士形象。在其漫長的政治生涯中，來自佛蒙特州的獨立參議員伯尼・桑德斯（Bernie Sanders）一直大力倡導透過再分配政策來減輕收入不平等的現象。然而，直到過去十年，他的訴求才真正引起共鳴，尤其在那些對傳統政治感到幻滅的年輕選民當中；他們擔心自己所承接的未來缺乏社會安全網[4]、收入停滯不前，以及氣候不斷惡化，最富有的一%甚至持續累積著財富。

頭髮花白、演說激昂的桑德斯成為這些選民心中意想不到的英雄。其他左派政治人物也推出幾項針對有錢人的賦稅計畫，受到當前政治氣氛的鼓舞，他們表現出強硬的態度，而這些立場顯然獲得一定程度的公眾支持，這在幾十年前是難以想像的。來自紐約第十四選區的民主黨政治家、活動家兼美國眾議員亞歷山卓亞·歐加修寇蒂茲（Alexandria Ocasio-Cortez）一向是直言的批評者，她將道德影響力帶入政治，主張少數人不應該累積這麼多財富，而社會上許多領域仍處於貧困。她的前政策顧問丹·里孚爾（Dan Riffle）創造了一句名言：「每一位億萬富翁的誕生，都是政策的失敗。」歐加修寇蒂茲向來很敢言，尤其是進步派的流行訊息。二〇二一年，她出席紐約大都會藝術博物館慈善晚宴（Met Gala）時，穿著一件印有「向富人徵稅」（Tax the Rich）字樣的禮服。然而，諷刺的是，她參加晚宴的舉動卻引來一些人指責她是「背叛者」。

在參選總統期間，來自麻薩諸塞州的民主黨參議員伊莉莎白·華倫（Elizabeth Warren）不僅提議對資產超過五千萬美元的人徵收財富稅，還公開對抗億萬富翁。根據她競選民主黨總統候選人時的核心訊息，《政客》與晨間諮詢公司（Morning Consult）於二〇一九年對登記選民進行了一項民意調查，詢問他們是否認為富人應該繳納更多稅款。調查發現，超過四分之三的選民表示贊成。[13] 其他民主黨人也提出了增加稅收的建議，但效果不彰。

前總統拜登提出的基礎建設法案已於二〇二一年通過，在談判期間，擔任參議院財政委員會主席的聯邦參議員榮恩·懷登（Ron Wyden）特別推動「億萬富翁收入稅」，提議將億萬富翁的財富視為收入進行課稅。懷登在提案中表示：「兩套稅法讓億萬富翁利用基本上不被課稅的財富收入，創造更多財富，而工薪家庭卻在房貸、雜貨、水電費和未來儲蓄之間掙扎求生。」該項提案中課徵所得的資金可用於支應基礎建設法案。

根據二〇二一年進步數據的民調，懷登提議對所謂未實現資本利得課稅，得到了可能選民的明顯支持。前總統拜登也於二〇二二年提出「億萬富翁最低收入稅」的建議，對於資產超過一億美元家庭的所有收入（包括目前未被課稅的未實現收益）徵收至少二〇%的稅。此類提案如何運作，仍然存在爭議。對最富有的人徵收更高的稅額，除了政治角力，另一項基本問題在於他們的財富主要是估算出來的，所依據的是億萬富翁榜單。

在右翼方面，為億萬富翁辯護的主要觀點是：他們的數量反映了社會的繁榮，他們的財富是應得的，因為企業創造了就業機會、改善了生活、刺激了經濟增長，並使美國成為受到全世界羨慕的對象。他們的財富反映出為社會帶來的價值，因此他們創造的價值越高，也就是提供就業、增加創新和改善社會越多，他們的財富就越多。右翼人士的推論認為，稅收會破壞激勵機制，將稅收交給政府沒有效率，而慈善事業是執行政府工作的更好方式。[14]創新和對創新的激勵措施有其必要，如此才能創造社會財富和價值，而個人財富只是此

4 指政府或社會提供的基本保障措施，如失業救助、醫療保險、養老金等，用來幫助弱勢群體或應對經濟困境。

一過程中的副產品。

許多億萬富翁也表示支持更高的稅賦，或承認如此極端的財富不應該存在。有些人，例如巴菲特也承認現行的制度確實不公平，並表示自己納稅的稅率不應該低於他的祕書。在二〇一一年為《紐約時報》撰寫的一篇專欄文章中，這位來自奧馬哈的投資家主張，對投資設立更高的稅率，並不一定能阻止富豪們進行投資，因為他們更可能根據交易本身的價值，而非稅率來做決策。[15]

更近期，全球第一的客戶關係管理平臺Salesforce董事長馬克·貝尼奧夫（Marc Benioff）也在同一報紙上發表了一篇專欄文章，呼籲建立一種更公平、更平等的資本主義，減少不平等，將「做得好」（doing well，指成功）與「做好事」（doing good，指行善）相結合，並要求最富有的人繳納更多稅金。[16]

蓋茲也表示，如果稅制做了修改，他願意繳納更多稅額，並且表示支持死亡時徵收的遺產稅。二〇一九年，他對記者兼節目主持人安德魯·羅斯·索爾金（Andrew Ross Sorkin）表示，他不介意多繳納一百億美元的稅款。

美國一些富豪還透過與「愛國百萬富翁」（Patriotic Millionaires）這樣的團體聯合起來，呼籲增加稅收。二〇一九年，祖克柏有一次面對市民大會被問到，有關桑德斯及他對億萬富翁的抨擊時，他回應：億萬富翁所累積的巨大財富不合理。據報導，他曾說道：「我不確定能否準確界定一個人應該擁有多少錢，但從某種程度上來說，沒有人應該擁有那麼多的錢。」[17]

不過，在大多數情況下，億萬富翁對於稅收問題都保持沉默，或是私下資助同情他們觀點的政客。但至少有一位億萬富翁冒險出頭了。

二〇一九年十月，當伊莉莎白·華倫更積極進行競選活動之際，避險基金億萬富翁里昂·庫伯曼（Leon Cooperman）向《政客》表示，億萬富翁沒有什麼錯，人們透過製造產品和服務，讓顧客願意付錢，所以成為億萬富翁。庫伯曼曾經擔任高盛公司的高階主管，後來成立歐米茄顧問公司（Omega Advisors），當時擁有二十億美元的淨資產。在眾多看著華倫於民主黨初選中崛起而感到警戒的人當中，庫伯曼是其中之一。在《政客》的採訪中，庫伯曼表示，他肯定累進稅制，但批評華倫「在糟蹋美國夢」。[18]

針對超級富豪受到強烈反感的程度，庫伯曼是少數公開表達驚訝和困惑的億萬富翁。他在二〇二二年告訴《華盛頓郵報》，他無法理解為什麼像桑德斯、華倫和歐加修寇蒂茲這些政治家要緊咬著億萬富翁。畢竟，「他一向認為自己是個白手起家的英雄，卻發現自己在經濟不平等、極端失控的敘事中成為貪婪的反派。」[19] 庫伯曼也將自己的成功歸因於選擇下的結果，並拿自己與他的兄弟作比較。他說，他的兄弟與他有一樣的機會，但卻未選擇每週工作八十小時，身後只留下了一點微薄的財富。「不同的選擇，不同的結果，」他在《華盛頓郵報》的文章中說道：「這個世界本來就不是完全公平的。」對此，華倫毫不退縮，她在推特上回應：「里昂，你之所以能成功，是因為這個國家給了你機會。現在為什麼不多出一點力，讓其他人也有機會實現美國夢？」

白手起家億萬富翁的神話

蓋茲是否只憑著他卓越的天賦就登上經濟顛峰？他的父親並不確定答案。當然，他的兒子有能力、勤奮努力，但老比爾・蓋茲經常質疑，如果蓋茲出生時未享有他擁有的特權，是否還能達到這種程度的成功和財富。他的家庭有能力送他去西雅圖最有名的私立學校湖濱中學，蓋茲在十幾歲時就在那裡接觸到電腦，許多與他同齡的孩子、甚至他們的父母，當時都還沒看過電腦。

他與父母的關係緊密，父母為他和兄弟姊妹提供了一個穩定的家庭環境。他成長的勞雷爾赫斯特社區（Laurelhurst）是一個安全、適合家庭居住的地方。它距離華盛頓大學二十四小時開放的電腦實驗室僅步行距離，使得這位年輕的天才可以自由進出，花無數時間研究這臺新機器。

與蓋茲擁有大致相同資源的另一個孩子，是否也能獲得相同程度的成功？老蓋茲是西雅圖著名的律師，也是公民領袖，於二〇二〇年逝世。他經常與查克・柯林斯（Chuck Collins）一起思考這些問題，柯林斯是一位激進分子與作家，一九九九年與他一起寫了一本書，主題是關於廢除遺產稅的危險。[20] 柯林斯是一家以熱狗聞名的公司創辦人奧斯卡・邁耶（Oscar Mayer）的曾孫，他在二十六歲時放棄了繼承權，以對抗不平等作為自己的終身職志。他是進步智庫政策研究所不平等與共同利益計畫（Program on Inequality and the Common Good）的主任，並與他人共同撰寫相關主題的部落格。

「老蓋茲會到處揭穿偉人神話，」柯林斯說，這指的是「**偉大的領導者是天生的，而不是後天培養的**」這種想法。他「非常了解推動某些人成功向前的，是多代優勢的網絡和整個系統。」他們合著的書於二〇〇四年出版，主張支持改革遺產稅，而不是廢除遺產稅，因為社會對於個人財富創造所發揮的作用，遠大於人們所承認的。二〇〇〇年，柯林頓總統否決了共和黨人所支持的廢除遺產稅法案，但當時擔任德州州長的喬治・布希（George W. Bush）將其作為總統競選的核心。

二〇〇一年至二〇〇三年間，布希宣布了一套減稅計畫，其中包括逐步取消遺產稅。柯林斯和老蓋茲發起了一項運動，認為取消遺產稅（也稱為死亡稅或繼承稅）對社會不利，因為它允許財富代代相傳卻毋需納稅，加劇了經濟不平等。他們的論點大綱是，財富的創造是與社會的共同努力，而稅制是將部分財富返還社會的正確方式。「『這是你賺到的』，實際上『你是在政府不可或缺的幫助下賺到了』。」老蓋茲告訴全國公共電視網ＰＢＳ。蓋茲一直都認同父親的觀點，但他選擇以慈善事業來解決這個問題。

「白手起家」的概念充滿能量，並且是美國的基石。這個國家由拒絕貴族制度的人建立，吸引了所有想要創造財富而不是僅僅繼承財富的人。人們從無到有，在美國闖出一片天。俄亥俄州立大學教授傑西·沃克和同事的研究發現，在較為集體主義的文化中，包括中國和其他亞洲國家，人們傾向將富裕群體與他們的出生和成長環境關聯在一起。然而，美國自建立之初，便是以強烈的個人主義定義國家文化，因此美國人更容易相信，是個人的能力讓他們有今天的成就。

二〇一四年，《富比士》雜誌開始為美國排行前四百名的億萬富翁進行「白手起家」評分，分數從一到十分不等，取決於他們是完全繼承財富，幾乎什麼都沒做（得分一），還是從零開始，克服了經濟和社會逆境，才建立起自己的帝國（得分十）。該雜誌將社會經濟背景和成長經歷等因素作為參數，那些得分處於中間的億萬富翁被描述為「繼承了一個中小型企業，並將其發展成十億美元等級的財富」。根據這些定義，該雜誌發現，美國的億萬富翁絕大多數都是白手起家。然而，最有趣的是，在這四百名億萬富翁之「白手起家」族群裡，最大的一部分實際來自富裕家庭或中上階級背景；二〇二二年，來自這個階級的有一百八十四人，而來自工人階級背景的億萬富翁有五十一人，來自貧困背景的僅有二十八人。

白人男性是億萬富翁中最大的族群。女性億萬富翁有五十六人，但其中很少「白手起家」者。大多數女性的財富是繼承而來，例如沃爾頓家族（Waltons）、普利茲克家族（Pritzkers），以及雅詩蘭黛（Estée Lauder）的孫女們。有些人繼承了配偶的財富，像是賈伯斯的遺孀羅琳．鮑爾．賈伯斯。離婚人士如麥肯琪．史考特和梅琳達是新近的加入者。

歐普拉．溫芙蕾的淨資產為二十五億美元，是少數幾位來自貧困家庭的白手起家女性之一。列入榜單的黑人億萬富翁屈指可數，包括溫芙蕾和 Vista Equity Partners 私募股權公司創辦人羅伯特．史密斯（Robert Smith）。在某種程度上，億萬富翁的種族構成反映了美國黑人和白人之間的財富差距。二〇一九年，美國黑人淨資產中位數為兩萬四千一百美元，而美國白人則為十八萬九千一百美元。[21]

《富比士》還建立了美國前一百名白手起家女性富豪名單，其中許多人並非億萬富翁。二〇二三年，這份榜單中只有二十二人來自貧困或工人階級背景，其餘的則出生於富裕家庭、成長於中產或中上層階級家庭，或是訓練有素的專業人士，例如臉書前營運長雪柔．桑德伯格。[22] 在《富比士》榜單上，來自有利社會經濟地位的人占了多數，顯示出生和成長背景對於造就白手起家億萬富翁，很可能是一項重要因素。有時候，富裕家庭的子女還會受益於人脈，例如比爾．蓋茲的母親將他介紹給 IBM 的一位董事，給了年輕的微軟一次機會。

「一個成功的故事，是由很多因素形成，從世代累積的優勢到社會經濟特權，再到穩定的家庭（和）社會安全網。」柯林斯說道。「人們會透過菁英主義的觀點來重述自己的故事。」他呼籲億萬富翁更誠實的敘述自己的故事，那些在過程中幫助他們取得成功的無形力量，例如「穩定的家庭、不必貸款的大學教育、獲得醫療保健的機會」，而不是強化白手起家的敘事。

出生和成長環境還帶來另一項重要優勢：後代的成功，或是經濟學家常稱之為「流動性」。許多研究、包括一九九四年一項具里程碑意義的研究顯示，來自穩定、雙親已婚家庭的孩子，成年後的成就優於單親或未婚父母所生的孩子。[23]他們在青少年時期懷孕、高中輟學或成年後遊手好閒的風險較低；他們有更好的成功機會。此外，一九九四年的研究也發現，白人的優勢與家庭結構密切相關，當父母離婚時，這些優勢可能會消失。研究也指出，這些兒童能夠攀登的經濟階梯級數，取決於他們的成長環境。在不平等程度較輕微、學校較好、種族隔離較少，以及家庭較穩定的地區，代際流動性[5]要高得多。

已故的勞動經濟學家亞倫・克魯格（Alan B. Krueger）是普林斯頓大學的政治經濟學教授，在柯林頓總統和歐巴馬總統任內都擔任顧問，他指出父母較富裕的子女，會比他們的父母擁有更多經濟流動性，從而導致更多不平等。「**富裕父母的子女已經比貧窮家庭的子女擁有更多的成功機會，而這種情況在未來可能會越來越嚴重，**除非我們採取措施確保所有兒童都能獲得優質教育、醫療保健、安全環境，以及其他公平獲得經濟成功所需的機會。」克魯格曾在一次演講中表示。他稱之為「大亨蓋茲比的不平等曲線」（Great Gatsby inequality curve），顯示了一代的財富集中，以及對下一代影響之間的關係。[24] 他指出不平等擴大的主要原因是科技、全球化和稅制政策。克魯格於二〇一九年逝世，他也曾引述研究指出，財富不平等日益加劇，並沒有反映在消費不平等的擴大上，換句話說，即使收入沒有以相同的速度成長，支出卻持續快速成長，這表示人們為了維持生活方式而負擔更多的債務。這當然是受到金融產業的推波助瀾，金融業讓人們更輕易取得信貸。

另一組由拉吉・柴蒂（Raj Chetty）領導的經濟學家發現，一九四〇年出生的十個孩子中，有九個收入超過了他們的父母，而一九八〇年左右出生的孩子（即在二〇一七年研究發表的十年前進入勞動市場的孩子），這個數字已降至一半左右。[25] 他們還發現，單憑國內生產毛額的成長並不會改變這一結果。相反的，這些經濟學家們得出結論，經濟增長的成果需要被更廣泛的分配，才能恢復一九四〇年出生的人所享有的「絕對收入流動性」。

作者們在二〇一七年的研究中寫道，「努力工作和機會，將帶來更好的生活」，這個美國夢正在消退。一項由柴蒂領導的近期研究，針對菁英大學入學狀況進行研究，這些大學充滿許多最富裕家庭的孩子，不一定因為他們比其他人更聰明，而是因為他們的履歷更符合這些大學的要求。[26] 這是一種來自經濟階級的優勢。作者們提出，這些頂尖的私立學術機構是通往成功的門戶。這篇報告認為，如果美國某些最菁英的私立大學改變錄取政策，

5 指子女的收入與其父母收入的相關性。

降低對校友子女、課外活動或體育技能的權重（這些是富裕家庭的學生較有能力負擔的），那麼可能會出現更多的社會經濟多樣性，而不會集中在「代代相傳的特權」。除了憑藉社會經濟地位在生活中占有先機之外，另一個較受到忽視的成功因素是缺少下行風險[6]；來自舒適或富裕背景、有才華的個人可以追求更大的野心，大過他們所希望或有能力追求的，因為經濟安全能將他們的失敗代價降到最低。換句話說，**當經濟安全提供補貼時，冒險往往容易得多**。

戴爾電腦的創辦人麥克·戴爾在大學宿舍以一千美元的資本創立了他的事業，符合「白手起家」億萬富翁的條件。然而，正如他在自傳《Dell 的祕密》（*Direct from Dell*，暫譯）中所描述，他從小就接觸電腦以及商業機會的概念。戴爾寫道：「一九七〇年代我們家晚餐餐桌上討論的話題是，關於聯準會主席的政策和對經濟及通貨膨脹率的影響、石油危機、應該投資哪些公司、以及哪些股票該賣或買。」[27]他國中的數學老師安裝了一部電傳打字機，可供學生課後使用。他的父母在他十五歲生日時送他一臺電腦。「電腦陪伴著我長大。我在高中寫的每篇報告都是用電腦完成。電腦早已融入我的生活，對我來說很明顯，所有的企業、學校和個人都會開始依賴它們，只是時間早晚罷了。」

眾所周知，戴爾與蓋茲一樣，為了追求自己的抱負而輟學；蓋茲是從哈佛大學輟學，而戴爾則是從德州大學奧斯汀分校（University of Texas at Austin）輟學。他們都在青少年時期創辦了自己的公司，對於未來冒了巨大的風險，但他們知道自己可以重返學校，或者父母有財務能力援助他們。假若蓋茲未能成功建立微軟，他大可以完成大學學位，憑藉自己的才能結合哈佛的教育背景，過著不如現在有名但依然非常成功的生活。

全食超市（Whole Foods）的創辦人約翰．麥凱（John Mackey），以直言不諱、自由論者和反工會立場聞名，他成長於一個中產階級家庭，父親是大學教授，母親辭去工作全職養育孩子。他的父親同時是一家醫療保健公司的執行長，其公司最終以數億美元售出。麥凱於一九七八年輟學創辦 Whole Foods，並向家人和朋友籌募了四萬五千美元，他的父親成為他的第一位投資者。[28] 儘管沒有輟學，谷歌創辦人之一謝爾蓋．布林也在大學氛圍中成長，他的父親是馬里蘭大學（University of Maryland）的數學教授，母親則是一名研究科學家。

當經濟從藍領和製造業工作向智力工作傾斜，來自中產階級和富裕背景的人受益最多。科技的大為普及和高階金融業的發展，使得最大收益集中在那些擁有技術知識和分析技能的人手上，而這些人通常擁有大學學位。自一九八〇年代開始，也就是當今極端財富累積的開始，經濟成長的一項關鍵助力是全球化，這是新自由主義政策的籠統稱呼，涵蓋了降低稅收、開放市場和降低進入門檻等政策。基本上，企業得以在全球各地採購，將部分業務設置在成本最低的地點。

6 外部因素導致的損失，例如威脅。

雖然工作外移有助於許多低收入國家擺脫貧困，但技術的創新也意味著美國許多這類工作並未被取代而是直接消失，特別是那些需要較低技能的工作。美國公司與藍領工人之間權力不平衡的結果，使企業在訂定工資方面獲得更大的主導權，同時也削弱了工人籌組和維繫工會的能力。研究顯示，隨著工會勢力減弱甚至完全消失，工人們失去許多談判的力量，難以爭取更高工資，造成不平等的程度加劇。

普林斯頓大學和哥倫比亞大學的經濟學家，利用民調和家庭調查等微觀層面的數據，於二〇一八年進行的研究發現，強大的工會組織對於薪酬最低的工人幫助最大。[29] 近年來，星巴克門市和亞馬遜商店的勞工努力推動成立工會，引發了激烈的爭議。即使是技術熟練的勞工，其相對緩慢的工資成長速度，隨著公司開始公布薪酬中位數比率，而形成了更加鮮明的對比。在標普五百大企業當中，執行長的薪酬與普通員工相較，約為三百比一的比例。而這種現象通常被宣傳為經濟進步的必然結果，但至少有一部分是政府政策所造成。

億萬富翁的追求：因為我們可以

艾蜜莉·貝切爾（Emily Bachel）多年來一直住在一百零六號公路上，這條二十英里長的州道緊鄰華盛頓州一條名為胡德運河的天然水道。胡德運河位於西雅圖以西約兩小時車程的地方，從普吉特海灣流域（Puget Sound Basin）把水引向內陸。該地區被優雅的道格拉斯杉的茂密森林所環繞，大衛・林區（David Lynch）的電視影集《雙峰》（*Twin Peaks*）的粉絲們對這裡的陰森之美並不陌生。遊客可以從這裡瞥見奧林匹克山脈（Olympic Mountains）和基薩普山脈（Kitsap Mountains）。在大約七十英里處，運河折回普吉特海灣；在地圖上，運河一百八十度的轉彎就像一個魚鉤，或是一個彎曲的手肘，當地人稱之為大彎（Great Bend）。數十年來，西雅圖最富裕的一些家族，包括Nordstrom百貨家族、Weyerhauser林業家族，以及蓋茲家族，都曾在胡德運河度假，他們在夏季搭乘水上飛機來到這裡。蓋茲小時候都和兄弟姊妹及許多家人，一起在五個小木屋的家庭度假莊園裡度過夏天，這個莊園被稱為「歡呼營地」（Cheerio Camp）。

貝切爾從小到大都居住在該區，經常在回家路上駛過一個名為Alderbrook的度假村。Alderbrook最早建於一九一三年，坐落於胡德運河的彎道處，是華盛頓州最古老的度假村之一，曾多次易主。現任經營者是傑夫・雷克斯（Jeff Raikes），擁有數百萬美元資產，他在擔任微軟高階主管的當時，於二〇〇一年向非營利組織Crista Ministries購買了這個度假村；Crista Ministries曾經將這個度假村作為會議中心使用了三年。雷克斯計畫將這裡升級為一個豪華度假村和水療中心。

在內部重新設計後，Alderbrook度假村及水療中心被打造成舒適小木屋風格，並於二〇〇六年開業。當年度秋天，施工的工人封閉了度假村前方的一段高速公路，這對當地居民的日常生活帶來不便，也激起了貝切爾的好奇心。貝切爾當時五十多歲，她對於為何一條完全可以正常使用的道路被挖掘感到疑惑，於是她向當地報社的記者提出了此事。[30] 她寫信給《基薩普太陽報》（*Kitsap Sun*）：「有傳言說比爾．蓋茲在度假村旁邊擁有房產，實際上他正在道路下方蓋一條隧道，以縮短通往公路的通道。你能證實這一點嗎？」貝切爾提供的資訊大部分是正確的。

Alderbrook 度假村的土地就在蓋茲度假別墅的旁邊，而蓋茲是雷克斯最親密的朋友之一。一九九八年，蓋茲和雷克斯曾試圖買下 Alderbrook 度假村，但最終被 Crista Ministries 以大約六百萬美元的更高價格買走。[31] 在度假村重新開業的兩年後，也就是二〇〇八年，雷克斯成為蓋茲基金會的執行長，直到二〇一四年卸任。

一百零六號公路貫穿了 Alderbrook 地產，將停車場隔在馬路的另一側。如果重新規畫公路路線，就能解決這個問題，將停車場移到同一側，但這表示包含五間屋舍的蓋茲度假別墅區將被切割成兩部分。為了解決上述問題，同時避免度假村遊客對隔壁這位億萬富翁過於好奇的窺探，蓋茲向華盛頓州支付了超過兩百萬美元，得以在公路下方建造一條特殊的隧道，連通到他的別墅區。該計畫由負責蓋茲個人事務和房地產的浮水印資產公司管理。雖然隧道的所有權屬於州政府，但由於一項空域租賃協議賦予的通行權，使浮水印資產公司擁有該隧道的獨家使用權。隧道隱藏在一片茂密的植被裡，從公路上難以察覺，但在一扇低調的鍛鐵木質大門之後，有一條鋪設好的蜿蜒道路通往隧道。如果 Alderbrook 度假村的遊客太過接近蓋茲的莊園，旅館的保全人員就會迅速開著高爾夫球車進行驅離。

貝切爾經常看見蓋茲的孩子們在胡德運河旁的水裡嬉戲，而蓋茲則坐在椅子上閱讀，全副武裝的保鏢在一旁巡視。她說，本地人都知道蓋茲為了自己的便利和隱私，把州公路改道了。「比爾是發動者，也是他出資的。」她說。

當馬斯克在二〇二二年以四百四十億美元收購上市公司推特，隨後將其更名為X時，這是歷史上最大的「私有化」交易之一，與之不相上下的是二〇〇七年KKR（Kohlberg Kravis Roberts & Co.）與其他私募股權公司聯手，以四百五十億美元收購德州公用事業TXU，後來更名為能源未來控股公司（Energy Future Holdings）。表面上看來，馬斯克並沒有充分的理由收購推特，除了他自認為可以把這個社群媒體平臺經營得更好，而且他重視這個平臺可以直接與粉絲進行溝通。但實際上，他不滿推特對言論自由的限制，自稱是一位「言論自由絕對主義者」，因此決定以他的閒置資金，再加上從銀行借來的幾十億美元，看似毫無計畫的收購推特。如今，這家前身為推特的公司，成了一位億萬富翁的玩具，有一陣子他甚至以大便表情符號來回應媒體詢問。

蓋茲花費兩百萬美元建造隧道，以及馬斯克以四百四十億美元收購推特，是兩個例子，顯示億萬富翁似乎往往能夠改變常規以符合其特殊需求、滿足其執念、實現他們的心血來潮，並強加其偏好。他們的方式有大陣仗、有小規模；有明目張膽、有隱祕；有危險，也有時溫和。炫耀財富對有錢人而言並非新鮮事。在亨利．福特為大眾重新塑造汽車之前，它們是鍍金年代炫富強盜大亨的休閒玩具。一八九七年，紐約著名的華爾道夫酒店（Waldorf Astoria hotel）的大廳被改造成凡爾賽宮的外貌，作為社交名媛科妮莉亞・奧斯汀（Cornelia Austin）舉辦舞會之用。

世界上一些最昂貴的藝術品就在億萬富翁的家中，掛在牆上的名畫保存在有溫控、像博物館的房間內，以及直接從挖掘現址運送過來的雕塑。二〇一五年秋天，避險基金億萬富翁肯・格里芬以五億美元的價格，向另一位億萬富翁、娛樂產業的高階主管大衛・葛芬（David Geffen）的慈善基金會，購得兩幅抽象表現主義的傑作——一幅是威廉・德・庫寧（Willem de Kooning）一九五五年的油畫，另一幅是傑克遜・波洛克（Jackson Pollock）的滴畫作品。這兩幅畫作曾被借展至芝加哥藝術博物館（The Art Institute of Chicago），當時格里芬的城堡公司（Citadel）總部設在那裡。

而當疫情期間格里芬搬遷到佛羅里達市時，這些畫作就被轉調到西棕櫚灘（West Palm Beach）的諾頓藝術博物館（Norton Museum of Art）。在此之前，格里芬捐贈了一千六百萬美元給諾頓藝術博物館，資助擴建計畫，是該博物館歷史上最大的一筆捐款，也徹底改變了其發展方向；博物館並以格里芬的名字命名一座建築。

還有私人飛機和遊艇，這些都是億萬富翁圈子的必備品，要價可不便宜。根據大衛・弗雷德曼所說，一架客製的灣流 G8 飛機要價約一億美元。弗雷德曼在二〇一〇年與人共同創辦了 Wealth-X 公司，為精品公司、房地產公司和其他試圖向高淨值人士銷售產品的公司提供財富數據。

一架空中巴士商務飛機（ACJ）的價格可能至少一億美元起跳，而波音商務飛機則更加昂貴。巨型遊艇的價格高達五億美元。「這只有一小群人，卻透過他們的購買力發揮更大的影響力。」他說。弗雷德曼現在經營 WealthQuotient 公司，該公司的目標是透過繪製富裕人士的關係圖，協助想向他們推銷服務的公司獲得推薦。

購買遊艇和私人飛機的狂熱，使億萬富翁成為全球最嚴重的汙染者之一。根據一項分析，二〇一八年，全球前二十名最富有的人（多數是美國人）平均每人產生了八千一百九十噸的碳足跡[7]。[32] 這項估值包括億萬富翁的住所，以及他們的遊艇、飛機和直升機。相較之下，美國人在當年平均排放十五噸二氧化碳，而全球平均每人排放量更低，約為五噸左右。蓋茲也因此被批評為偽善，這位慈善家是氣候變遷議題的重要倡議者，卻至少擁有兩架客製的私人飛機，載著他往來世界各地，經常發表如何對抗全球暖化的演講。蓋茲則表示，他向一家公司購買與他的碳足跡相等的碳抵銷[8]。

私人飛機通常用來商務旅行，而超級遊艇則不是，在本質上它是一棟漂浮的豪宅，似乎只是億萬富翁恣意揮霍的展示品。為貝佐斯量身打造的豪華多桅帆船「Koru」，船身超

---

7 由個人事件、機構、服務、地點或產品產生的溫室氣體排放總量。
8 指透過投資於減少或吸收二氧化碳排放的項目（如植樹造林、可再生能源、生態保護等），來抵消自身或企業活動所產生的碳排放。

過四百一十七英尺，就像一艘可以搭載幾十名遊客、悠閒滑行在河面上的一般郵輪，而不像私人船隻。它龐大到幾乎需要拆掉鹿特丹一座有歷史的橋梁才能通過，儘管當地政府在最後一刻決定反對，認為從公眾輿論的角度來看，這麼做的風險太大。而彷彿天空和海洋還不夠，億萬富翁們漸漸開始追求私人計畫，探索、甚至想殖民太空與其他行星，並推動深海探索。

》》

過去十五年來，對於巨額資金的用途，以及極端財富的擴增如何讓億萬富翁在社會、政治組織，以及文化、媒體和公民生活中日益產生影響力，都受到了密切的關注。富裕人士總是試圖利用向競選活動捐款，讓自己喜愛的候選人當選。而億萬富翁似乎已經基本上掌控了美國政治。無黨派的法律和政策研究機構布瑞南司法中心（Brennan Center for Justice）一項分析發現，在二〇二二年美國期中選舉期間，億萬富豪的捐款占一五％。此外，在那次選舉期間，前一百大捐款者所捐出的總和，比所有小額捐款者（即向候選人捐款兩百美元或更少）的捐款總和高出六〇％。[33] 不管左派或右派億萬富翁，都在政治方面花費了大筆現金。

億萬富翁兄弟檔查爾斯·科赫（Charles Koch）和已故的弟弟大衛·科赫（David

Koch）資助了一個由政治運動、非營利組織及其他機構組成的網絡，目的在推動自由主義的事業。他們的倡議團體「美國人繁榮協會」（Americans for Prosperity）其中一項目標是「讓每位美國人都有能力追求屬於他們自己的美國夢」。然而，該團體更為人熟知的是它對共和黨政治的深刻影響。在二〇二〇年選舉期間，該團體投入了五億美元支持共和黨候選人。據《紐約時報》報導，針對二〇二四年的選舉，該網絡正挹注資金，以確保川普無法贏得共和黨提名。[34] 二〇二三年底，科氏兄弟網絡公開支持前南卡羅萊納州（South Carolina）州長妮基・海莉（Nikki Haley）投入共和黨總統初選。

億萬富翁彼得・提爾是臉書早期投資者之一，同時也是PayPal的共同創辦人，他花費數千萬美元支持共和黨候選人，藉此推動政策改革，修復美國的問題。提爾自稱自由主義者，並且經常對左翼政治發起猛烈攻擊。在二〇二二年期中選舉時，他資助了包括布雷克・馬斯特（Blake Masters）和J・D・范斯（James David Vance）在內的多位共和黨候選人。他也是資產管理公司Strive Capital的支持者，這是投資者維韋克・拉馬斯瓦米（Vivek Ramaswamy）創立的公司，他曾在二〇二四年共和黨總統初選中以「反覺醒」（anti-woke）理念參選，但未能成功。

此外，提爾也取得馬爾他公民身分，並支持「海上定居」運動，追求在國際水域建立殖民地，不受國家政府的管轄。不動產開發商億萬富翁哈倫・克勞（Harlan Crow）及妻子凱西・克勞（Kathy Crow）向右翼團體捐贈了數百萬美元，據說他們致力於影響法律並將司法體系推向右派立場。根據「公開祕密」的分析，近年來，他們的政治捐款幾乎完全流向共和黨候選人。二〇二三年春天，ProPublica的一篇報導披露[35]，最高法院大法官克拉倫斯·托馬斯（Clarence Thomas）曾接受克勞招待的豪華度假，並乘坐他的私人飛機，卻未披露這些饋贈行為，這才讓克勞在政治和司法圈的影響程度曝光。

在左翼方面，喬治·索羅斯是最為人所知的政治捐贈者之一，透過他的開放社會基金會，他已向民主黨候選人捐獻數百萬美元，並參與倡議左翼和自由主義事業，特別是維護民主、公民參與和投票權。另一位民主黨億萬富翁約翰·阿諾德（John Arnold）花費了數百萬美元，有些是透過慈善捐助，有些則是透過倡議來推動自由主義事業。避險基金億萬富翁湯姆·斯蒂爾（Tom Steyer）和前紐約市長億萬富翁麥克·彭博向民主黨候選人捐獻數億美元。這兩人在自己的總統競選中也花費了約七億五千萬美元。

我們越來越依賴億萬富翁來拯救我們的媒體機構、城市，甚至體育團隊，使億萬富翁們似乎成為文化和公民生活中不可或缺的一部分。在《富比士》四百大富豪榜單中，有超過四十位億萬富翁擁有體育團隊，包括避險基金投資者史蒂夫·科恩（Steve Cohen），他擁有紐約大都會（New York Mets）棒球隊，以及家得寶聯合創辦人亞瑟·布蘭克（Arthur Blank），他擁有亞特蘭大的兩支球隊。

二〇一九年，波士頓紅襪隊的擁有者之一、億萬富翁約翰·亨利（John Henry）要求市政府將通往球場芬威公園（Fenway Park）的一條小街姚基大道（Yawkey Way）改名。他這樣做是為了撇清紅襪隊與湯姆・姚基（Tom Yawkey）的關係，姚基是一位富有的工業家，在他的掌管下，紅襪隊是大聯盟當中最後一支開放黑人球員的球隊。

亨利在其他方面也是當地的英雄。他在二〇一三年以七千萬美元購買了《波士頓環球報》（*The Boston Globe*）這份著名但瀕臨倒閉的報紙。他也有哈佛書店（Harvard Book Store）的部分所有權，這家書店是劍橋的哈佛廣場（Harvard Square）的核心。在他的幫助下，這家有九十年歷史的老書店正在進行擴建。[36]

一名億萬富翁可以如何深度參與城市事務，丹・吉伯特（Dan Gilbert）是最佳範例之一。他是全美最大的貸款機構之一快速貸款公司（Rocket Mortgage）的共同創辦人，也是不動產開發商。多年來，吉伯特與家鄉底特律之間的關係一直互惠互利。他透過自己的公司在底特律投資了數億美元，同時獲得了可觀的稅收減免。由於其強大的影響力，他被稱為底特律的「影子市長」。[37] 吉伯特的淨資產估計超過兩百億美元，他幾乎憑一己之力，透過自己的房地產公司 Bedrock 改造並振興了底特律市中心的社區，該地區大約有一百棟建築物為他的公司所有，而被戲稱為「吉伯特村」（Gilbertville）。經過翻新和升級的建築吸引了大型租戶進駐，使吉伯特成為「汽車之城」的改革者，也是該城市最熱情的支持者。

吉伯特也和川普政府培養了密切的關係。二〇一九年，ProPublica 報導指出，有一處吉伯特房地產所坐落的市中心地區，在川普時代的某項計畫下被標示為「機會區」，機會區是為了透過提供稅收減免，加速推動貧困社區的經濟活動，而吉伯特坐擁的房地產區域太過富裕，實際上並非「機會區」。[38] 二〇二二年，在這位億萬富翁的公司表示建築成本增加後，底特律市議會針對他的一項摩天大樓計畫，減免了六百億美元的稅金。吉伯特的Bedrock 房地產公司為了節稅，做出了一些讓步，但這項批准仍然遭到一些居民和社區團體的反對，他們認為納稅人原本可以將這筆稅金用在更迫切的城市需求上。

底特律的幾家新聞媒體密切關注著吉伯特與底特律市的糾葛，據他們報導，在批准這項慷慨減稅的成員中，有五位市議會官員曾經收受與吉伯特有關的政治行動委員會的競選捐款。而同時，擁有克里夫蘭騎士籃球隊（Cleveland Cavaliers）多數股權的吉伯特，曾透過家族基金會捐出五億美元，協助經濟困難的底特律市民免除房地產稅的債務，以免導致數千間房屋被強制拍賣；吉伯特也與民主黨市長邁可・杜根（Mike Duggan）互動密切。

不平等一直存在於人類經驗中，尤其是在以市場為基礎的資本主義中。然而，當億萬富翁因為奢華購物和野心、拯救瀕臨倒閉的報社和揮霍無度的城市、親自參與國家與全球重大決策，以及自私的干預政治與政策，而越來越成為新聞焦點時，我們對他們的財富、人數以及行為變得越來越麻木。因此，危險的是，重要的社會經濟與政治問題正從公共論壇中消失，並且在一個充滿機會的土地上，多少的不平等才合理，這件事似乎完全不需要再討論。

結語

迫不及待的樂觀主義者

在蓋茲基金會的園區裡有一座空中雕塑，叫做「迫不及待的樂觀主義者」（Impatient Optimist）。這個作品是由透明的輕質纖維製成，像網子一樣懸吊在兩棟迴力鏢形狀的建築物之間，距離地面五十五英尺高。白天，當微風輕拂，巨大的褶皺會像嬰兒的搖籃一樣輕輕擺動；風力較為強勁時，褶皺就像窗簾一樣洶湧鼓動。這些纖維捕捉了西雅圖日光的變化。到了晚上，這座雕塑像一隻上下顛倒的波動水母，透過藝術家珍妮特・艾克曼（Janet Echelman）設計的ＬＥＤ燈光順序，投射出有如生物發光的效果，如此一來隨著基金會全球據點在不同國家的日出，燈光就會改變顏色。艾克曼是美國最知名的視覺藝術家之一，她以天空為靈感，傳達無限的樂觀主義；織網上的結則象徵我們彼此連繫的世界。

「迫不及待的樂觀主義者」這個詞語對於蓋茲和梅琳達都非常重要，這是他們在基金會內對自己慈善家身分的形容。早在二〇〇九年，基金會的媒體團隊發現這個詞語能引起觀眾的共鳴後，他們兩位就開始經常使用，旨在傳達他們堅定不移的信念：無論遇到任何挫折，他們為自己設定的目標都可以達成，而迫不及待想創造更美好世界的想法，就是推動他們繼續前進的動力。

就像軍官用堅定而愉快的口哨聲鼓舞軍隊士氣一樣，蓋茲在信件、部落格文章、訪談和社群媒體平臺都盡其可能傳達著樂觀主義。「樂觀」這個詞頻繁出現在他為基金會撰寫的年度信裡。該基金會用來分享最新工作進度的週報，則稱為《樂觀者》（*The Optimist*）。

蓋茲和梅琳達在評估基金會的工作時，承認還有很多事要做，但他們堅持著希望。每一次農作物產量提升曲線的上揚、每一次疫苗傳遞機制的突破、每一項死亡統計數據的改善，都是一次勝利，證明他們的工作有價值，也成為繼續前進的理由。畢竟，不強調樂觀，就等於放棄、停止、退出。

蓋茲以解決問題的心態投入慈善事業，一開始懷抱著新手的雄心和天真，再加上身為軟體巨頭的自負，自信的認為只要將財富投入全球衛生與發展的技術創新，他的基金會就可以在幾十年內解決——或至少接近解決——一些特定但看似棘手的問題。

他分享了慈善旅程上的許多方面，包括他的學習和經驗、挑戰和成功。不過或許蓋茲學到的最重要一課是，進步是變幻莫測且非線性的，它的步伐有時慢得讓人難以忍受，就像等一鍋水沸騰，或者看一隻蝸牛爬到目的地。由於資金不足、政治立場改變、衝突、旱災、水災、文化習俗、陰謀論和各種混亂，全球公共衛生及發展的故事變得非常複雜，充滿功虧一簣和放棄策略，以及及時調整和錯失機會。

應該致力於預防疾病？還是專注於治療？如果最貧困的社區無法獲得疫苗，那麼疫苗又有什麼用？理想總是要不斷向現實妥協。對一個習慣將世界視為一系列可解決事件的挑戰者來說，這是一場漫長且令人感到渺小的耐心考驗，一場沒完沒了的打地鼠遊戲。

蓋茲基金會的工作在世界許多地區產生巨大的影響，尤其是撒哈拉沙漠以南的非洲和南亞地區。由於基金會廣泛且深入的參與全球公共衛生領域，因此全球發病率和死亡率的趨勢，可以視為衡量蓋茲基金會成功程度的指標。在截至二〇二〇年的二十年間，孕產婦死亡率（即死於分娩的婦女人數）下降了三四％。而最容易死於疾病和營養不良的五歲以下兒童，死亡率則下降了六〇％。[1]

在二〇二二年的年度報告中，世界衛生組織將傳染病盛行率和死亡人數的下降，歸功於「對傳染病計畫的重大投資和改進，例如專門針對ＨＩＶ、結核病（Tuberculosis，簡稱ＴＢ）和瘧疾的計畫。」雖然因為疫情帶來的挑戰，此目標在近期受到挫折。

儘管多邊組織、非營利機構和各國政府努力了數十年，花費了數十億美元，瘧疾和小兒麻痺等疾病仍未根除。世界衛生組織從一九五五年開始努力根除瘧疾，這也是蓋茲基金會的一項重點項目。雖然取得了一些勝利：近數十年來，預估的死亡總人數有所減少，二〇〇〇年至二〇一九年間，新增瘧疾病例的發生率也下降了。但在二〇二〇年和二〇二一年，病例再次增加，主要是在非洲國家，由於疫情相關的干擾，使得治療藥物無法送達這些地區。[2]而同時，瘧疾病媒蚊也對基金會及其他衛生機構所分發、噴灑在蚊帳上的殺蟲劑開始產生抗藥性。現有的挑戰尚未克服，新的挑戰又出現了。

小兒麻痺症是蓋茲基金會的另一個優先項目，但還無法根除。這種高傳染性的致殘疾病無法治癒，但多次接種疫苗可以預防。一九八八年，非營利組織國際扶輪社發起全球根除小兒麻痺症計畫。蓋茲基金會已經撥款五十億美元用來根除小兒麻痺，是國際扶輪社的主要合作夥伴，支持扶輪社接種疫苗的工作。而同樣由蓋茲基金會支持的疫苗聯盟GAVI，也是扶輪社倡議計畫的另一大支持者。

二〇一一年，蓋茲宣稱只要有足夠的資金支持，就能根除小兒麻痺。三年後，WHO宣布小兒麻痺症為全球衛生緊急情況，公共衛生界承諾在二〇一八年根除小兒麻痺。印度過去是發生此病例最多的國家，於二〇一四年被宣布根除了小兒麻痺病毒，這是一項具有重大意義的勝利，是透過多邊組織包括蓋茲基金會、以及印度政府的努力而成就的。

受到這次成功的鼓舞，蓋茲在二〇一七年預言小兒麻痺症在全球即將絕跡。[3] 全球公共衛生界幾乎要實現這一預言，然而新冠疫情是個巨大的挫折，小兒麻痺症仍然存在於阿富汗和巴基斯坦等國家。[4] 同時，來自口服小兒麻痺疫苗本身的變種病毒株也導致了新的病例。二〇二三年春天，一名紐約男子被發現罹患小兒麻痺症。目前，根除小兒麻痺的倡議已將二〇二六年定為新目標。蓋茲發起新的策略計畫，呼籲提供更多資源時表示：「直截了當的說，（如果）GPEI無法盡快找到大量的新資源，我們將面臨最接近失去的時刻，過去努力的成果將化為烏有。」[5]

世界曾經錯失了其他全球衛生和發展目標。二〇〇〇年，就在蓋茲基金會成立的同一年，聯合國宣布了千禧年發展目標，這一系列有八項目標，成員國同意在二〇一五年以前努力達成。基金會利用這些目標作為路線圖，設定自己的優先事項，重點在於改善公共衛生和疫苗接種。然後，二〇一五年來臨、又過去，這些目標的進展並不平衡，世界未能實現多項千禧年發展目標。

接下來，聯合國制定了一套「永續發展目標」，希望在二〇三〇年以前達成。除了實現性別平等、消除貧困和飢餓、改善教育機會等傳統目標外，修訂後的文件還制定了新的迫切目標：減少經濟差距、因應氣候變遷，以及促進永續成長。這些目標也成為蓋茲基金會最近的優先事項，但很明顯，世界不太可能在二〇三〇年之前實現這些目標。

疫情造成了巨大的挫折，由於供應鏈斷裂和醫療系統不堪負荷，無法提供例行免疫接種，導致疫苗的取得受阻。二〇二三年四月，隨著疫情消退，蓋茲基金會與WHO和UNICEF等全球機構宣布了一項緊急疫苗接種運動，稱為「大力補種」（Big Catch-up）。根據基金會的數據，疫情期間有超過兩千五百萬名兒童未完全接種疫苗，麻疹和黃熱病等可預防疾病因此增加。兩場毀滅性的戰爭對人類帶來新的打擊。自從二〇二二年二月俄羅斯入侵烏克蘭以來，數萬名烏克蘭人死亡或受傷；截肢者等待著義肢，戰爭遺孀在悲痛中等待救援。二〇二三年十月，哈瑪斯（Hamas）襲擊以色列，引發了破壞性的反擊，醫院、學校和避難所遭到轟炸，數月內造成三萬多人死亡，倖存者迫切需要幫助，人道主義組織爭相提供救援。

二〇二二年，蓋茲表示，新冠病毒大流行和烏克蘭戰爭為世界帶來了夠多的新挑戰，因此更加需要慈善事業。他承諾再從個人財富捐出兩百億美元給基金會的捐贈基金，再度增加基金會原本持有的近七百億美元資產。

近年來，蓋茲選擇氣候變遷作為下一個重點，他堅定的將精力和資源用於對抗氣候暖化的影響，就像他尋求根除某些疾病、解決營養和疫苗接種等特定問題一樣堅定不移。

在他二〇二一年出版的《如何避免氣候災難》（*How to Avoid a Climate Disaster*）一書中，蓋茲闡述了世界需要哪些突破才能避免災難，並列出了達成目標所需的步驟。在為這本書宣傳的影片中，他引用了自己在微軟最早期的一句話，提到了讓他致富和成名的「瘋狂想法」：「如果每張桌子上都有一臺電腦，我們能做什麼？」

他在影片中表示，他最新的瘋狂想法是在二〇五〇年以前將碳排放量降至零，同時滿足地球的基本需求。他說，避免氣候災難甚至比登陸月球、根除天花，或在每張書桌放一臺電腦還要偉大。他以近乎童真的樂觀堅稱，創新將使我們擺脫困境。

「正是我們的發明能力讓我充滿希望。」他告訴《連線》雜誌，他對於成功應對氣候變遷的樂觀態度，反映的是他過去的整體成功。「這是一個特徵，一個人從學校輟學，想著自己可以創立一家軟體公司，然後僱用了很多人，結果真的成功了。」另外，他也告訴雜誌，正是基金會的巨大成功將他推向了「哇！我能做什麼」的境界。[6]

然而，他在書中迴避氣候變遷中最重要、明顯的一點：由於彼此競爭的各國議程、分裂的國內政治、冷漠的企業，及投資者勉強擺出盡責實則敷衍的姿態，即使是最明智的策略和最聰明的創新也改變不了什麼。如果沒有全世界的支持，單憑一個人的力量，即使擁有最聰明的頭腦、數十億美元、無窮無盡的決心、永不放棄的希望以及最刺耳的警告，也只能勉強擊退野火、颶風、冰帽融化、氣溫飆升等陰霾。蓋茲對這種批評並非視若無睹，但他主張，現在投資於正確的科技，將為世界做好準備，未來將再無時間進行創新或政治遊戲。

隨著蓋茲的額外資金投入，基金會到二〇二六年為止，每年必須捐出九十億美元，以保持其非營利組織的減稅資格。「我將從世界首富榜上逐步退出。」這位億萬富翁在一篇部落格文章寫道。[7] 他的捐贈已經使他從億萬富翁榜上下滑，儘管投資於市場的財富價值也有可能漲跌。二〇一八年，《富比士》估計他的淨資產為九百億美元。到二〇二二年，這一數字已上升至一千兩百九十億美元，即便與梅琳達離婚分產，他依然是世界第五富有。

同時，蓋茲基金會的結構是一個消耗型組織，表示它打算逐步耗盡其資源，並在捐贈完最後一美元後解散。洛克菲勒基金會有一個永久性捐贈基金，能夠在創始人去世近九十年後繼續慈善事業，蓋茲基金會則不同，預計在兩位聯合主席去世後二十五年內終止運作。管理文件可以修改，但除非有修改，否則該基金會很可能在二十一世紀的某個時候消失。

消耗型基金會的一項目標是確保能維持創辦人的意圖，而不是成為後代或該機構主管的就業來源。然而在這種情況下，基金會的工作較受創辦者迫切的意圖驅使。根據蓋茲基金會網站的聲明：「在本世紀內使用基金會所有的資源，這個決定凸顯了我們對進步的樂觀態度，以及我們的決心，希望盡可能、盡快的解決我們選擇關注、相對有限的問題。」

一位自負的億萬富翁科技家透過消耗型基金會追求夢想，想要對抗人類某些最頑強的問題，這些問題早在他之前便已存在，而在他之後也會持續存在，甚至還會出現新的問題；那麼，其長期影響究竟是什麼？

任何樂觀主義者都會告訴你，歷史並不是放棄未來的理由。然而，金錢、雄心與樂觀只是微弱的燈塔，在這個麻煩世界的未知洞穴中，能提供的指引極為有限。蓋茲最終將留下的，是一份「可以重寫的文本」——一份雄心壯志的文件，未來的億萬富翁和慈善家可以在上面重新寫下自己的夢想和目標，抹去、重建並重新構想這個改進人類境遇的薛西弗斯式任務（Sisyphean，譯註：希臘神話，表示永無止境又徒勞無功的任務）。

在《大亨小傳》中，敘事者尼克·卡拉威反思了蓋茲比對黛西·布卡南的愛情本質，以及他為了重燃這段浪漫關係而拚命付出的努力。卡拉威寫道：「他走過漫漫長路，來到這片藍色草地，他的夢似乎已近在咫尺，他幾乎不可能落空。」蓋茲與梅琳達非常喜愛這句話，喜愛到把它寫在曾經同住的家中，圖書館的天花板上。然而，在費茲傑羅這本纖薄的爵士時代小說中，卡拉威最後的一段話卻充滿著令人難忘的哀傷，不僅喚起了逝去的事物，還喚起了那些打從一開始就得不到的東西：「他並不知道，夢想已經遠遠落在身後，消逝在城市盡頭某處無垠的混沌中，共和國的黑暗田野在夜幕下向前延伸。」

致謝

這本書得以誕生，要感謝 Avid Reader Press 的 Ben Loehnen，他從我粗略的想法中看到了潛力，並給了我機會。我很感謝 Avid Reader/Simon & Schuster 團隊，他們的努力讓我的文字有了實體和數位的呈現。我也感謝我的經紀人 Dan Mandel，他是我在出版界迷宮中的嚮導。

特別感謝《紐約時報》的 Carolyn Ryan、Ellen Pollock 和 Rich Barbieri，他們慷慨的給了報導與寫作的時間和空間。

我也感謝《紐約時報》的同事們，尤其是 Matthew Goldstein、Steve Eder 和 Emily Flitter，若沒有他們的報導與慷慨，這本書將失色不少。我也感激我的作家同事和朋友，他們給了我寫作和出版書籍的寶貴祕訣，也謝謝我的團隊，在我為了這個計畫而定期消失時，對我的耐心。我也非常感謝為了這本書而與我交談的人，我不透露他們的名字，讓他們可以自由的發表意見，而不必擔心後果；還有幾十位作者、記者和學者，他們記錄了大量歷史，是我這本書所仰賴的。

感謝 Craig Karmin，若沒有他的合作，關於比爾・蓋茲最初的報導將無法完成，也感謝我們一面喝著義大利雞尾酒尼格羅尼（Negronis）所進行的討論，促成了這本書的完成。

感謝 Dennis K. Berman，他花時間閱讀未潤飾的草稿，提供深思熟慮的回饋，促使我改進論點。

感謝 Jui Chakravorty、Karen Cheung 和 Lilla Zuill，我最親密的朋友們，他們無私的支持與鼓勵支撐我度過最艱難的時刻。

特別感謝 Rachel Slade，她是我所認識最堅毅的女性之一，也是一位出色的作者，她對這本書主旨提出的及時疑問讓我的思路更加清晰，在寫作的各個階段，她提供了非常珍貴的支持與指導。

感謝我的家人，儘管我們分散各地但依然親密：我的父母 Sabita 和 Girish、我的兄弟 Dev 和他的太太 Rachel，以及我的侄子 Daniel 和 Declan。

最後，感謝 Alex Orozco，你從一開始就陪伴著我，知道何時該催促、何時該傾聽，用幽默緩解艱難時刻，並總是提供相反的觀點。

作者後記

這是一部報導性質的作品，有賴於數百則消息來源的採訪，其中包括許多不透露姓名的受訪者。有些資料來源要求匿名，以便暢所欲言，不必擔心後果；有些消息來源則完全拒絕接受採訪。在可能的情況下，我在文中加入了具體來源，並嘗試清楚說明匿名來源的性質，以便讀者可以更好評估所提供的資訊。如果沒有提供具體的來源說明，讀者應該假設這些資訊是對某一事件或經驗，採集多項來源後的綜合敘述。

前言照片

附錄

Biz 480

真正的比爾・蓋茲

天才少年、創辦微軟、傲慢獨裁、疫苗沙皇、慈善「事業」和全美最大農地主……學不會原始碼，蓋茲哪些見解是我們能學會的？

作　　者／安努普麗塔・達斯（Anupreeta Das）
譯　　者／蔣雪芬
責任編輯／陳映融
校對編輯／宋方儀
副 主 編／蕭麗娟
副總編輯／顏惠君
總 編 輯／吳依瑋
發 行 人／徐仲秋
會計部｜主辦會計／許鳳雪、助理／李秀娟
版權部｜經理／郝麗珍、主任／劉宗德
行銷業務部｜業務經理／留婉茹、專員／馬絮盈、助理／連玉
行銷企劃／黃于晴、美術設計／林祐豐
行銷、業務與網路書店總監／林裕安
總 經 理／陳絜吾

國家圖書館出版品預行編目（CIP）資料

真正的比爾・蓋茲：天才少年、創辦微軟、傲慢獨裁、疫苗沙皇、慈善「事業」和全美最大農地主……學不會原始碼，蓋茲哪些見解是我們能學會的？/ 安努普麗塔・達斯（Anupreeta Das）著；蔣雪芬譯. -- 初版. -- 臺北市：大是文化有限公司，2025.04
400 面；17 x 23 公分. --（Biz；480）
譯自：Billionaire, Nerd, Savior, King : Bill Gates and His Quest to Shape Our World.
ISBN 978-626-7648-11-7（平裝）

1. CST：蓋茲（Gates, Bill, 1955-）
2. CST：傳記　3. CST：美國

785.28　　113020772

出 版 者／大是文化有限公司
臺北市 100 衡陽路 7 號 8 樓
編輯部電話：（02）2375-7911
購書相關資訊請洽：（02）2375-7911 分機122
24小時讀者服務傳真：（02）2375-6999
讀者服務E-mail：dscsms28@gmail.com
郵政劃撥帳號：19983366　戶名：大是文化有限公司

香港發行／豐達出版發行有限公司 Rich Publishing & Distribution Ltd
地址：香港柴灣永泰道70 號柴灣工業城第2 期1805 室
Unit 1805,Ph .2,Chai Wan Ind City,70 Wing Tai Rd,Chai Wan,Hong Kong
Tel：2172-6513　Fax：2172-4355
E-mail：cary@subseasy.com.hk

封面設計／林雯瑛
內頁排版／陳相蓉
印　　刷／緯峰印刷股份有限公司
出版日期／2025 年 4 月初版
定　　價／新臺幣 590 元
I S B N／978-626-7648-11-7（平裝）
電子書ISBN／9786267648094（PDF）
9786267648100（EPUB）

Printed in Taiwan

Complex Chinese Translation copyright © 2025 by Domain Publishing Company
BILLIONAIRE, NERD, SAVIOR, KING: Bill Gates and His Quest to Shape Our World
Original English Language edition Copyright © 2024 by Anupreeta Das
All Rights Reserved.
Published by arrangement with the original publisher, Avid Reader Press, an Imprint of Simon & Schuster, LLC.

有著作權，侵害必究